문화와
역사를
담 다
0 4 6

노
성
환 魯成煥 No Sung hwan

울산대 일본어 일본학과 교수. 일본 오사카대학 문학박사.
1955년 대구출생. 계명대(문학사), 한국외대 대학원(문학석사), 일본오사카대학 대학원(문학박사) 졸업. 미국 메릴랜드대학 방문교수, 중국 절강공상대학 객원 교수, 일본 국제일본문화연구센터 외국인연구원 역임, 주된 연구분야는 신화, 역사, 민속을 통한 한일비교문화론이다.

저서
『일본 속의 한국』(울산대 출판부, 1994), 『한일왕권신화』(울산대 출판부, 1995), 『술과 밥』(울산대 출판부, 1996), 『젓가락사이로 본 일본문화』(교보문고, 1997), 『일본신화의 연구』(보고사, 2002), 『동아시아의 사후결혼』(울산대 출판부, 2007), 『고사기』(민속원, 2009), 『일본의 민속생활』(민속원, 2009), 『오동도 토끼설화의 세계성』(민속원, 2010), 『한일신화의 비교연구』(민속원, 2010), 『일본신화와 고대한국』(민속원, 2010), 『일본에 남은 임진왜란』(제이앤씨, 2011), 『일본신화에 나타난 신라인의 전승』(민속원, 2014), 『임란포로, 일본의 신이 되다』(민속원, 2014), 『임란포로, 끌려간 사람들의 이야기』(박문사, 2015), 『조선 피로인이 일본 시코쿠에 전승한 한국문화』(민속원, 2018), 『조선통신사가 본 일본의 세시민속』(민속원, 2019), 『시간의 민속학 - 세상을 살아가는 시간의 문화, 일본의 세시풍속』(민속원, 2020), 『일본 규슈의 조선도공』(박문사, 2020), 『일본 하기의 조선도공』(민속원, 2020), 『일본 규슈의 조선도공』(박문사,2021) 『일본에서 신이 된 고대한국인』(박문사, 2021) 등

역서
『한일고대불교관계사』(학문사, 1985), 『일본의 고사기(상)』(예전사, 1987), 『선조의 이야기』(광일문화사, 1981), 『일본의 고사기(중)』(예전사, 1990), 『조선의 귀신』(민음사, 1990), 『고대한국과 일본불교』(울산대 출판부, 1996), 『佛教の祈り』<일본출판>(法藏館, 1997), 『일본의 고사기(하)』(예전사, 1999), 『조선의 귀신』(민속원, 2019) 등

문화와 역사를
담다 046

割腹

거짓을 가르고 진심을 드러내다

노성환

민속원

책
을
펴
내
며

　　이 책은 한일 할복에 관한 글을 모은 것이다. 나의 할복에 관한 관심은 오래전부터 있었다. 그 계기는 그것이 일본인들에게 보이는 자살의 특징으로 되어있음에도 불구하고, 우리나라에서도 어렵지 않게 보이기 때문이다.
　　한국에서는 일반적으로 할복을 일본 식민지의 잔재로 취급하는 경향이 강하다. 그러한 탓인지 할복에 관한 연구도 그다지 활발한 편이 아니다. 그럼에도 특이한 현상은 현대에 접어들어 한일양국이 보이는 특징이다. 즉, 일본에서는 할복이 급속히 줄어들어 자살의 역사 무대에서 자취를 감출 정도로 세력이 약해졌다면, 그에 비해 한국에서는 놀라울 정도로 그 세력이 확장되어 오늘날까지도 그 위세가 언론을 떨치고 있다는 점이다.
　　이 점에 대해서 필자는 항상 한일 양국의 할복에 대해 학문적으로 접근할 필요성이 있다고 느끼고 있었다. 그리하여 기회가 주어질 때마다 사료와 언론기사 등을 통하여 사례들을 모으고 정리하여 한권으로 엮어보았다.

이 책은 크게 보아 2부로 구성되어있다. 제1부에서는 한국의 할복을 다루었다. 우리의 할복에 관한 자료들을 모으는 동안 놀라운 사실들이 발견되었다. 그것은 다름 아닌 우리가 일본으로부터 식민지를 경험하기 이전 우리에게도 할복이 있었다는 점이다. 그것들은 국난을 겪을 때마다 발생하고 있었다. 따라서 한국의 할복을 일본 영향이라고 말하기 어렵다. 우리의 할복이 식민지를 겪으면서 촉발되어 근대를 거쳐 현대에 이르는 동안 언론을 통하여 쉽게 접할 수 있는 일반적인 자살이 되었다. 시대에 흐름에 따라 자연스럽게 할복에도 많은 변화가 일어나, 실제로 행동으로 옮겨지는 경우와 옮겨지지 않는 경우도 생겨났다. 그야말로 오늘날 한국의 할복은 일본 및 다른 나라에서는 찾아볼 수 없는 독특한 의미와 목적으로 활용되고 있다. 이러한 점들을 역사적 사료와 함께 언론에 보도된 기사들을 중심으로 살펴보았다.

제2부는 일본의 할복이다. 아마도 외국인으로서 일본인의 할복에 대해 기록을 남긴 사람은 한국인이라고 생각한다. 임란 이후 조일관계가 정상화되고, 양국은 통신사 외교가 개시되었다. 그 결과 조선의 많은 지식인들이 일본을 방문하여 일본인으로부터 생생한 정보를 얻을 수

있었다. 이들에게 있어서도 일본인의 할복은 큰 관심거리였다. 그리하여 풍부하지는 않지만 그것에 관한 기록들을 제법 많이 남겨두고 있다. 우리는 그것을 통해 우리의 선비들이 일본인의 할복에 대해 어떻게 인식하였는지 알 수 있었다.

그리고 일본이 할복을 문화적으로 자살을 정형화한 만큼 그것을 이해하기 위해서는 단편적으로 보기 보다는 통시적인 관점에서 통괄하여 볼 필요가 있다. 그리하여 부족하지만, 간략하게 시대별로 나누어 일본 할복을 정리해보았다.

또 하나는 일본 할복의 역사 속에 매우 특이한 사례가 센노리큐千利休의 할복이다. 센노리큐는 일본 다도의 완성자로 일컬어지는 인물이다. 그의 신분은 무사가 아니다. 그러므로 그에게는 할복의 자격이 없다. 왜냐하면 할복은 무사들에게 주어진 특권이기 때문이다. 그럼에도 불구하고 도요토미 히데요시豊臣秀吉는 그에게 할복을 명했다. 이러한 예외성으로 말미암아 그의 할복은 일찍부터 무성한 소문이 많았다. 여기에 대해 주목하여 한국의 일본문화연구자의 관점에서 해석하여 본 것이다.

여러 가지 자살방법 중 할복은 가장 비효율적인 최악의 자살 방법이다. 왜냐하면 배를 가른다 해도 사람은 죽지 않기 때문이다. 그럼에도 불구하고 할복을 택한다는 것은 할복이라는 형식과 방법에 큰 의미를 두었기 때문일 것이다. 그것을 통해 사회 또는 상대에게 전달하려는 강렬한 메시지가 있다고 생각한다. 할복을 생각할 때 그것이 무엇보다 중요한 의미가 있다고 생각된다.

할복이 일본인의 점유물이라는 것은 편견에 불과하다. 한국과 일본이 아닌 중국에도 있다. 또 그 밖의 다른 나라에도 있을 수 있다. 다만 그것을 문화적으로 정형화시킨 것이 일본일 뿐이다. 그러므로 할복의 기원을 찾고, 일본의 특수성을 찾는 작업도 중요하지만, 각국이 가지는 특징과 의미 그리고 활용 등을 통합적으로 보면서 인간의 본성을 찾아내는 작업이 필요하다고 본다.

그러한 의미에서 이 책이 조금이라도 도움이 되었으면 한다. 내용에는 면면히 살피지 못하고 거칠게 다룬 부분도 있을 것이다. 그 점에 대해서는 넓은 아량과 이해 그리고 아낌없는 질정을 바란다.

끝으로 영축산 자락에 나의 연구실을 마련해주고, 그 방의 이름을 다락茶樂이라고 지어주신 통도사의 방장이자 제15대 대한불교 조계종

종정이신 성파 큰스님께도 감사를 드린다. 그리고 언제나 보잘 것 없는 원고를 항상 흔쾌히 맡아 훌륭한 책을 만들어 주는 도서출판 민속원의 홍종화 사장을 비롯한 편집부 여러분들께 감사를 드린다.

2022년 8월 10일
영축산 연구실에서
노성환

CONTENTS

책을 펴내며 _5

제1부 한국인의 할복 _ 13

01
우리에게도 할복이 있었다

우리의 할복은 일본영향인가?	15
효와 열의 실천으로서 할복	21
과연 한국의 할복은 일본의 영향인가?	49
하필이면 왜 배를 가르는가?	57
한국의 할복은 일본 영향이 아니다.	61

02
근현대 한국의 정치적 자살로서 할복

할복하는 한국인	65
할복으로 일제에 항거한 사람들	68
해방 후 애국과 정치적 할복	70
정치에 격분하는 시민과 학생들의 할복	80
한국 할복에서 보이는 특징	91
한국에서 할복이란?	95

03
언론을 통해서 본 현대 한국인의 할복

할복은 어떤 사람들이 할까?	99
근대 언론에 보도된 할복	101
배를 가르는 할복	103
배를 가르지 않는 할복	122
할복의 방법과 특징	131
할복의 의미	136

제2부 **일본인의 할복** _ 139

04
조선통신사가 본 일본인의 할복

조선의 선비 일본에서 할복을 만나다	···· **141**
형벌과 책임의 할복	···· **144**
순사와 결백의 할복	···· **155**
어떤 할복이 칭송될까?	···· **160**
조선의 선비가 본 일본의 할복	···· **169**

05
일본에 있어서 할복 역사

할복은 일본의 상징	···· **177**
고대의 할복	···· **179**
중세의 할복	···· **184**
근세의 할복	···· **194**
근현대의 할복	···· **207**
과거의 역사가 된 일본의 할복	···· **219**

06
센노리큐千利休**의 할복 이야기**

센노리큐가 할복하다	···· **223**
죽음의 원인과 열십자 할복	···· **227**
히데요시 앞에 나타난 리큐의 원귀	···· **238**
할복하지 않은 리큐	···· **244**
리큐 죽음의 이중성	···· **253**

참고문헌 ···· **255**
찾아보기 ···· **259**

한국인의 할복

01

우리에게도 할복이 있었다.

군대가 나라를 지키지 못하고 신하가 충성을 다하지 못한다면 만번 죽어도 아깝지 않다. 軍不能守國 臣不能盡忠 萬死無惜

- 박승환朴昇煥(1869~1907)

우리의 할복은
일본영향인가?

인류의 역사에서 할복자살은 언제부터 시작되었는지 알 수 없으나 그것이 오래되었음은 불경에도 그러한 이야기가 나오는 것을 보아도 알 수 있다. 『중아함경中阿含經』(第十六)에 그 이야기는 다음과 같이 묘사되어있다.

즉, 석존께서 사밧티국의 기원정사에서 많은 사람들을 모아 놓고 설법하고 계셨을 때의 일이다. 어느 곳에서 한 사람의 바라문이 살고 있었다. 그는 아들이 하나 있었는데 그의 아내가 세상을 떠났으므로 다시 젊은 여자와 재혼을 했다. 후처는 얼마 안 되어 임신을 했다. 그런데 그녀의 남편 바라문 역시 뜻하지 않은 병으로 임신한 아내와 아들을 남겨두고 죽고 말았다. 아들은 새 어머니를 보고 어느 날 이렇게 말했다. "아버지가 돌아가셨으니 이 집의 재산은 모두 저의 것입니다. 당신의 몫은 하나도 없으니 그렇게 아십시오" 아들의 냉정한 말을 들은 새어머니는 크게 놀라고 슬퍼서, "나는 지금 애기를 배고 있다. 만약 낳는 아기가 사내아이라면 아버지의 유산을 얼마쯤은 나누어 달라. 그 대신 만일 여자아이라면 모두 네가 가져도 아무 불평을 하지 않겠다."고 간청을 했다.

그러나 장남은 들어주지 않았다. "나의 재산입니다. 나누어 줄 것이 없습니다." 의붓어머니는 여러 번 애원을 되풀이 해 보았지만 장남은 막무가내였다. 그녀는 너무나 슬프고 초조하여 방으로 들어가서 칼로 자기의 배를 갈랐다. 그리고 곧 죽고 말았다. 뱃속에 있는 아기가 사내인가 여자인가를 보려고 하였던 것이다. 그녀는 재산을 얻어서 자기도 살고 아기도 행복하게 해 주려고 한 나머지 미련하게도 자신은 물론 뱃속의 아기마저도 죽이고 만 것이다.

이러한 이야기를 수록한 『중아함경』은 팔리어 장경의 『맛지마 니까야』(중부)에 해당하는 경전을 4세기 말 동진東晉 시대에 승가제바僧伽提婆(Gautama Saghadeva)가 동정사東亭寺에서 한역한 경전이다. 그러므로 불교에서는 4세기 이전에 이미 할복을 언급하고 있는 것이다.

이같이 인류의 역사에서 오래된 할복이 우리나라에도 할복은 있었을까? 이 명제를 놓고 지식층과 학계에서는 일단 "아니오"인 것 같다. 그 대표적인 예로 소설가 송우혜는 "할복은 가장 일본적인 행위이며, 우리 민족의 관습과 정체성에 어긋나는 일그러진 문화형태이며 돌출현상이라고 했다.[1] 경제학자 김학은도 "할복자살은 우리에게 어울리지 않는 자살이다. 할복은 일본문화이다."라고 정의를 내렸다.[2] 그리고 언론인 남윤호도 그와 같은 취지에서 "할복은 일본에서 유래된 자결방법이다."라고 잘라 말했다.[3] 또 모 신문사는 사설을 통하여 "일본의 하라기리 혹은 셋부쿠를 우리가 할복으로 바꾸어 불러도 '배 가르기'는 역시 일본인들의 독창적 자살방법이다."고 하며, 이 같은 행위는 "일제의 못된 정신적 유산이다."고 맹렬히 비난한 적이 있다.[4]

이러한 논조는 할복이란 우리 전통사회의 자살법에는 없는 것이며, 그러한 행위는 어디까지 일본적인 행위이지 우리의 전통사회와는 거리가 먼 자살법이라는 전제가 강하게 깔려져 있다. 만약 있다 하더라도 그것은 식민지 시대 때 일본으로 받은 나쁜 영향으로 보았던 것이다. 아닌게 아니라 『자살론』이라는 명저를 낸 불란서 사회학자 듈켐 마저도 일본의 할복에 대해 언급하면서 그와 같은 예가 중국, 티벳, 타이 등지에서도 발견된다고 하면서도 일본과 가장 가까운 한국에 대해서는 아무런 언급도 하지 않고 있다.[5]

그것을 뒷받침이라도 하듯이 일본의 저명한 역사민속학자 치바 토쿠지千葉德爾(1916~2001)도 그가 알고 있는 한국 할복의 두 가지 예를 들면서 그것들이 모두 현대에 국한 되어있고 그 이전의 역사 속에는 할복의 예가 보이지 않는 것으로 보아 한국전통사회는 할복이 없었으며, 현대 한국의 할복은 일본의 식민지를 겪으면서 일본인 자살형태의 영향을 받아 생겨났을 가능성이 높다고 말하고 있다.[6] 이에 민속학자 최길성도

---

1) 송우혜, 「北민등산 사진' 참혹상 웅변」, 『동아일보』, 1999년 8월 15일자.
2) 김학은, 「승자의 선택」, 『경향신문』, 1998년 3월 22일자.
3) 남윤호, 「분수대 할복」, 『중앙일보』, 2003년 9월 18일지.
4) 칼럼[여적], 『경향신문』, 1999년 8월 13일자.
5) デュルケーム 著, 宮島喬譯, 『自殺論』, 中央公論社, 1985, 267頁.
6) 千葉德爾, 『切腹の話』, 講談社, 1972, 123~124頁.

적극 호응하면서 "한국에는 할복자살이 존재하지 않는 것이라 말할 수 있을 것이다."고 단언을 하고 있다.7) 이처럼 한국의 할복은 원래 없었던 것이며, 근대에 접어들어 일본의 영향으로 생겨났던 것으로 이해하려는 경향이 강하다.

이처럼 우리나라의 할복은 기존의 학계에서 보는 것처럼 일본 식민지의 영향으로 말미암아 생겨난 것이며, 과연 전통사회에서는 없었던 것일까? 그러기 위해서는 일제시대 이전 우리사회에서 할복이 과연 없었는지 자료적인 검토가 면밀히 이루어져야 한다. 그러한 작업을 제대로 하지 않은 채 우리에게는 그러한 자살법이 없었다고 잘라 말한다는 것은 너무나도 무책임한 처사라 하지 않을 수 없다.

이같은 학계의 태도와는 달리 일반적인 한국인들은 아주 오래 전부터 우리 사회에도 할복은 있었던 것으로 생각했다. 특히 영화나 역사드라마, 그리고 전통검법을 추구하는 그룹에 있어서 그러한 생각이 현저했다. 가령 2002년 문종금 감독의 무협멜로영화「싸울아비」에서 백제가 멸망하고 왕이 죽자 그를 따르던 무사들이 할복해서 순사하는 장면을 만든 적이 있다. 그의 말에 따르면 싸울아비란 백제의 무사를 지칭하는 순수한 우리말로서 백제멸망을 전후로 일본으로 건너간 왕족 및 싸울아비와 유민들이 난고손南鄕村에 살면서 본국 백제복원에 대한 열망을 불태우는 과정 속에서 벌어지는 갈등과 사랑을 그리려고 했다고 한다.

또 몇 해전 TV에서 역사 드라마로서 인기리에 방영되었던 "태조 왕건"에서도 할복에 관한 장면이 두 곳에서 나왔다. 하나는 후고구려의 왕이었던 궁예弓裔(869~918)가 왕건王建(877~943)의 부하에게 잡히기 전에 할복을 하고 그의 심복으로부터 자해를 당하여 목숨을 끊는 장면이며,

---

7) 최길성,「한일의 자살을 통해 본 생명관」,『일본학지』8, 계명대 일본문화연구소, 1988, 7쪽.

다른 하나는 고려의 개국공신인 유금필庾黔弼(?~941)이 조물성 전투에서 패배한 책임을 지고 "폐하. 신들의 죄가 크옵니다. 차라리 이곳에서 할복하게 하여 주시오소서, 폐하."하며 청원하는 장면이 바로 그것이다.[8]

그런데 참으로 신기한 것은 그 성격이 일본인의 할복과 아주 흡사하다는 점이다. 그 첫째로 궁예가 칼로 배를 찌르면 그의 부하가 뒤에서 칼을 휘둘러 그의 목숨을 끊는 장면은 일본인이 배를 가르면 그의 뒤에서 목을 쳐주는 '가이샤쿠介錯'를 연상시키며, 또 유금필의 그것은 자신들의 과오를 인정하고 그에 대해 책임진다는 의미에서 일본의 전형적인 인책성 할복과 그 성격이 같기 때문이다.

이러한 예가 지금은 사라졌지만 한때 해동검도의 관계자 사이트에서도 확인이 된 적 있다. 그들의 검법 정신이 고구려 때에는 백두산의 실봉선인에게서 사무랑에 전해졌고, 또 그것이 고려시대에는 김정기에게 전해졌고, 그것이 삼별초군에게도 계승되었는데, 그들은 몽고군에게 끝까지 항쟁하며 제주도에서 할복 자결하여 최후를 맞이하였다고 설명한 적이 있었다.

만약 이것이 사실이라면 우리나라도 일본과 같은 할복이 생겨나 정착되었을 토양은 충분히 갖추고 있었으며, 우리나라 고대의 할복자는 백제의 싸울아비이며, 후백제의 궁예와 유금필이 그 뒤를 잇고 있으며, 중세에 이르러서는 고려의 삼별초 군이 대표적인 사례라 할 수 있을 것이다.

그러나 영화에서 말하는 백제의 싸울아비, 그리고 드라마 속의 궁예와 유금필 그리고 해동검도에서 말하는 삼별초군의 할복은 역사적 문헌을 통하여 볼 때 그에 대한 신빙성은 매우 희박하다. 왜냐하면 그것을

---

8) 한국방송공사 「태조 왕건」의 대본 참조.

증빙할 아무런 근거가 없기 때문이다. 더군다나 궁예의 경우 『삼국사기』에서는 화전민들에게 발각되고 해를 입어 죽었다 하였고, 『고려사』에서는 산골짜기에서 이튿날 밤 머물다가 허기져서 보리 이삭을 잘라 먹다가 성난 군중들에게 맞아 죽었다고 되어 있다. 이러한 기술들이 통치자의 최후의 모습이 아니라는 제작진의 배려와 판단에 의해 궁예의 최후를 할복자결하는 것으로 묘사하였을 것이다. 실제로 강원도 연천군 청산면 장탄리에는 궁예가 왕건과의 전투에서 패배해 바위에서 자살하였는데, 그 바위를 자살바위라 한다는 전설이 있다. 이는 궁예가 군왕답게 최후를 맞이하였기를 바라는 관계자 및 민중들에 의한 마음의 표출이라 하지 않을 수 없다.

이러한 점은 싸울아비도 마찬가지이다. 필시 싸울아비는 일본 미야자키현宮崎縣 난고손南鄕村이라는 산간 마을에서 전해져 내려가고 있는 백제왕족 전설을 바탕으로 만든 것임에 틀림없다. 그러나 그 전설 자체가 하나가 아닌 다양한 유형들이 있어서 그 내용의 역사성에 대한 신빙성이 결여된다.9) 또 싸울아비란 말이 일본어의 사무라이와 아무런 관계가 없을 뿐 아니라, 더군다나 당시 백제에 할복하여 순사하는 문화가 있었는지도 확실하지 않다. 그리고 삼별초의 최후가 할복으로 끝을 맺었다는 기록도 어디에서도 보이지 않는다. 그러므로 이러한 것들은 픽션이 통용되는 영화나 드라마 세계에서는 가능할지 모르지만 실증적인 검증이 요구되는 학문적 세계에서는 허용되기 어렵다.

그러나 만일 작가의 상상력이 사실이라고 한다면 한반도에서도 고대로부터 중세에 이르기까지 할복이 있었다는 것이 된다. 본 장에서는

---

9) 노성환, 「백제왕족전설을 통하여 본 한일관계의 과거와 현재」, 『어문연구』 38, 한국어문학회, 2002.

우리의 역사에서 할복이 과연 있었는지 없었는지를 알아보고자 그 사례들을 찾아보고자 한다. 그리고 그것이 일본의 할복과 관계없이 우리들 사회에 존재했던 전통 자살법 중의 하나임을 밝히려는데 목적이 있다.

효와 열의 실천으로서 할복

다행히도 일제의 식민지를 경험하기 이전 우리의 문헌과 구비 전승에서 할복한 사람들을 심심찮게 찾아낼 수 있다. 모두 시대적 배경은 조선이다. 그러므로 이같은 우리의 할복은 일단 일본의 식민지문화와 무관하다고 볼 수 있다. 그렇다면 이들은 무엇 때문에 할복을 하는 것일까? 이를 다음과 같이 유형별로 정리할 수 있을 것 같다.

효의 실천으로서 할복

우리의 역사 기록에서 **최초로 할복사를 서돈한 사람은 심광언**沈光彦 (1490~1568)이었다. 그는 1519년(중종 14) 생원시와 진사시에 연이어 합격하고, 1525년 식년문과에 장원으로 급제하여 전라도관찰사, 형조판서, 공조판서, 한성부판윤 등 두루 요직을 역임한 인물이다. 그러한 그가 1546년 (명종 1) 명종이 주강晝講에 나아갔을 때 그는 다음과 같이 아뢰었다.

소신小표이 지난번 전라도 관찰사로 있을 때 보니, 효행이나 절의가 탁이卓異한 자가 사족士族에서만 나오는 것이 아닙니다. 궁벽한 시골의 무지한 하천下賤도 자기 어버이의 병을 위하여 단지斷指도 하고, 할복도 하는 자가 있는가 하면 혹은 상분嘗糞도 하였습니다. 또 부인이 자기

지아비가 죽은 후에 여기저기서 빌어다가 일평생 제사를 받드는 자도 있었습니다. 관에서 비록 물건으로 상을 내리고는 있지만 향리, 일수 관노비의 무리들의 경우는 아직 신역도 면제받지 못하고 있어 일반사람과 다를 것이 없으니 그들을 높여주고 권장하는 뜻이 너무나 없습니다. 만약 그들의 신역을 면제시킨다면 사람들이 모두 보고 느끼어 감화되는 바가 있을 것입니다.[10]

이상의 내용에서 보듯이 심광언은 효행과 절의가 있는 자들에게 신역身役을 면제케 하자는 건의를 임금에게 상소를 올리고 있는 것이다. 그 중에서 우리의 주목을 끄는 것은 할복의 부분이다. 여기에서 할복은 우리가 생각하는 것과 좀 거리가 있다. 자사自死로서의 할복이 아니라 효를 위한 것이기 때문이다. 즉, 부모의 불치병을 고치기 위하여 할복하는 효성이 지극한 서민들이 당시에 있었다는 것을 확인할 수 있는 것이다.

옛날 한국에는 부모가 위독하면 자신의 손가락을 잘라 거기에서 나오는 피를 먹이거나, 그것도 안되면 자신의 뱃속의 피와 살점을 먹이는 풍속이 있었다. 그것을 먹임으로써 병을 치료할 수 있다고 생각하였다. 「별주부전鼈主簿傳」에서 거북이가 용왕의 불치병을 고치기 위해 토끼의 간을 구하려고 속여 용궁으로 데리고 가는 이야기도 바로 이러한 것을 반영하는 것이다. 따라서 그것은 자신의 가장 중요한 생명의 일부를 잘라 먹임으로써 다른 생명을 살리려고 하는 일종의 유감주술적인 행위로 볼 수 있다.

이러한 사례가 1700년대 충북 음성에서 다시 나왔다. 그 주인공은 박정규朴廷珪이었다. 그는 박진구의 아들이며, 박호원의 손자로 충북 음

---

[10] 『명종실록』, 명종 1년 3월 9일(병인).

성에서 태어났다. 원제 김한 선생의 문하생으로 1721년 진사시험에 급제하고 선릉참봉을 지내고 아산현감을 지내면서 목민관으로서 현민을 돌보았다. 그리고 특히 그는 부모에게 효성이 지극했던 인물로 알려져 있다. 현재 충북 음성군에는 그의 효행을 기리기 위해 세운 효자문이 있다. 그 문은 1743년(영조 19)에 조정으로부터 효자 정려문으로 내려진 것으로 문의 편액에는 "孝子 通訓大夫行牙山縣監洪州鎭管兵馬節制都尉 朴廷珪之門 崇禎紀元後 再癸亥 五月 日 命旌"이라 되어있다.

그가 어떠한 효행을 하였기에 영조가 효자 정려문을 세우게 하였을까? 여기에 대해서는 다음과 같은 이야기가 전해진다. 즉, 어느 날 그의 부친이 병환이 났을 때의 일이다. 의사를 데려다 진맥을 하고 여러 가지 첨약瞻藥을 썼으나 별로 차도가 없자 몸을 깨끗이 하고 가묘 앞에 거적을 깔고 천지신명에게 기도하였다. "천지신명이시여, 조상님들이시여, 이 어리석은 것이 정성이 부족하여 아버님의 병환이 차도가 없나 봅니다. 아버님의 아픔은 곧 내 아픔과 같고, 나 같은 불효자는 또 낳으면 안되려니와 하나뿐인 아버님은 돌아가시면 영영 다시는 볼 수 없습니다. 살려주소서."하고 방으로 돌아와 손가락을 잘라 그 피를 수혈하였다. 그랬더니 약간 차도가 생기는 듯 하더니 역시 큰 효과가 없었다. 그래서 이튿날에는 더 많은 피를 내기 위하여 할복 수혈을 하였더니 이번에는 차차 회복되어 며칠 사이에 쾌차하게 되었다 한다. 이러한 지극한 효성에 감복한 마을사람들은 효자문을 세웠고, 또 조정에서는 효자정려로서 내려졌다는 것이다.[11]

이같이 조선인들에게는 부모의 불치병을 고치기 위해 자신의 배를 가르고 그 속에 든 피를 수혈하는 행위가 있었다. 특히 박정규는 이를

---

[11] 『내고장 전통가꾸기 - 음성군-』, 1982; 『음성의 구비문학』, 2005.

위해 단지도 하고 배를 가른 대표적인 인물이었다. 아무리 효성이 지극한 아들이라 해도 이러한 행위는 쉽게 나올 수 있는 것이 아니다. 그러한 면에서 이러한 유형의 할복은 효성의 표상이 되지 않을 수 없다 하겠다.

열의 실천으로서 할복

할복은 남성에게서만 나오는 것이 아니었다. 특히 남성들의 싸움인 반란과 전쟁은 부녀자와 아이들에게 치명타를 입히게 된다. 1617년(광해 9)에 편찬된 『동국신속삼강행실도東國新續三綱行實圖』에 여성 할복자가 등장한다. 그것에는 「춘월자경春月自剄」이라는 이야기가 실려져 있는데, 그 내용을 소개하면 다음과 같다.

> 양녀 춘월春月은 경원부慶源府 사람이라. 계미 호란胡亂에 도적에게 매인 바가 되어, 이에 거짓말로 이르되, 아이가 막幕에 있으니 청컨대 업어서 나가고 싶어라 하거늘, 도적이 믿어 그렇게 하니, 즉시 막에 들어가 칼로서 배를 찔러 죽었다. 소경대왕昭敬大王 때에 정문을 세웠다.[12]

이 사건은 계미호란癸未胡亂을 배경으로 하고 있다. 계미호란이란 1583년(선조 16) 여진족 추장 니탕개尼蕩介가 일으킨 난을 일컫는 것으로 온성穩城의 부사 신립申砬(1546~1592)과 첨사 신상절申尙節 등이 일어나 소탕했다. 니탕개는 선조 초기부터 함경도의 6진에 출입하면서 조선 조정을 받들고 순종할 것을 표시하였으므로 조정에서는 그에게 벼슬을 주며

---

12) 원문: 良女春月慶源府人 癸未胡亂爲賊所縛乃佯言曰 兒子在幕請負出 賊信而解之 卽入幕以刀刺腹而死 昭敬大王朝旌門(냥녀 츈월은 경원부 사룸이라 계미 호난의 도적의 미인 배 되여 이예 거즛말로 닐오딕 아히 막의 이시니 쳥컨댄 어버 나가지라 ᄒ여늘 도적이 미더 그ᄅ니 즉시 막의 들어 칼로뻐 빅를 딜너 주그니라 쇼경대왕됴애 졍문ᄒ시니라)

후대했다. 그러나 만주와 조선의 국경지대인 경원성慶源城에 사는 여진인들이 전前 진장鎭將을 비난하는 소문을 퍼뜨리면서 민심을 선동하여 반란을 일으켰는데, 이때 니탕개는 그들과 합세하여 조선에 반기를 들었다. 반란이 발생하였을 초기에 경원부사慶源府使 김수金璲가 여진군에게 패퇴하자, 그들은 성을 점령하여 약탈을 자행하고 경원부 내의 모든 진鎭과 보堡를 점령하여 기세를 올린 적이 있다.

바로 그 시기에 경원부에 사는 춘월이 적들에게 납치되었을 때 칼로 배를 찔러 죽었던 것이다. 이것이 사실이라면 그녀는 우리나라에서 최초의 여성할복자이다. 아마도 적들에게 욕을 보이느니 죽음을 선택한 것으로 보인다. 그렇다면 그녀의 할복은 정조를 더럽히지 않기 위해 택한 죽음이었다고 볼 수 있다. 그러한 그녀를 조정에서는 정문旌門을 내렸다. 즉, 그녀는 죽어서 열녀가 되었던 것이다.

이러한 여성들의 할복은 도요토미 히데요시豊臣秀吉(1537~1598)가 일으킨 임진왜란 때도 발생했다. 사건은 전북의 진안군에서 일어났다. 그 주인공은 호조참판 홍습洪濕의 사비 난향蘭香으로 그녀의 죽음에 대해 진안군에서는 다음과 같이 설명했다.

> 이난향李蘭香은 임진왜란 때 주인인 참판 홍습洪濕의 피신처를 왜병의 고문에도 밝히지 않고 혀를 물고 자결한 여자 노비이다. 자세한 사적은 충비 열녀 이성난향지려忠婢烈女李姓蘭香之閭에 실려 있다. 임진왜란이 일어나자 진안에서 무주 쪽으로 8km 남짓 가면 있는 상전면 수동리 산정마을에도 왜군이 밀어닥쳤다. 당시 마을에는 난을 피해 서울에서 내려왔던 참판 홍습이 있었는데 왜군이 쳐들어온다는 소문을 듣고 다시 재너머 깊은 산중까지 피신하였지만 서두르는 바람에 식량이나 먹을 물마저도 준비를 못해 끼니를 걱정할 처지였다. 주인 식구들의 어려움을 보다

못한 이난향이 식량을 구하려고 야음을 틈타 마을에 내려왔으나 홍습의 집은 이미 잿더미가 되어 버렸고 어디서도 쌀 한 톨 구할 수 없었던 데다가 갑자기 마을을 순찰하던 왜군들에게 붙잡혔다. 이난향은 왜군들에게 끌려가 온갖 수모를 당했으나 끝내 주인이 있는 곳을 발성하지 않았고 욕을 당하기 전에 혀를 깨물어 자결을 하였다.13)

여기에서 보면 그녀는 왜군의 포로가 되어 온갖 굴욕적인 고문을 당하여도 주인의 소재를 밝히지 않았고, 또 자신의 정조를 지키기 위하여 자결하였다는 것이다. 그런데 여기서 눈여겨 볼 것은 자결의 방법이 혀를 깨물고 죽은 것으로 되어있는 것이다. 또 다른 이야기에서는 난향이 스스로 혀를 깨물어 말을 못하자 왜군이 젖가슴을 잘라 죽였다고도 한다.

그러나 향토지에는 그녀의 죽음을 "壬辰之亂 賊欲奸罵不絶口 割腹而死 命旌其門"라고 기술되어있다. 즉, 임진왜란 때 왜적이 그녀를 간사한 계략으로 꼬이려 했으나 입을 열지 않고 할복하여 죽었다는 것이다. 이것만으로는 그녀가 무엇 때문에 죽었는지 알 수 없다. 적의 유혹으로부터 자신의 정조를 지키기 위함이었는지, 아니면 주인이 숨어있는 곳을 알면서도 적에게 입을 열지 않았다는 것인지 정확하게 알 길이 없다. 그러나 우리가 그 자료를 통하여 알 수 있는 것은 그녀가 할복자결로 목숨을 끊었다는 점이다.

이처럼 같은 죽음을 두고도 지역사람들의 의견이 틀린다. 그러나 자료적인 것으로 보았을 때 문장이 한문으로 되어있는 앞의 향토지의

---

13) 김병남, 「李蘭香」, 디지털진안문화대전(http://jinan.grandculture.net/jinan/toc/GC05800997: 검색일: 2021.02.03.)

자료가 훨씬 더 오래된 것임은 두 말할 나위가 없다. 아마도 그들은 왜군에 대항하다 죽은 그녀의 죽음 방법이 할복이 맞지 않는다는 기존의 개념으로 바라보고, 할복을 혀를 깨물어 자결한 것으로 바뀌었을 것으로 추정된다. 국가에서 그녀에게 내려진 것은 정려문旌閭門이다. 그리고 비석의 전면에는 '충비열녀 이성난향지려忠婢烈女 李姓蘭香之閭'라고 새겨져 있다. 이는 충신, 효자, 열녀 등을 표창하기 위하여 마을 입구나 그 집 문 앞에 세우는 문을 말한다. 이는 그녀가 주인에게 충을 다하였다고 보기보다는 정조를 지켰다는데 더 큰 의미를 두고 내려진 것으로 보여진다. 그러므로 그녀의 할복 자결은 정조를 지키기 위해 행하여진 것으로 보는 것이 옳을 것 같다.

울분과 결백의 표상으로서 할복

한국학중앙연구원이 펴낸 『향토문화전자대전』의 「임경업 쌍성각林慶業雙成閣」이란 항목에 흥미를 끄는 여성의 할복자가 있다. 그것은 "충민공 임경업이 영의정 김자점金自點(1588~1652)의 무고에 몰려 처형된 억울함을 호소할 길이 없어 서거 100일 만에 할복 자실한 정경부인 전주이씨의 충렬을 찬양하기 위하여 건립된 것"으로 설명되어있다.[14] 이것이 사실이라면 그녀 또한 할복 자결한 여성 중의 한명으로 꼽을 수 있다. 그녀는 청나라 심양에서 옥사했다. 그 때 상황을 『정조실록正祖實錄』에서는 다음과 같이 서술했다.

> 충민공이 손수 지은 유사遺事와 일록日錄을 열람해 보건대, 그 부인이

---

14) 김병구 「임경업 쌍성각」 『디지털충주문화대전』, http://chungju.grandculture.net/chungju/toc/GC01900747(검색일: 2021.02.03.)

잡혔을 때 적 앞에서 하늘을 우러러 부르짖기를 '나의 남편은 대명大明의 충신이고 나는 충신의 아내이니, 마땅히 죽어 지하地下에서 남편을 따라 함께 대명大明의 귀신이 되겠다.' 하고 드디어 자결했다고 한다.15)

이처럼 그녀는 청나라 심양의 옥사에서 자결했다. 그러나 그녀가 어떻게 자결하였는지에 대해서는 서술해놓고 있지 않다. 이를 두고 다만 조정에서 그 남편에 그 아내라 하여 두 사람 모두 똑같이 아름다웠다고 할 만하니, 지방관으로 하여금 마을에 가서 정문旌門에 쓴 글을 "유명 총병 조선국 증 숭정 대부 의정부 좌찬성 충민공 임경업 증 정경 부인 전주 이씨 충렬 쌍성지려有明總兵朝鮮國贈崇政大夫議政府左贊成忠愍公林慶業贈貞敬夫人全州李氏忠烈雙成之閭로 고치게 하라"고 명하고 있을 뿐이다.

이렇게 생겨난 비각이 현재에도 충주시 살미면 세성리에 남아있다. 정려각 내의 현판에는 붉은 판 위에 흰색 글씨로 조정에서 정해준 대로

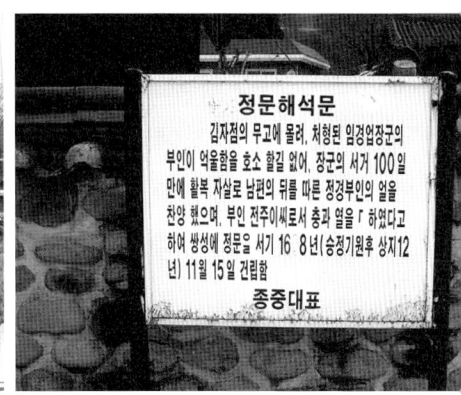

충추시 실미면 임경업 충렬문　　　　　　임경업 충렬문 앞에 세워진 정문해석문

---

15) 『정조실록』, 정조 12년 무신(1788) 11월 15일(계유), 의주에 있는 김상헌·임경업의 사당에 사액을 내리고, 임경업 정려의 기록을 개정하다.

'유명총병조선국증숭정대부 의정부좌찬성 시충민공임경업증정경부인 전주이씨충렬쌍성지려'로 되어 있고, 뒤편 검은 판 위에 흰색 글씨로 정려전교傳敎를 써서 걸어두었다. 사람들은 이를 줄여 '임경업 쌍성각'이라 한다.

그녀가 할복 자결하였다는 것은 임경업의 후손들도 믿고 있는 것 같다. 그 예증으로서 종중대표가 쌍석각의 안내판에 '정문해석'을 적어놓았는데, 그 내용이 다음과 같다.

> 김자점의 무고에 몰려 처형된 임경업 장군의 부인이 억울함을 호소할 길 없어 장군의 서거 100일 만에 할복자살로 남편의 뒤를 따른 정경부인의 얼을 찬양했으며, 부인 전주 이씨로서 충과 열을 다하였다고 하여 쌍성에 정문을 서기 1668년(숭정기원후 상지 12년) 11월 15일에 건립함.

이처럼 그들은 부인이 할복 자결한 것으로 믿고 있었다. 그러한 것이 일반화되어 가끔 언론에서도 그녀를 할복 자결한 것으로 언급되는 경우도 송송 보인다. 이것을 그대로 받아들인다면 그녀의 할복은 후손들의 설명대로 남편의 억울함을 호소할 길이 없어 비관한 나머지 선택한 것일 수도 있으나, 다른 한편으로는 남편과 함께 대명의 귀신이 되겠다고 남긴 말에서 보듯이 충절을 지키기 위한 죽음일 수도 있다.

한편 조선 후기 북학파 실학자 이덕무李德懋(1741~1793)는 그의 저서 『청장관전서靑莊館全書』에서 매우 특이한 할복사건을 기록하고 있다. 그 내용은 다음과 같다.

> 들으니 양주楊洲에 사는 어떤 사람이 이웃 사람과 싸우다가 분을 이기지 못해 칼을 빼어 자기의 배를 갈랐는데 창자가 튀어나오자 그대로 그

창자를 베어내고는 땅에 넘어져 기절하였다. 곁에 있던 사람이 창자를 배에 넣어주고 약을 발라주었는데, 오래 걸려 합창되어 나왔지만 창자의 한 끝이 다 들어가지 않고 그 구멍이 배꼽 위에 늘어져서 똥이 나온다고 하는데 그 사람이 아직도 살고 있다고 한다.16)

위의 사례는 이웃사람과 싸운 후에 분이 풀리지 않아 칼로 자신의 배를 갈랐으나 죽지 않고 살아남은 경우이다. 다시 말해 자결 미수인 셈이다. 그의 할복은 격분한 나머지 분을 삭이지 못해 순간적으로 벌어진 사건이었다. 이러한 경우에도 할복은 등장했다.

또 1800년대 영주에서 이러한 사건이 있었다. 그 사건의 주인공은 고만석高萬石이었다. 『순조실록純祖實錄』에 의하면 사건의 일말을 다음과 같이 서술해놓고 있다.

> 열녀 박씨朴氏에게 정문을 세워 주라고 명하였다. 박씨는 사족士族의 청상 과부였는데, 본 고을 사람 김조술金祖述의 핍박을 받자 자결하여 몸을 깨끗이 하였다. 그런데 흉도들이 옥사를 번복시켜 3년이 되도록 판결이 나지 않았는데, 그의 노복 만석萬石이 눈물을 흘리며 여러 차례 호소한 끝에 비로소 밝혀져 예조로 하여금 여쭈어 처리하게 하였다. 만석은 충직한 노복이라 하여 생전에는 복호復戶해 주고, 사후에는 정문을 세워 주라고 하였다.17)

---

16) 李德懋, 『청장관전서』 제54권, 「盎葉記一」: 聞楊州有人. 與隣人鬪. 不勝忿. 拔刀自刳腹而 腸突出. 因割其腸. 仆地氣窒. 旁人納腸於腹. 以藥傅之. 久之創瘉. 腸一頭. 不盡納. 垂其孔於臍上. 而黃出焉. 其人尙在云.
17) 『순조실록』, 순조 22년 임오(1822) 10월 21일(임술), 열녀 박씨에게 정문을 세워 주라고 명하다.

열부각과 충복각

    이 말에 따라 내려진 현재에도 소수서원 부근 마을(선비촌) 입구에 박씨부인과 그의 노복을 위한 열부각烈婦閣과 충복각忠僕閣이 있다. 위의 『순조실록』에는 박씨 부인의 남편이 잘 드러나 있지 않으나, 지역민에 의하면 그녀의 남편은 여흥 민씨의 민조현閔祚顯이었다. 그리하여 그 사건은 여흥 민씨 집안에서도 잘 알려져 『여흥민씨 인녕사선』에도 언급되어 있는데, 그 내용을 대략 소개하면 다음과 같다.

    충로 고만석은 민조현의 노비로서 상전인 민조현의 처 박씨부인이 청상과부로 간통하려던 김조술이라는 자가 허무맹랑한 말을 유포함으로 억울함을 수차 관가에 호소하였으나 올바른 판단이 없으므로 관가에서 자인할복自刃割腹을 하였다. 그래도 판단이 없기에 고만석이 적수공권을 한양을 다니면서 육도명쟁六度鳴錚하여 결국 1825년(순조25)에 나라의 하명으로 김조술의 일당을 처형하고 박열부의 정려와 고충로의 정려를 내려 비각을 세웠다.18)

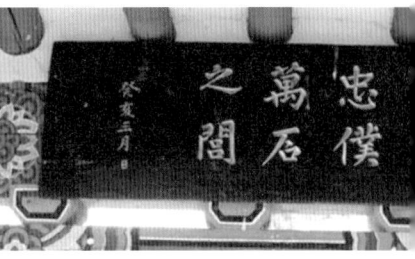

영주 선비촌의 충복각

　이상에서 보듯이 노복 고만석이 한양으로 가기 전 지역 관가를 찾아가 박씨 부인의 억울함을 할복으로도 호소하였으나, 이를 관가가 무시하여 그로 하여금 한양으로 가 조정에 직접 호소하게 되었다. 그의 할복은 자신이 아닌 주인의 결백을 입증하기 위해 자행하였다는 점에서 특성을 가지고 있으나, 그것이야말로 충의의 상징으로 간주되었다. 주인과 자신이 분리되어 있지 않기 때문에 주인의 치욕은 자신의 치욕이며, 그것을 증명해야 하는 것도 자신의 일이라고 생각했다. 이러한 그의 행동을 조정에서도 인정하여 정문을 내린 결과 '충복각'이 생겨난 것이었다. 이처럼 우리의 역사에서 효와 열의 실천으로서, 그리고 울분표출과 결백의 증명을 위해 자행하는 할복이 있었다.

애국적 죽음으로서 할복
　국가가 위기에 닥쳤을 때 죽음으로써 항거하는 자가 나오게 마련이

---

18) 여흥민씨 인명사전 https://blog.daum.net/mbk9198/15516623(검색일: 2021.02.02.)

다. 그 중에 할복을 결행하는 자도 있었다. 이러한 유형의 할복을 감행하는 자는 병자호란 때부터 있었다. 그 예로 당시 의병을 일으켰던 편영표片永標(1586~1638)를 들 수가 있다. 그는 1636년 청태종이 13만 대군을 이끌고 우리나라를 쳐들어왔을 때 그는 나주읍내羅州邑內에서 근왕병을 모집한다는 격문을 포고하여 2백여 명의 의병을 규합糾合하여 훈련을 쌓아 청주淸州에 이르렀는데, 화의가 성립되었다는 소식을 듣고 "주상主上께서 되놈에게 무릎을 꿇은 곤욕을 당했는데 신민臣民된 자 살아서 무엇하랴?"하고 할복 자결했다고 전해진다.19)

그의 할복에 대해서는 세간에 잘 알려져 있지 않다. 위의 것도 절강浙江 편씨 집안에서 전해지는 것이다. 그러므로 그의 할복에 대해 신빙성 논란이 있을 수는 있으나, 만일 그것이 사실이라면 그의 할복은 국가에 대한 충의로서 칭송되어도 마땅하다.

병조호란 때 할복한 사람이 또 한명 있었다. 당시 이조참판 정온鄭蘊(1569~1641)이다. 그는 청나라 군사가 남한산성을 포위하고 성이 함락직전까지 내 몰려 왕이 나가 항복하려고 하였을 때 그는 할복을 결행했다. 훗날 그가 "신이 사결한 것은 바로 선하가 겪고 계시는 오늘의 일을 차마 볼 수가 없기 때문이었습니다."라고 술회하는 것으로 보아 임금이 직접 청태종에게 머리를 조아리며 항복하게 만든 신하의 책임의식에서 나온 것이었다. 그 때 상황을 『인조실록仁祖實錄』에서는 다음과 같이 서술하고 있다.

그는 남한산성에 있을 때는 강화하자는 의논을 극력 배격하였다. 성에

---

19) 「절강편씨시조(浙江片氏), 편갈송(片碣頌), 절강편씨 조상인물」 성씨뉴스닷컴, 작성일: 2017.05. 28. 11:22, 수정일: 2019.10.31. 11:35 http://www.sungssi.co.kr/news/12653 (검색일: 2021. 02.02.)

서 나가 항복한다는 말을 듣고는 찬사贊詞를 지어 의대衣帶에 묶은 뒤, 차고 있던 칼을 빼어 배를 찔러 유혈이 자리에 낭자하였다.20)

그의 할복에 대해 이덕무의 『청장관전서』에서도 "병자호란丙子胡亂 때에는 여러 번 소를 올려 오랑캐와 강화하는 것을 간쟁하다가 되지 않자 차고 있던 칼을 뽑아 할복을 기도하였으나 미수에 그쳤다."고 했다.21) 이처럼 그의 할복에 대해 간결하게 적고 있어 그가 어디서 어떻게 할복하였는지 알 수 없다. 그에 비해 1756년경 이광정李光庭이 찬정, 편찬한 『동계집桐谿集』의 「연보年譜」에는 다음과 같이 비교적 상세히 서술되어 있다.

> 무진일 새벽에 선생이 자결하였다. …(중략)… 이날 새벽에 홀로 일어나 통곡하고 이어 이불과 베개를 정돈한 다음 누워서 패도佩刀로 자결하였다. 시자侍者가 알아차리고 이불을 걷어 살펴본즉, 칼이 뱃속으로 두 치 남짓 박혀 있었다. 즉시 놀라 부르짖으며 칼을 뽑아내자 선혈이 뿜어져 나왔고, 혼수상태로 기운이 끊어진 지가 오래되었다. 온 성안이 크게 놀라며 그 의리를 슬퍼하지 않는 사람이 없었다. 평소에 알던 조정 신하가 혹 달려와서 구원하였고, 상 또한 즉시 어의御醫로 하여금 약물을 가지고서 구제하게 하여 며칠 만에 소생하였다.22)

여기서 보는 것처럼 그는 누워서 배를 가르고 칼을 꽂은 채로 이불을 덮고 있었다. 이를 알아차린 하인이 이불을 걷어내고 칼을 뽑자 선혈이

---

20) 『인조실록』, 인조 19년 신사(1641) 6월 21일(을축), 정 이조 참판 정온의 졸기.
21) 李德懋, 『청장관전서』 제69권, 한죽당섭필 하(寒竹堂涉筆下) 남계묘정비(灆溪廟庭碑).
22) 李光庭, 『동계집』 연보, 문간공 동계 선생 연보(文簡公桐溪先生年譜).

낭자하였다 했다. 그가 배를 가른 길이가 두 치(6센티) 정도 되었다. 『동계집』에서 그의 할복은 청나라에 항복하려는 의논이 이미 결정된 것을 보고는 분개한 마음을 이기지 못하여 감행하였다고 했다. 또 그것에 의하면 그는 미리 의대찬衣帶贊을 짓고,[23] 여러 아들에게 "대가大駕가 나가서 항복하려 하니, 신하가 몸을 내버림은

2020년 극단입체에 의해 정온고택에서 개최된 「올곧은 선비 동계 정온」이라는 연극에서 묘사된 정온의 할복 거창 인터넷 신문에서

바로 이때일 것이다. 이에 성을 나가는 날 이미 자결을 결심하고, 창근昌謹으로 하여금 나를 군기軍器의 북쪽에 묻고 표標를 세워서 표시하였다가 오랑캐가 물러간 뒤에 얇은 널판을 사용하여 운구運柩해 돌아가 용산龍山의 묘하墓下에 묻도록 하였다. 너희들은 네 어머니를 효성으로 섬기고 형제를 우애로써 대할 것이며, 두 숙부를 섬기는 데에 거스름이 없어야 할 것이다. 창근이 만약 죽음을 벗어난다면 또한 동복형제처럼 돌보아 기한飢寒으로 죽게 함이 없어야 할 것이나. 내 날이 여기에 이브매 통한이 어떠하겠느냐."라는 내용의 편지를 쓰고, 봉함하여 의대衣帶 가운데에 두었다.[24] 이러한 준비를 거친 후에 그는 할복을 결행했다.

그러나 이상에서 보듯이 하인에 의해 일찍이 발견되고, 평소에 알던 조정의 신하가 달려와 조치하고, 임금이 보낸 어의의 치료로 목숨을 구했다. 결과적으로 그의 할복자결은 실패로 끝이 났다. 그 점이 못내

---

[23] 의대찬의 내용은 다음과 같다. "主辱已極 臣死何遲 舍魚取熊 此正其時 陪輦投降 余實恥之 一劍得仁 視之如歸(임금의 욕됨이 너무도 심하거늘/신하의 죽음이 어찌 이리 더딘가/목숨을 버리고 의리를 취하는 일/지금이 바로 그렇게 할 때이로세/어가를 모시고 적에게 투항함을/내가 진실로 부끄럽게 여긴다네/한 개 칼날로 인을 얻을 것이니/죽음을 마치 돌아가듯이 본다네)"
[24] 이광정, 『동계집 연보』, 문간공 동계 선생 연보(文簡公桐溪先生年譜).

안타까웠는지 훗날 그는 자신이 대죄하는 상소를 올리는 자리에서 "단도로 거짓 찔러서 임금을 속이려 한 것이 신의 두 번째 죄입니다."라는 말에서 보듯이 죽지 못한 것을 비통해 했다. 그 후 그는 세상과 인연을 끊고 덕유산에 들어가 5년간의 적거 생활하다가 73세의 나이로 세상을 떠났다.

그의 할복은 훗날에도 두고두고 충군 절의의 상징이 되었다. 1648년(인조 26) 조경이 임금에게 "정온이 정축년 변란 때 임금이 욕을 당하면 신하는 죽는 것이 의리라는 것으로 스스로 자기의 배를 찔렀습니다. 비록 자결하려던 처음의 뜻을 이루지는 못했지만 그 절개는 충분히 숭상할 만합니다."[25]라고 하면서 정온에 대해 은상을 내리자고 주장했다. 이처럼 정온의 할복은 주군이 욕을 당하면 신하는 그에 대한 책임을 지고 죽는 것이 충의의 표본이었다.

특히 일본으로부터 나라를 빼앗겼을 때 슬픔과 분노를 토로한 장지연은 여기에 주목을 했다. 그리고 그의 유명한 사설「시일야방성대곡是日也放聲大哭」에서 나라를 팔아먹은 각부 대신을 통렬히 비판하면서 "그들을 김청음의 책을 찢고 곡함에도 이기지 못하겠고 정동계의 할복함도 이기지 못하겠으니, 버젓이 살아서 이 세상에 남아 무슨 면목으로 강경하신 황제폐하를 대하며 무슨 면목으로 2천만 동포를 대하겠느냐?"하며 정온처럼 할복을 하지 못하는 자신을 질책하였다.[26] 이와 같이 편영표와 정온의 할복은 자기를 위한 것이 아니다. 국가의 위기가 닥쳤을 때 행해지는 애국적 자살의 방법이었다.

이러한 애국적 할복은 병자호란 이후 좀처럼 일어나지 않았다. 그러

---

25)『인조실록』, 인조 26년 3월23일(무자).
26)『皇城新聞』1905年 11月 20日字 2면의「是日也 放里大哭」.

다가 1905년 을사조약乙巳條約이라는 일본이 조선의 외교권을 박탈하기 위해 강제로 조약을 체결한 사건을 계기로 할복이 다시 고개를 들고 연이어 일어났다. 그 대표적인 예가 민영환閔泳煥(1861~1905)의 할복이다. 그는 민겸호閔謙鎬(1838~1882)의 아들이며, 명성 황후의 조카이기도 하다. 그가 을사조약이 체결이 되자 죽음으로써 항의하기 위해 같은 해 11월 30일, 전동典洞 이완식李完植의 집에서 고종과 2천만 동포에게 보내는 유서遺書를 남기고 할복 자결을 결행했다. 그는 순국하기 전에 5통의 유서를 남겼는데, 국민에게 남긴 유서 내용은 다음과 같다.

> 오호嗚呼라! 국치민욕國恥民辱이 이에 이르니 우리 인민은 장차 생존 경쟁에서 진멸殄滅될 것이로다. 무릇 살려고 하는 자는 반드시 죽고 죽음을 기약하는 자는 삶을 얻으리니 여러분은 이를 양해하라. 영환泳煥은 한번 죽음으로써 황은皇恩에 보답하고 2천만 동포에게 사죄하노니 영환은 죽어도 죽지 않음이라. 구천九泉에서도 여러분을 기필코 조력하겠으니 우리 동포 형제는 천만번 더욱 분투하여 뜻을 굳게 하고 학문을 익히며 힘을 합히어 우리의 자주 독립을 다시 찾으면 죽은 사는 황천黃泉에서도 기꺼워하리라. 오호라! 실망하지 않고 우리 2천만 동포에게 삼가 이별을 고하노라.27)

이러한 유서를 남기고 그는 죽었다. 그의 할복은 그렇게 간단치 않았다. 시종무관 어담魚潭(1881~1943)의 증언에 의하면 "언뜻 얼굴을 보니 옆으로 두 치 정도의 구멍이 난 목줄기로부터 아직까지 피가 흐르고

---

27) 한국사데이터베이스, 『한국사 19 근대 - 대한제국의 종말과 의병항쟁』, 국사편찬위원회. http://db.history.go.kr/item (검색일: 2021.02.18.)

충정공 민영환의 자결순국도 손수광작

있었고 원망하듯 노한 듯 딱 부릅뜨고 있는 양쪽 눈을 처절하고도 가여웠다. 다음 오른 손에 꽉 쥐고 있는 작은 칼을 풀어내고 의복을 벗기니 일자로 할복하고 있었다. 칼을 만져 보니 손톱깎이에 쓰는 퍽 작은 칼로서 깊이 찌를 수 없었기에 다시 상처 위로 좌로 우로 몇 번이나 칼질한 것 같았다. 그 증거로 의복의 양 무릎에 좌우 손을 닦은 듯한 핏자국이 묻어 있는데, 생피가 찐덕 찐덕하여 작은 칼을 쓰기 어렵게 되자 좌우 손을 바꿔 쥐어가며 한 손의 피를 무릎에 닦은 것이 틀림없다. 그러나 이같이 하고도 목적을 이루지 못하자 목구멍을 옆으로 끊어 젖힌 것이 아닌가. 참으로 장렬한 죽음이었다"라고 했다.[28]

이러한 사정은 구한말의 지사이자 절의의 시인인 매천梅泉 황현黃玹(1855~1910)도 그의 저서『매천야록梅泉野錄』에서 "벽에 핏자국이 있어 촛불을 비추어 보니 손자국이 완연했다. 대개 짧은 패도佩刀라 한번 찔러 죽지 못하고 피가 칼자루에 흥건하여 끈적거려 잡고 있을 수가 없자 벽에 닦은 것이다. 그리고는 다시 손을 떨며 비비어 찔렀기에 목구멍이 다 찢어진 채로 죽어 있었다."라고 기록했다.[29] 즉, 그는 단번에 할복을 하여도 죽지 않자 여러 번 시도를 하여 배를 갈랐고, 그래도 효과가 없자 다시 칼로 목을 찔러 순절했다고 했다.

그의 죽음은 곧 전국 각지에 알려졌다. 이에 이상설은 종로로 뛰어나

---

28) 國史編纂委員會,『韓國獨立運動史』1, 국사편찬위원회, 1965, 112쪽에서 재인용.
29) 황현 지음, 임형택 외 옮김,『역주 매천야록』(하), 문학과지성사, 2005, 267쪽.

와 시민들을 모아놓고 "민영환이 죽은 오늘이 바로 전 국민이 죽은 날이다. 우리가 슬퍼하는 것은 민영환 한사람의 죽음 때문이 아니라 전 국민의 죽음 때문이다."라고 연설하였다.30) 이상설 또한 고종에게 백성 앞에 할복 자결할 것을 상소하였던 인물이다.

민영환이 남긴 5통의 유서는 그 전문이 1905년 12월 1일자 대한매일신보에 실려 전 국민에게 읽혀졌고, 그것이 곧 항일민족의식을 북돋우는데 큰 계기를 마련하였다. 그리고 대한매일신보는 12월 3일자에 논설을 실어 민영환의 순국을 찬양하고, 온 국민이 자유 독립을 위하여 힘써 나아갈 것을 역설하기도 하였다.

이러한 우국충정의 죽음을 당시 언론이 헛되게 하지 않았다. 그것을 적극적으로 활용함으로써 항일투쟁에 연결시키려는 의도가 강하게 작용했던 것이다. 더군다나 그의 죽음은 그의 집에서 솟아난 대나무로 인해 더욱 신비롭게 만들어져 갔다. 즉, 그가 자결한 후, 피 묻은 옷을 지하실에 간직하고 그 방을 봉했는데, 순국하고 8개월이 지난 이듬 해 봄 그 자리에서 청죽竹이 솟아올랐던 것이다. 대나무의 45개의 잎사귀는 순국할 때의 나이와 같은 숫자여서 더욱 신기하게 여겨졌다. 사람들은 이를 민영환의 피를 먹고 대나무가 솟아났다고 보았다. 그리하여 그것을 그의 충절을 말하는 혈죽血竹이라 불렀다.

그러자 언론에서는 이것을 곧 보도했다. 가령 1906년 7월 5일자 당시 대한매일신보는 '공의 집에 푸른 대나무가 자라났다. 생시에 입고 있었던 옷을 걸어두었던 협방 아래서 푸른 대나무가 홀연히 자라난 것이라 한다. 이 대나무는 선죽善竹과 같은 것이니 기이하다'며 보도했다. 즉, 그의 혈죽은 고려의 충신 정몽주鄭夢周(1338~1392)의 선죽과 같은 것으로

---

30) 金厚卿·申載供, 『大韓民國獨立運動功勳史』, 韓國民族運動研究所, 1971, 523쪽.

평가되었던 것이다.

이러한 보도를 접한 사람들이 혈죽을 보기 위해 몰려들었고, 혈죽가血竹歌가 황성신문皇城新聞에 실리기도 했다.31) 이로 인해 조선 사회는

---

31) 그 내용을 소개하면 다음과 같다. "혈죽혈죽이여, 혈촉촉(血簇簇)이로다, 작진장순치(斫盡張巡齒)하고 난진고경육(爛盡杲卿肉)하고, 작단엄안두(斫斷嚴顏頭)하며, 거단손규후(鉅斷孫揆喉)하니, 종사치진육진(縱事齒盡肉盡)에 단두단후(斷頭斷喉)라도, 오직 이 대 피(竹血)는 만고(萬古)에 길이 변하지 아니하리로다, 혈죽혈죽이여, 혈루(血淚) 혈루로다, 삼각산 돌에 낮과밤으로 갈고, 한강물로 낮과밤으로 사(瀉)하고, 띠끌과 흙으로 날로 묻으며, 풍우로 날로 씻어, 조조석석(朝朝夕夕)에 이 흔적(痕跡)을 기여이 멸하고자 하여도, 오직 이 한가지 피는 만고에 더욱 빛이나리로다, 나는 이대가 오늘 한가지길고, 내일한자 길어서, 명천자에 이르거든, 흔들흔들 긴(長竹)대를 매어, 세간(世間)에 간악(奸惡)한 신하의 머리에 거어, 청천백일 거리에 춤추어, 우리일반 국인으로 더불어, 이 혈죽노래를 부르리로다, 나는 이 대가 오늘 한가지 나고, 명일에 또 한가지 나서, 기만(幾萬) 가지가 되거든, 쪽쪽이 굳센살(强矢)을 지어, 세상에 우완(愚頑)한 사람의 가슴을 뚫어 충신열사(忠臣烈士)의 간담(肝膽)을 대여(相照), 일반국민으로 더불어 이 혈죽사(血竹詞)를 부르리도다, 혈죽혈죽이여, 어찌 양주(良主)를 만드러 우리 묘당(廟堂)에 꾀하기를 얻으며, 어찌 장창(長槍)을 지어, 써 변경(邊境=國境)에 나라 막기를 도득(圖得)할고, 하날께 무름이여, 대답이 없으니, 내맘이 미친것 같음을 깨달으리로다, 혈죽혈죽이여, 어찌 우리 우주중(宇宙中) 교목(喬木)을 가져다, 변하여 이대가 되며, 어찌 우리 밭두둑 사이에, 풀을 가져다 화(化)하여, 이대가 되리오, 땅을 두드리되 응(應)함이 없음이여, 내맘이 답답한것을 깨달으리로다, 피야 대야 대야 피야, 오즉 공생전(公生前)에 피가, 공사후(公死後)에 대가아니냐, 오즉 공사후에 대가, 공생전에 피가아니냐, 사람이 피가 아니면, 살지못하고, 나라가 피가 아니면 서지 못하나니, 자고로 독립국에은 필야(畢(必) 편자주 也) 혈심(血心) 혈성(血誠) 혈강(血腔) 혈장(血腸)이며, 그 뇌(腦)도 혈이요, 그 뼈도 혈이오, 그 일모(一毛) 일발(一髮)이 망비혈야(罔非血也)요, 그 일거일동(一擧一動)이 망비혈야라, 일국상하 신민이 혈천혈지(血天血地) 사이에 좌와(坐臥) 않는이 없는것이오, 혈산혈해중(血山血海中)에 목욕(沐浴)하여, 혈민혈국(血民血國)이 되여야 가히 자립(自立)하느니, 슬으다 아한(我韓)이여, 기절(肌節)이 구통(具痛)하고, 원긔(元氣)가 날로 패하여, 어릿어릿하여, 문득 죽엄행하는것과 고기로 다러남을 지을새, 이 혈강지고조(血腔之高操)를 갖어, 소말(所末)에 한북(一鼓) 깃(作)기를 바라노니, 오즉 원컨대 전국내혈승군자(全國內血勝君子)는, 그대가 부르고 내가 화답함을 아낌이 없으며, 혼(魂)이 되고 지(志)가 되여, 우리 충정공의 혈죽을 저 바림이 없을 지어다, 충신은 가고 도라오지 못하고, 이 대는 옮기지 아니하였더라, 「전동(典洞)에 구경났네, 우리도 가서 보세」, 도하 사녀(士女)가 사람사람 이 노래뿐이라 본보에 그 사실을 상탐(詳探) 기재 하노라 「거사일(去四日) 제국신문(帝國新聞)에 충혈성순(忠血成筍)이라 제목(題目)하고 기재 하였으되 민충정공 순절할 때에 의복에 혈볼(血痕)이 반반(班班)한 것을 그 침방(寢房) 마루에 두었더니 작일(昨日)에 그 방을 쇄소(灑掃) 차(次=하느라고)로 들고 본즉 난대없는 푸른대 네폭이 마루틈 그 의복 밑에 났다 하기로 제국신문 사원이 가본즉 과연(果然)이라 하였으나 본사에서는 물리학상에 부당(物理學上不當)한 말로 알고 심상(尋常)하였더니 만성전설(滿城傳說)이 낭자(浪藉)하야 "장에 범이났다" 세번 전할뿐 아닌고로 작일에 본사원(本社員)이 실지(實地)에 가 실상(實狀)을 본 일을 기재하노라。상오 십일시 경에 전동병문에 이르니 어깨를 비비고

40

술렁이기 시작했다. 여기에 일본이 매우 당황하였음은 두말할 나위가 없다. 이처럼 그의 죽음을 항일투쟁과 연결시키는데 매스컴이 큰 역할을 했다. 그 정점에는 대한매일신보가 있었다. 그러한 의미에서 그의 할복은 항일투쟁의 역사 속에서도 매우 큰 의의를 가지는 것이었다. 이러한 시도가 그로부터 2년 뒤인 1907년에 이준의 죽음을 통하여 다시 나타난다.

헤이그 특사로 파견된 이준, 이상설, 이위종

이준李儁(1859~1907)은 함경남도 북청北靑 출신으로 1887년(고종 24) 초시에 급제, 함흥 순릉참봉을 지내고 1895년 법관양성소와 1898년 일본 와세다대학早稻田大學 법과를 졸업한 법률 전문의 엘리트이다. 그는 고종의 밀사로서 헤이그에서 열리는 제2회 만국평화회의萬國平和會議에 참석

> 들어가는 사람들은 나같이 구경 하러 가는 사람이라 발을 서로 밟고 겨우 비비여 들어가니 충신고택(忠臣故宅)에 일정문(一旌門)이라 마당으로 들어가서 집을 보아도 감창(感愴)하고 동산을 보아도 감창한맘 뿐이라 큰사랑 우에 팔구세쯤 되는 옥동같은 아이가 구경군을 구경하고 섰는데 그 아이는 충정공 아들이라는 말을 듯고 다 구경하는 사람들이 충신 혈육(血肉) 그 아이를 보느라고 구경 차치(且置) 하였더라 큰사랑 옆에 협문(夾門=傍門) 있고 그 문으로 들어가면 침방이 있는데 그 침방에 대(竹)가 있다는 말을 듯고 문인(門人=側近者)에게 구경을 청하여 실지(實地)를 보니 그방은 장판한 마루방이라 장판이 젖어지고 젖어진 밑에는 마루라 그 마루틈으로 대가 여덟 줆어리가 소았으니 그것은 정녕(叮嚀)히 죽근(竹根)이 연만(延蔓)하여 마루밑에 드러온듯 하더라 저 대가 심상한 땅에 났드면 사람이 심상히 보았을 터이나 충신고택에 생(生)한고로 중인(衆人)의 사랑함을 득(得)하고 후세(後世)에 또한 이름을 전하리라 옛적에 포은(圃隱)이 피해하든 땅에 대가 생(生)하니 선죽교(善竹橋)라 하여 지금까지 전송(傳頌)하였으니 전동(典洞) 민충정공 침방에 생한 대는 어떤 방면을 우리는 감동하는 맘으로 배양(培養)하새 그 대는 청년후진(靑年後進)에 교육죽(敎育竹)이요 난신적자(亂臣賊子)에 경계죽(警戒竹)이오 충신고택(忠臣故宅)에 유명죽(有名竹)이요 국권극복(國權克復)에 초아죽(初芽竹)이라 죽(竹)의 생(生)은 우연(偶然)이라 물리상(物理上)에 심구(深究) 할것이 없거니와 대를 기르는 것은 국민의 정신(精神)으로 할지로다"

하여 을사조약 체결이 일본에 의해 강제로 이루어진 것이었음을 폭로하려 했으나, 일본과 외교관계를 맺고 있던 영국의 방해로 뜻대로 진행되지 않았고, 그도 병을 얻어 헤이그의 한 병원에서 눈을 감았다. 그 해가 1907년 7월 14일이었으며, 그의 나이는 48세였다.

그가 죽자 함께 '헤이그 밀사'로 파견됐던 이위종李瑋鍾(1887~1924)은 기자회견을 갖고 "이준 열사는 순국殉國했다"고 밝혔다. 이날 공개된 이준 열사의 유언에는 "나라를 구하시오! 일본이 끝없이 유린하고 있소…." 등 우국충정의 글로 가득했다고 한다. 특히 황현의 『매천야록』(제5권)에는 다음과 같이 서술되어있다.

> 전 검사前檢事 이준李儁이 헤이그의 평화회의에 우리 국변國變을 호소한 후 자결하였다. 이에 앞서 구주인歐洲人들은 만국평화회萬國平和會를 설치하였다. 이것은 춘추春秋의 의상회衣裳會와 같은 것으로 지금까지 5회의 모임을 가졌다고 하고, 혹은 2회의 모임을 가졌다고도 한다. 그 모이는 장소는 회기 전에 정하기 때문에 일정하게 정해진 곳이 없다.
>
> 이때 네덜란드의 헤이그에서 회의를 개최하자 고종은 이 소식을 듣고 은밀히 이준 등에게 어인御印이 찍힌 문서를 주어 그가 해삼위海蔘威로 가서 이상설李相卨과 함께 러시아를 경유하여 헤이그로 가게 하였다. 이때 이범진李範晉의 아들 이위종李瑋鍾의 나이는 21세였다. 그는 7세 때 그의 아버지를 따라 구미歐美를 두루 다녔으므로 서양어西洋語를 잘하여 이때 그도 이준을 따라갔다. 그들이 헤이그에 도착했을 때 이위종은 우리 한일 간의 변란變亂에 관한 전말을 일일이 역설하였는데, 그 회원들은 한국인은 외교권이 없다고 하면서 연설을 듣지 않으려고 뿌리치므로 이준은 분통을 참지 못하고 스스로 할복割腹한 후 그 피를 한줌 쥐어 그들이 앉은 자리에 뿌리며 "이렇게 해도 믿지 못하겠습니까?"라고 하였

다. 그 피는 뚝뚝 떨어지고 그는 이미 땅으로 쓰러졌다. 이때 그 회원들은 크게 놀라 서로 돌아보며 "천하의 열장부烈丈夫다. 일본은 참으로 아무 형편이 없다"라고 하였다. 이때 일본은 우리 한국을 그들의 부속국附屬國으로 만들기 위해 만국을 속이고 있었으므로 구미인들은 반신반의하고 있었는데, 이때 그들의 기만성이 모두 탄로되었다. 그러나 일본인들은 아무 변명을 하지 못하고 부끄러움을 느낀 나머지 화를 내며 이상설 등을 살해하려고 하자 미국 공사가 그들을 붙들고 그곳을 떠났다. 그리고 이준李儁은 종성宗姓으로 북관北關 사람이다. 그의 몸은 신장이 짧고 살이 쪘으며, 성품은 강직하여 언제나 술이 취하면 주먹을 불끈 쥐고 "죽어도 어찌 그냥 죽을 수 있겠는가?"라고 하였는데, 이때 그의 마음을 알 수 있었다. 그리고 이상설李相卨은 이때부터 구미歐美를 두루 다니다가 혹 해삼위로 와서, 그의 집에 통지하여 전답을 팔아다가 자신의 여비로 사용하기도 하였으므로 그는 본래 재산이 많았으나 수년이 되지 않아서 가산을 탕진하여 그의 가족들은 다른 곳으로 전전하였다. 일본인들은 해아사건海牙事件을 듣고, 이상설을 교형絞刑으로 처형하여 그 사실을 중외中外에 공포하였다.32)

이와 같이 이준 열사는 일반적으로 국제회의장에서 장렬하게 할복을 한 것으로 알려졌다. 이처럼 지금까지 그의 죽음을 두고 의견이 분분하지만, 당시 조선의 언론도 그러한 태도로 보도했다. 가령 대한매일신보에서는 "어제 동경전보를 접한 즉 이준씨가 분기를 이기지 못해 만국사신 앞에 열혈熱血을 뿌려 만국을 경동하였다더라"고 보도했고,33) 황성신

---

32) 황현 지음, 임형택 외 교주, 『매천야록』(원문교주본), 문학과지성사, 2005, 429~430쪽.
33) 『대한매일신보』, 1907년(광무11) 7월 18일 호외.

문도 "한국정부에 들어온 전문에 의하면 이준은 할복자살하였다더라."34), 또 "이준씨는 분기를 이기지 못하여 자기의 복부를 할부割剖하였다는 전보가 동우회중同友會中으로 도래하였다는 설이 유有하더라"라는 보도를 내었다.35)

이러한 기사가 당시 대한매일신보 주필이었던 양기탁梁起鐸(1871~1938)이 단재 신채호申采浩(1880~1936), 어니스트 베델Ernest Thomas Bethell(1872~1909)과 함께 민족의 공분을 이끌어내기 위해 의도적으로 작성한 것이라는 의견이 있는 것은 사실이나,36) 사실여부를 떠나서 그것이 끼치는 사회적 영향은 이루 말할 수가 없이 컸다.

독립운동가이자 정치가인 조소앙趙素昻(1887~1958)은 그의 저서 『유방집遺芳集』에서 "이토 히로부미伊藤博文가 마침내 헤이그에 답신 전보를 보내어 특사의 파견을 부인하였다. 공이 그 소식을 듣고는 매우 분하여 6월 6일 할복하여 죽었다."라고 했다.37) 그리고 경기도 사옹원司饔院의 공인貢人이었던 지규식池圭植도 그의 『하재일기荷齋日記』에 다음과 같이 이준의 할복에 대해 서술했다.

> 헤이그 담판에 갔던 이준李儁은 대한의 형편이 억울하고 원통한 사정을 자세히 이야기하였다. 그러나 각국 총대總代들은 초월楚越 사이처럼 보았다. 이준은 몹시 원통한 마음을 이기지 못하여 각국 대관들을 향해 한바탕

---

34) 『황성신문』, 1907년(광무11) 7월 17일자.
35) 『황성신문』, 1907년(광무11) 7월 19일자.
36) 그의 죽음을 할복의거로 국내에 처음 알린 것은 양기탁이 발행하는 대한매일신보였다. 양기탁과 이준은 서로 아는 사이였다. 양기탁이 1906년 상동 감리교회의 지하에서 전덕기, 이동녕 등과 함께 신민회를 결성하였고, 이준 또한 그 교회의 청년회장직을 맡은 적이 있었다. 신민회의 간부들이 이준열사가 헤이그에서 병사하였다는 사실을 접하고 항일의 정신을 고취시키기 위해 "병 앓아 돌아가셨다고 할 필요가 무엇이 있느냐. 배를 갈라 죽었다고 하자."고 의견이 모아졌고, 이를 바탕으로 기사를 만들어 양기탁을 통하여 신문으로 보도하였다는 증언이 있다.
37) 趙素昻, 『유방집(遺芳集)』, 독립운동가 82인의 열전, 열전 3, 이준전[李儁]

통렬하게 꾸짖고 스스로 할복하여 여러 제위에게 피를 뿌리고 죽었다."고 한다.38)

이처럼 지규식은 이준은 국제회의장에서 각국 대표들이 지켜보고 있는 가운데, 대한제국의 입장을 통렬하게 호소한 다음 할복하여 흐르는 피를 뿌리며 죽었다고 서술한 것이었다. 다시 말해 이를 통해 이준의 할복자결이 당시 조선에서는 기정사실화되었음을 알 수 있다. 그리하여 당시 청년들은 "국권 찾아드든 이준씨는 평화회의도 사私가 있다고 배를 갈라 혈서를 지어서 하느님께 호소하였네."라고 노래를 지어 불렀고,39) 1910년대 독립진영의 대표적인 독립군가인 「용진가」에는 "배를 갈라 만국회에 피를 뿌리고 육혈포로 만군 중에 원수 쏴 죽인 이준공과 안중근의 용진법대로 우리들도 그와 같이 원수 쳐보세"라는 가사가 들어있었다. 그 뿐만 아니라 민족주의 진영의 학교에서 교과서로 가장 많이 이용한 『동국사략東國史略』과 『초등대한역사初等大韓歷史』에도 "충분을 이기지 못하고 자결하여 만국 사신 앞에 피를 뿌렸다."고 서술했다.40)

이러한 지식이 현대에도 이어져 이선준의 『일성 이준열사』에 다음과 같이 장렬하게 묘사되었다.

> 일성은 최후의 비장한 말을 마치자 미리 준비하였던 보검을 주머니에서 꺼내들었다. …(중략)… 경호원의 손이 미처 가기 전에 일성은 연설대 위에 선 채로 "대한독립만세! 세계약소국가만세!"를 크게 외친다음 단숨에 쥐었던 칼로 배를 갈랐다. 솟구치는 선혈을 만국 사신 앞에 뿌리고

---

38) 池圭植, 『하재일기』 9권, 정미년(1907) 6월 11일.
39) 이선준, 앞의 책, 1994, 219쪽.
40) 김승욱, 「이준열사 할복 진상은?」, 『연합뉴스』, 2007년 6월 23일.

쓰러졌다. 이상설과 이위종은 좌석에서 일어나 어찌할 바를 모르고 있다가 이준을 붙들었으나 이미 때는 늦었다. 두 특사는 이준을 붙잡고 대성통곡을 했다.41)

이처럼 당시 조선의 언론이 그의 죽음을 대일항쟁에 이용하기 위해 할복자결의 분사로서 보도한 것은 엄청난 효과를 거두었다. 그 이후에 나타나는 할복의 대부분은 자신의 울분을 상대에게 토로하는 공격적인 자살법으로 바뀌어지는 것이다. 이러한 의미에서 보았을 때 그의 죽음은 그의 의지와는 관계없이 한국의 할복 역사에 큰 획을 그은 셈이다.

그러나 실제로는 할복이 아니라 병으로 인해 사망한 것으로 1960년대 초 대한민국 정부에 의해 공식 확인된 바가 있다.42) 보다 정확하게 말한다면 뺨에 난 급성조기의 일종인 단독丹毒 때문에 현지병원에서 수술까지 받았으나 회복 못하고 사망하자 그 죽음을 대일 항쟁에 활용하려고 할복자살을 퍼뜨렸다는 것이다.43) 실제로 일본의 진서신문鎭西新聞은 '이준은 안면에 종기가 나와서 절개했는데 절개한 곳에 단독이 침입하여 이틀 전에 사망하고 어제 장의를 집행했다.'고 보도했다 한다.44)

그럼에도 불구하고 지금도 이러한 결론에 의문을 제기하는 사람들도 적지 않다. 그 대표적인 예로 이준열사 순국백주년 기념사업추진위원회 총무이사를 맡고 있는 이양재씨는 다음과 같은 세 가지 증거를 들며 병사설을 부정한다.

즉, 첫째는 이상설이 주간을 맡아 1912년 블라디보스토크에서 창간

---

41) 이선준, 『일성 이준열사』, 을지서적, 1994, 217~218쪽.
42) 『조선일보』, 1993년 7월 12일자.
43) 송우혜, 앞의 글, 1999.
44) 김승욱, 「이준열사 할복 진상은?」, 『연합뉴스』, 2007년 6월 23일.

한 권업신문勸業新聞이 1912년 8월 29일자와 1914년 7월 19일자에서 "이준 공이 뜨거운 피를 흘렸다"며 자살을 언급하고 있어 이상설이 이준의 '자살'에 대해 말하지 않았다면 이런 기사는 나올 수 없다는 것이다. 둘째는 1926년 4월 30일자로 재在 광동廣東 일본총영사관이 외무대신 앞으로 보낸 일본 측 기밀문서에 이준이 헤이그에서 '할복분사割腹憤死'했다고 기록하고 있다는 점이다. 셋째는 이준의 부인(이일정)이 1907년 7월 15일 오후 2시쯤 이상설로부터 '남편이 자결했다'는 전보를 받았다는, 국내 한 신문의 1959년 11월 23일자 보도가 있다는 점이다.[45] 이러한 점으로 미루어 보더라도 이준열사는 자결한 것이 틀림없다고 보는 견해가 있다.

또 헤이그의 송창주 이준열사기념관장도 헤이그에서 '만국평화회의보'를 발행하며 밀사들의 활동을 소상히 보도하던 영국 언론인 윌리엄 스티드Stead는 1907년 9월 3일 게재된 글에서 한국인들에게 "진정 독립을 되찾고자 한다면 더 이상 피를 흘리지 말고 국력을 기르라"고 충고했다고 한다.[46] 만일 이준열사가 할복자결하지 않았다면 그의 피를 언급하는 그러한 표현이 나오지 않았을 것으로 보고 있는 것이다. 이처럼 이준의 할복순국에 대해서 미해결상태이나, 일반인들의 뇌리 속에는 그것과 관계없이 장렬하게 할복 자결한 것으로 각인되었다.

1910년 일제가 우리나라를 병탄하자 할복은 우국지사들에 의해서 다시 나타나기 시작했다. 그 대표적인 인물이 반하경과 서상일이다.

반하경潘夏慶(또는 潘學榮 : ?~1910)은 고종의 내시로 황제의 명을 전달하는 승전색의 소임을 맡았었는데 1905년 일제가 강제로 을사조약을 체결

---

45) 유석재, 「홀로 남은 이상설 "슬프다, 너무 슬프다"」, 『조선일보』, 입력 2007.06.25. 00:41, 수정 2007.06.25. 02:35.
46) 유석재, 앞의 글, 입력 2007.06.25. 00:41, 수정 2007.06.25. 02:35.

하자 분개하여 사임하고 파주의 교하면에 칩거했었다. 1910년 경술국치를 당하자 비분한 마음을 억누를 길이 없어 순국의 길을 택해 일제에 항거하기로 결심하였다. 그는 파주 삽다리 장터에 나가 사람들이 보는 앞에서 "나라가 망하면 신하도 망하는 것이다. 내가 죽어 민충정공(민영환)을 비롯한 여러 충신과 함께 지하에서 임금을 섬길 터이니 동포 여러분은 혈심血心으로 단결하라!"고 유서를 꺼내 읽고 칼로 자신의 배를 찌르고 자결하였다. 이에 사람들이 달려가자 이들에게 "내시와 외관外官이 천함과 귀함은 다르다 하지만 나도 임금의 은혜를 입고 지낸 것이 수십 년간이었다. 지금 임금이 뜰 아래 내려서게 되었는데 내가 어찌 따스한 방에서 편하게 죽을 것이냐."라는 마지막 말을 남기고 순국하였던 것이다.47)

이에 비해 서상일徐相日(1887~1962)과 양태용梁太容(1879~1937)은 할복을 시도하였으나 실패한 인물이다. 먼저 서상일의 경우, 그는 대구 출신으로 일제 때에는 독립 운동가이며, 해방이후에는 정치가로서의 활약을 했던 인물이다. 그가 1910년 일제가 우리나라를 병합하자 '9인결사대'를 조직하고 민족의 강경한 반대의지를 담은 선언문을 서울에 있던 각국 공사에게 올린 뒤 전원이 할복자살을 계획했으나 실패하고 만다. 이를 보통 「9공사사건」이라 한다.

한편 한일합방이 되는 1910년에도 애국적 할복이 있었다. 그 해 9월 15일 충남 금산에 사는 양태용이 경술국치를 개탄하여 단검으로 할복자결을 기도하였으나, 문하 의생醫生의 응급처치로 그의 자결은 실패로 돌아간 사건이 있었다. 양태용은 그 이듬해인 1911년 9월 1일 일본정부

---

47) 「騎驢隨筆」; 김승학, 「한국독립사」, 독립문화사, 1965; 독립운동사편찬위원회, 「독립운동사」 7, 1975; 국가보훈처, 「독립유공자공훈록」 1, 1986; 「韓國人名大事典」, 신구문화사, 1976; 경기도, 「경기인물지」 上, 1991; 한국정신문화연구원, 「한국민족문화대백과사전」 9, 1991.

에 독립촉구선언문獨立促求宣言文을, 이어 9월 9일에는 만국공사관萬國公使館에 독립청원서獨立請願書를 발송하였으며 이듬해 10월 또 다시 일본정부에 침략에 대한 항의각서를 발송하였다. 그 뿐만 아니라 그는 1913년 1월 9일에는 조선총독부朝鮮總督府 총독에게 일제를 비난하는 문서를 발송하는 한편 납세거부, 불입적不入籍 운동 등을 전개하여 동포들에게 배일사상을 고취한 것으로 알려져 있다. 그리고 1919년 3·1독립운동이 거족적으로 일어나자 고향에서 시위에 참여하였다가 일본 헌병에게 체포되어 혹독한 고문을 받고 귀가하여 이후 고문의 여독으로 발광發狂, 신음하였다고 한다.[48] 비록 그의 계획이 수포로 돌아갔지만, 그들의 의식 속에는 한일병탄의 부당함을 할복으로서 외국공사들에게 알리려고 한 것은 민영환, 이준열사의 정신을 그대로 계승한 것임에 틀림없다. 그러므로 그들의 할복 또한 애국적 자살이라고 할 수 있다.

과연 한국의 할복은 일본의 영향인가?

이상에서 보듯이 조선시대의 할복에는 다음과 같은 유형으로 구분할 수 있다. 첫째는 충의에서 나온 애국적 자살이다. 이 경우는 대개 전쟁의 패배와 국가의 패망에 따른 책임을 지는 형태의 할복은 엘리트계층에서 나온다. 병자호란 때 정온, 을사조약시 민영환, 이준 등의 할복은 모두 이러한 것에서 나온 것이다. 둘째는 울분의 표출로서 할복이다. 격분하여 할복한 양주 사람이 바로 그것이다. 셋째는 효행 실천의 할복이다. 어버이의 병을 고치기 위한 박정규의

---

48) 공훈전자사료관(http://e-gonghun.mpva.go.kr), 국가보훈처, 공훈전자사료관 관리번호 : 1942.

할복수혈은 바로 여기에 속한다. 넷째는 정녀와 열녀의 할복이다. 전자에는 외적들에게 납치당하여 수모를 겪기 전에 할복을 택한 춘월과 난향이 있고, 후자에는 남편의 뒤를 따라 할복으로 죽음을 택한 임경업의 부인이 있다. 다섯째는 고만석과 같이 결백주장을 위한 할복이다.

이러한 성격을 지닌 조선의 할복이 일본의 영향이라고 할 수 있을까? 그렇게 보기는 어렵다. 그 이유는 조선의 할복에는 다음과 같은 두 가지 점에서 특색을 보이고 있기 때문이다. 그 첫째는 일본에서 보이지 않는 할복의 형태가 있다는 점이다. 즉, 주군에 대한 충 그리고 울분의 표출로서 할복하거나 결백을 증명하기 위한 할복은 일본에서도 흔히 볼 수 있다. 그러나 정녀와 열녀의 할복 그리고 효행으로서의 할복은 거의 찾아볼 수 없다.

이러한 유형의 할복은 오히려 중국에서는 흔히 볼 수 있다. 가령 우리의 춘월과 난향과 유사한 사례로서는 1864년경 태평천국의 난이 일어났을 때 사천성四川省 벽산현壁山縣의 정가장촌鄭家場村에서 일어난 할복사건을 들 수가 있다. 반란군들이 이 마을에 쳐들어왔을 때 엽葉모의 아내가 임신한 관계로 다른 사람과 함께 피난가지 못하고 그만 포로가 되어 위협을 받고 있었다. 그 때 그녀는 "집 근처에 지하 창고가 있는데 그곳에 금은보화가 숨겨져 있다. 나를 보내면 그것을 가지고 오겠다."하고 허락을 받아서 나와서는 별실로 들어가 옷을 재단하는 커다란 가위를 가지고 자신의 배를 힘차게 갈랐다. 그러자 그 속에 들어있던 아이가 튀어나와 숨을 거두었다. 그녀도 따라서 숨을 거두었다.[49] 그녀의 할복은 적에게 능욕을 당하느니 정조를 지키기 위해 취해진다는 점에서 조선의 여성 할복과 유사하다.

---

49) 千葉德爾, 『日本人はなぜ切腹するのか』, 東京堂出版, 1994, 95~96頁.

그리고 우리의 박정규와 같은 불치병에 걸린 부모의 치료를 위해 자신의 배를 갈라 수혈하는 사례도 일본에는 없지만 중국에는 있다. 그러한 사건이 1829년(道光 9) 사천성四川省 월준청越雋廳에도 있었다. 이곳에 왕광거王匡擧라는 자가 있었는데, 그에게는 혼처가 정해졌으나 여러 가지 사정으로 인해 혼례를 올리지 못하고 있는 딸이 있었다. 그러던 중 신랑 측의 어머니가 중병에 걸려 위독하다는 소식을 들었다. 장차 시어머니 될 사람도 자기 부모와 같다고 생각한 그녀는 신랑 집으로 황급히 달려가 남몰래 자기의 배를 갈라 간을 조금 떼어내어 그것으로 국을 끓여 시어머니에게 먹이고 부엌에서 숨을 거두었던 것이다.[50]

자신의 신체 일부를 떼어내어 중병에 걸린 부모에게 먹임으로써 그 생명을 구하려는 것은 젊은 사람의 생기가 넘치는 육체의 일부를 노인에게 보급함으로써 그 생명을 회춘시키려는 일종의 유감주술이다.[51] 이를 중국에서는 할고割股라 한다. 보통 할고는 왼쪽 팔의 살점을 얇게 잘라내어 먹이거나 손가락을 잘라 피를 먹이는 것이었다. 그렇게 해도 낫지 않을 경우 배를 갈라 간을 도려내어 먹였다. 간은 인간의 생명이 깃들어 있는 곳이라고 여겨졌기에 이 방법은 맨 마지막으로 취하는 수단이었다. 당연히 간을 도려내면 사람은 목숨을 잃어버리기 때문에 자신의 한 몸을 바친 최고의 도덕적 가치인 효를 실천한 자로서 칭송되었던 것이다. 이와 같이 우리의 할복은 일본보다 오히려 중국에 더 가깝다.

둘째는 조선의 지식인들은 중국과 일본의 할복에 대해서도 잘 알고 있었으며, 그에 대한 평가가 대조를 이룬다는 점이다. 즉, 중국의 할복에 대해서는 높게 평가하지만, 일본의 할복에 대해서는 부정적으로 보고

---

50) 千葉德爾, 앞의 책, 1994, 97~98頁.
51) 千葉德爾, 앞의 책, 1972, 133頁.

있다는 점이다.

조선에서 많이 언급되었던 고전적인 중국인의 할복은 홍연弘演, 섭정聶政 장홍萇弘, 안금장安金藏이었다. 홍연은 춘추시대 위의공衛懿公의 충신이다. 의공이 학을 좋아해서 학이 대부大夫의 수레에 타기까지 했다. 훗날 북적北狄이 쳐들어 왔을 때 병사들은 학에게 싸우게 하면 좋을 것이라 하며 싸우지 않아 드디어 왕은 적에게 잡히어 죽음을 당했다. 적은 그의 육신을 전부 먹어 치우고 간장만 남겼다. 그러자 홍연은 하늘을 바라보며 대성통곡을 하고 스스로 배를 갈라 자기 간장을 꺼내고 왕의 간을 자신의 뱃속에 집어넣었다 한다.52) 자신의 간을 꺼내고 주군의 간을 넣는다는 것이 현실적으로 가능한지 몰라도 그의 할복은 자기를 위한 것이 아니라 주군을 위해 자신의 목숨을 바치고 있다는 점에서 장렬한 충군애국적인 할복이었다.

섭정은 한韓나라 사람이다. 『사기史記』에는 그가 장렬하게 할복하여 죽는 이야기가 실려져 있다. 그는 심정리深井里 사람이었는데 사람을 죽이고 그에 대한 보복이 두려워 그의 모친, 누나와 함께 제齊나라로 도망쳐 가축을 도살하는 것을 업으로 삼고 살아가고 있었다. 어느 날 그곳에 한韓의 엄중자嚴仲子가 도망쳐 와 그의 인품을 보고 교제를 청하였다. 엄중자는 재상과 사이좋지 않아 죽음을 당할까 두려워 도망쳐온 것이었다. 그는 섭정에게 큰돈을 보내어 모친의 건강을 축하하려고 하였으나 섭정이 몇 번이나 고사한 끝에 이루지 못한다. 그 후 섭정의 어머니가 죽고 상기간이 지나자 "엄중자만한 현인이 궁벽한 시골 놈인 나를 친밀하게 신뢰해 주었으니 나만이 어찌 잠잠하게 가만히 있을 수 있겠는가. 또 전일에 엄중자는 내 몸을 요구했으나 나는 노모의 재세를 이유로

---

52) 권오순 주해, 『춘추좌전』, 교육출판공사, 1986, 112쪽.

사양했다. 지금 노모는 지금 천수를 누리고 돌아 가셨다. 나는 나를 알아주는 사람을 위해 일해 보겠다."하며 그는 위衛나라로 도망간 엄중자를 찾아가 사정을 듣고 한의 재상을 죽이기 위해 길을 떠났다. 재상 협루俠累는 그 때 마침 관청에 있었으며, 무기를 가진 호위병들이 주위에 많이 있었다. 섭정은 돌연 계단에 올라 협루를 찔러 죽였다. 그리고 섭정은 주변의 군인들을 10여명을 죽이고 스스로 자기의 낯가죽을 벗기고 눈을 도려내고 자신의 배를 갈라 창자를 끄집어내고 죽었다는 것이다.53)

여기서 보듯이 그의 할복은 매우 독특하다. 배를 가르고 창자를 드러내는 것으로 그치는 것이 아니라 자신의 얼굴 피부를 벗기고, 두 눈을 도려내고 있다는 점이다. 왜 그렇게 하는 것일까? 그에 대해 『사기』는 "한나라에서는 시체를 거두어 시장에 드러내놓고 상금을 걸어 신원을 알려고 했으나 누구의 아들인지 아는 자가 없었다."라고 표기하여 놓았듯이 섭정의 그러한 행위는 자신의 어느 누구로부터 부탁 받았다는 사실을 감추기 위해서 취해진 것이었다. 그러한 사실은 "많은 사람들을 동원하면 생포되지 않을 수 없으며, 생포되면 그의 입에서 일이 누설될 것입니다. 누설되면 한나라 전체가 당신을 원수로 볼 것입니다."라고 엄중자에게 말하는 것에서도 잘 나타나 있다. 그러므로 그의 피부를 벗기는 처절한 할복은 상대가 자신의 얼굴을 알아보지 못하게 하여 그 피해가 엄중자에게 가지 않게 하기 위하여 취해진 것이었다. 그러므로 그의 할복은 비밀보장에도 있었지만 엄중자와의 의리를 지키기 위한 목적의 자살이기도 했다.

장홍은 주 영왕周靈王의 충신이다. 『장자莊子』에 의하면 장홍은 모함

---

53) 홍석보 역, 『사기열전』, 삼성출판사, 1990, 264~267쪽.

을 받아 촉蜀으로 쫓겨나자 스스로 충성을 다하였는데도 참소를 당했다고 한스러워하여 마침내 배를 갈라 죽었으며, 그때 흘린 피가 3년 뒤에 푸른 옥으로 변하였다는 전설이 있다.

안금장에 관한 기록은 『구당서舊唐書』에 있다. 측천무후則天武后가 자신의 자식 예종을 황제로 만들기 위해 황태자로 삼았다. 그녀는 이에 반대하는 수백 명의 사람들을 무참히 살육했다. 안금장이 예종을 살해하려는 음모를 꾸미고 있다는 유언비어가 나돌았다. 이에 연루된 많은 사람들은 관헌에게 체포되어 조사를 받는 중 처벌을 두려워하여 마음에도 없는 거짓자백을 하였지만 안금장만이 조금도 무서워하지 않고 수사관을 향해 큰소리로 "당신이 나의 말을 믿지 않는다면 나의 마음을 잘라 황태자에게 해를 끼칠 생각이 추호도 없다는 것을 입증하겠다."며 가슴과 배를 갈랐다. 곧 피가 넘쳐흐르고, 창자도 튀어나왔고, 그는 기절하여 쓰러졌다. 이에 측천무후도 깜짝 놀라 그를 급히 궁중으로 옮겨 시의로 하여금 치료를 받도록 했다. 시의는 창자를 집어넣고 뽕나무의 내피內皮로 만든 실로 상처부위를 봉합하자, 하루가 지나고 목숨을 구할 수 있었다. 그 후 그는 예종의 총애를 받아 출세하여 중랑장中郞將이라는 벼슬에 올랐고, 나중에는 대국공代國公으로 봉해졌다.

이들에 대해서는 한국의 지식인들은 높게 평가했다. 최치원崔致遠(857~?)의 『계원필경집桂苑筆耕集』(제15권)에서는 "반역의 무리가 홀연히 이르렀을 때 …(중략)… 홍연이 간을 집어넣는 일을 누가 이을 수 있겠습니까."54)라고 했다. 여기서 보듯이 그의 할복은 충의 상징으로서 보고 있다. 또 섭정에 대해 조소앙趙素昻의 『유방집遺芳集』에서는 "섭정과 형가

---

54) 崔致遠, 『桂苑筆耕集』 제15권, 재사(齋詞) 고 소의 복야를 위해 재를 지내며 올린 글[爲故昭義僕射齋詞] https://db.itkc.or.kr/search/group(검색일: 2021.02.20.)

의 고풍이 아직 가시지 않았으니/ 안중근과 윤봉길은 당세의 뛰어난 영걸이어라聶政荊軻古風未歇 重根奉吉當世英傑"는 내용의 시조가 있다.55) 즉, 섭정을 안중근과 비유하고 있는 것이다. 그리고 김창협金昌協(1651~1708)은 개성의 선죽교에서 포은 정몽주鄭夢周(1337~1392)가 뿌린 붉은 피를 보고 "지금까지 장홍의 피 남아 있는 듯한데至今疑有萇弘血"라는 싯구에서 보듯이 그것을 장홍의 피가 푸른 옥으로 변한 것과 같은 것으로 비유했다. 즉, 그에게 있어서 정몽주는 고려의 장홍과 같은 존재였다. 영조英祖(1694~1776)가 한때 "조정 신료 중에 충절이 안금장 같은 자가 있었던가." 하며 탄식한 적이 있었다.56) 영조의 아픔은 안금장과 같은 충절의 신하를 가지지 못하였다는 데 있었다. 이처럼 조선에 있어서 중국인들의 할복은 높게 평가되는 경향이 있었다.

그러나 조선의 지식인들은 일본인들의 할복에 대해서는 그렇게 평가하지 않았다. 일본의 할복은 주로 일본을 다녀온 조선통신사와 귀국한 임란포로들을 통해서 전해졌다. 황신黃慎(1560~1617)은 일본인들은 원통한 일이 있으면, 칼로 배를 십자十字로 갈라 스스로 해명하고,57) 강항姜沆(1567 1618)은 주장主將이 싸움에 패하여 스스로 목숨을 끊는 날이면, 그 아랫사람들은 다 스스로 배를 갈라 죽는다 했다.58) 또 경섬慶暹(1562~1620)은 노부나가信長가 장남이 전쟁터에 나가 겁을 먹었다 하여 배를 갈라 죽게 하였다고 소개하고 있고,59) 김세렴金世濂(1593~1646)은 "털끝만큼이라도 남에게 꺾이면, 다투어 배를 갈라 죽고자 한다고 했다.60) 또

---

55) 龍綺女士『遺芳集』[부록], 휘호 https://db.itkc.or.kr/search/group(검색일: 2021.02.20.)
56) 正祖,『弘齋全書』제18권, 顯隆園의 行狀, 기유년 https://db.itkc.or.kr/search/group(검색일: 2021.02.20.)
57) 黃慎,『日本往還日記』,『국역 해행총재』8, 민족문화추진회, 1967, 179쪽.
58) 姜沆,「看羊錄」,『국역 해행총재』2, 민족문화추진회, 1967, 182쪽.
59) 慶暹,「海槎錄」,『국역 해행총재』2, 민족문화추진회, 1967, 285쪽.
60) 金世濂,「海槎錄」,『국역 해행총재』4, 민족문화추진회, 1967, 53쪽.

남용익南龍翼(1628~1692)은 도쿠가와 이에미쓰德川家光(1604~1651)가 죽자 그의 부하인 본전가하수本田加賀守가 할복 순사하였고, 그 후 가하수加賀守의 부하 2,3명도 따라 가하수의 할복순사하였다는 사례도 자세히 소개하고 있다.[61]

특히 그들은 칭송되는 할복에 대해서도 주목하고 있는데, 그것은 '목욕하고 이발한 다음 눈을 감고 염불하면서 스스로 배를 가르고, 손으로 오장五臟을 끄집어내어 죽으면'[62] 사람들이 이를 칭송하고, 그의 자손도 또한 세상에 이름이 높아진다는 것을 이경직李景稷(1577~1640), 강홍중姜弘重(1577~1642), 남용익南龍翼(1628~1692) 등이 공통적으로 소개하고 있다.

이러한 일본인의 할복에 대해 경섬은 사람들이 협기俠氣를 숭상하여 삶을 가볍게 여기고 죽음을 잊어버린다 하며,[63] 협기를 숭상하여 남용익은 성품이 잔인하고 각박한 짓을 잘한다고 했다. 이러한 인식이 있었기에 신유한申維翰(1681~1752)은 우삼동에게 "일본의 풍속이 자고로 생명을 가볍게 여겨서 성이 나면 반드시 스스로 목을 찌르고 스스로 배를 가르므로 관官에서 매질하여 문초하는 법이 없다 하니, 과연 그러하오."라고 질문하였던 것이다. 이처럼 조선의 지식인들은 일본인의 할복문화에 대해 생명을 가볍게 여기는 경솔한 처사라고 보았다.

조선인들이 중국의 할복에 대해서는 높게 평가하는 한편, 일본에 대해서는 부정적으로 받아들이고 있고, 또 조선시대의 할복 유형이 일본보다 중국에 더 근사하다는 점을 감안한다면 한국의 할복이 일본으로부터 영향을 받아 성립되었다는 담론은 결코 성립되지 않는 것으로 보아야 한다. 다시 말해 한국의 할복은 일본과 무관하게 존재했던 것이다.

---

61) 南龍翼, 「聞見別錄」, 『국역 해행총재』 4, 민족문화추진회, 1967, 78쪽.
62) 李景稷, 「扶桑錄」, 『국역 해행총재』 3, 민족문화추진회, 1967, 144쪽.
63) 慶暹, 「海槎錄」, 『국역 해행총재』 2, 민족문화추진회, 1967, 336쪽.

하필이면 왜
배를 가르는가?

할복은 효율적인 자살법이 아니다. 배를 가른다고 하여 쉽게 죽지 않는다. 민영환의 예에서 보았듯이 몇 번인가 배를 갈라도 죽지 않아, 결국 그는 목을 찔러 목숨을 끊는 보조수단을 택하였다. 정온도 마찬가지였다. 그러므로 배를 가르는 것만으로 죽지 않아 많은 사람들은 목적을 달성하지 못하고 살아남은 경우가 대부분이다. 일본에서 '가이샤쿠'라 하여 할복하면 뒤에서 목을 쳐주는 보조수단이 생겨났던 것도 이를 보완하기 위한 것이었다.

그럼에도 불구하고 무엇 때문에 많은 사람들은 신체 가운데 하필이면 배를 가르고 죽는 할복을 택하였을까? 여기에 대해 일본인 니도베 이나조오 新渡戶稻造(1862~1933)가 괄목할만한 해석을 하고 있다. 그는 일찍이 일본인들의 할복에 주의를 하고 그들이 배를 선택하는 이유에 대해서 일본인들에게는 내장에 자신의 영혼과 애정이 깃들어 있는 것으로 보는 해부학적 신념이 있기 때문에 자신의 결백과 진심을 표현하기 위해 배를 가른다고 보았다.[64]

이러한 해석은 비단 일본인의 할복에만 적용되는 것이 아닌 것 같다. 한국과 중국에도 그러한 인식이 있었다. 문화 컬럼니스트 박영수에 의하면 그러한 인식은 한, 중, 일 3국이 공통적으로 가지고 있는 것이며, 특히 우리나라 말에 심복, 심보, 담이 크다, 배짱이 있다, 흉금을 터놓다, 뱃속이 검다, 사촌이 땅을 사서 배가 아프다 등의 말들은 그러한 관념을 보여주는 말이라고 꼽았다.[65] 그러한 인식이 있었기에 조선의 유학자

---

64) 新渡戶稻造, 『武士道』, 岩波書店, 1974, 98頁.
65) 박영수, 『마음은 인체에 어디에 담겨 있을까』, 을유문화사, 1997, 59쪽.

남명南冥 조식曺植(1501~1572)은 그가 남긴 「욕천浴川」이라는 시에 다음과 같은 내용을 담았다.

全身四十年前累　　사십 년 동안 더럽혀져 온 몸
千斛淸淵洗盡休　　천 섬 되는 맑은 물에 씻어 버리리라.
塵土倘能生五內　　만약 티끌이 오장에서 생긴다면
直今刳腹付歸流　　당장 배를 갈라 흐르는 물에 흘려보내리.66)

　　여기에서 그가 더럽다고 말하는 것은 위생적인 것이라기보다는 정신적인 것에 있음은 두말할 나위가 없다. 티끌로 비유되듯 한 치라도 나쁜 마음이 있으면 그것이 오장에 남겨진다고 보았다. 즉, 마음이 깃들어 있는 곳을 오장이라고 보고 있는 것이다. 그리하여 마음의 티끌이 있다면 그것이 들어있는 오장을 흐르는 물에 씻기 위하여 배를 가르겠다는 것이다. 그야말로 그릇된 마음을 가지지 않으려는 고고한 선비정신의 표현이라 하지 않을 수 없다. 이처럼 자신의 할복을 정신적인 가치에 두고 표현하고 있는 것이다.
　　이같은 표현은 중국에도 있었다. 애간장이 끊어지듯 염려되어 마음을 놓지 못하여 늘 마음에 걸려 안심하지 못한다는 의미로 쓰여지는 말로 "할두견장割肚牽腸"이라는 말이 있다. 이 말은 원나라 때 사용된 것으로 그 말을 그대로 번역하면 배를 갈라 창자를 끄집어낸다는 의미이다. 여기에서 보듯이 마음과 창자는 서로 통하는 부분이다. 그리고 진심으로 남을 대할 때 "추심치복推心置腹"이라는 말을 사용한다. 마음을 뱃속에 밀어 넣는다는 의미의 말이다. 이처럼 마음과 배는 서로 다른 것이 아니

---

66) 한형조, 「남명, 칼을 찬 유학자」, 『남명 조식』, 청계출판사, 2001, 17쪽.

다. 마음을 담고 있는 것이 내장이며 그것을 담고 있는 것이 복부라는 인식이 이상의 고사성어故事成語를 보더라도 알 수 있는 것이다.

남북조시대 송나라 출신 유의경劉義慶(403~444)이 편찬한 『세설신어世說新語』의 「출면黜免」 편에는 매우 흥미로운 이야기가 실려져 있다. 즉, 진晉나라 환온桓溫이 촉蜀나라로 가다가 장강 중류의 삼협三峽을 지나게 되었다. 한 병사가 새끼 원숭이 한 마리를 잡아 왔는데, 그 원숭이 어미가 강안江岸에서 울며 백여 리를 뒤따라와 배 위에 뛰어오르자마자 혼절하고 말았다. 원숭이의 배를 갈라보니, 창자가 모두 토막토막 끊어져 있었다. 이 말을 전해들은 환온은 크게 노하여 그 병사를 내쫓아 버렸다는 것이다.[67]

이 이야기는 새끼 잃은 어미 원숭이의 비통함이 얼마나 큰 지가 잘 나타나 있다. 그 비통함이 내장을 토막토막 끊어지게 하였다는 것이다. 이처럼 내장에는 마음과 영혼이 담겨져 있었다고 보았다. 이러한 사고로 인해 앞에서 언급한 영주의 고만석이 할복하여 결백을 증명하려고 노력하였던 것이다. 그러한 사례는 중국에도 있었다.

> 옛날 호남성湖南省 북부의 례주澧州에 팽彭이라는 성씨를 가진 여인이 살았다. 그 불행하게도 일찍 남편과 사별하고 나서 병이 들어 배가 불러오는 것을 보고 시어머니와 시누이들이 의심을 하여 재혼시켜 집에서 내보낼 계획을 꾸몄다. 이를 들은 팽씨 여인은 잘 드는 부엌칼을 가지고 시어머니를 불러 "어머니 지금까지 며느리의 배를 보고 계셨지만, 이번에는 며느리의 마음을 보십시오."하며 배를 가르고 쓰러졌다. 이 소식을 들은 그녀의

---

[67] 『世說新語』「黜免篇」:「桓公入蜀, 至三峽中. 部伍中有得猨子者, 其母緣岸哀號. 行百餘里不去, 遂跳上船, 至便卽絶. 破視其腹中, 腸皆寸寸斷. 公聞之, 怒, 命黜其人」.

친정 식구들이 관에다 고소를 하였지만 그녀는 "저는 나의 진심을 보여드리고 싶어서 할복하였습니다. 그러므로 시누이들에게는 아무런 죄가 없습니다."하며 시집 식구들을 옹호했다. 그리고 8일 후에 그녀는 사망했다.68)

여기에서 보듯이 팽씨는 "마음을 보이겠다."하며 배를 갈랐고, 또 "진심을 보여드리고 싶어서 할복하였다."고 고백하고 있듯이 자신의 마음이 뱃속에 있다고 믿었다. 그리하여 자신의 결백을 증명하기 위한 방법으로 할복을 하였던 것이다. 이처럼 배는 소유자의 마음을 담고 있는 신체 부위였다. 이러한 상징적인 의미를 한국과 중국 그리고 일본 모두 가지고 있었던 것이다.

특히 이러한 할복의 개념은 현대에도 그대로 계승되어 자신의 결백을 주장할 때 어김없이 등장하고 있다. 56년 3대 국회에서 국제시계밀수 혐의로 제출된 자유당 박영출 의원에 대한 구속 동의안이 상정된 바가 있다. 그 때 박 의원은 국회에서 결백을 강조하며 "죄가 있으면 할복자살하겠다"는 말을 속기록에 남겼다. 그는 밀수한 사실이 없다고 할복을 빌려 자신의 결백을 주장했던 것이다. 한편 뇌물을 받았을 것으로 의심받을 때도 할복은 등장했다. 가령 2000년 린다 김 사건이 세간에 회자되었을 때 당시 민주당 고문이던 황명수 의원은 "린다 김에게 돈 받은게 드러나면 할복자살하겠다."고 했으며,69) 정종택 전 환경부장관도 "그녀에게 내가 단돈 10원이라도 받았으면 할복자살할 것이다."고 했고,70) 2001년 진승현 게이트 때에도 당시 법무부차관이었던 신광옥씨

---

68) 千葉德爾, 앞의 책, 1972, 144頁.
69) 『내일신문』, 2000년 5월 24일자.
70) 『여성동아』, 2000년 6월호.

가 "진승현씨에게 돈을 받았다면 할복을 하겠다."고 발언했다.[71] 또 2000년 옷 로비사건 때 청와대 비서관 박주선씨는 최종 보고서 유출혐의에 대해 자신의 결백을 주장하면서 "할복을 하든 머리를 뽀개든 내 속을 보여줄 수 있었으면 좋겠다."고 말했다. 그리고 2001년 민주당내 일부 소장파 의원들이 권노갑 전 최고위원에게 부정에 깊이 관여한 책임을 물어 정계은퇴 요구하고 나선 적이 있었다. 그 때 권노갑 前 최고위원은 "정말 할복이라도 하고 싶은 심정이다."하며 자신의 결백을 믿어주지 않는 사람들에게 원망했던 것이다.[72] 이처럼 오늘날에도 한국에서 할복은 자신의 결백을 증명하는 방법으로 인식되어지고 있는 것도 진심과 영혼이 내장 안에 깃들어져 있다고 보았기 때문이다. 그러므로 그러한 언사는 이를 입증하기 위해서는 배를 갈라 보이겠다는 표현에 지나지 않는다. 이러한 인식으로 말미암아 사람들은 할복이 가장 비효율적인 자살법임을 알면서도 배를 갈랐던 것이다.

한국의 할복은 일본 영향이 아니다.

지금까지 살펴보았듯이 우리나라에도 할복이라는 문화가 있었다. 조선시대의 할복은 크게 나누어 세 가지 특징을 지니고 있다. 그 첫째는 열녀와 효자의 죽음으로서 할복이다. 전자는 주로 여성이 주를 이루는 것인데, 적에게 납치되어 수치를 당하기 앞서 죽음을 택하는 것이고, 후자는 어버이의 불치병을 치유하기 위해 할복하

---

71) 『조선일보』, 2000년 12월 17일자.
72) 『동아일보』, 2001년 10월 31일자.

여 수혈하는 형태를 취하는 것이다. 둘째는 울분에 못이겨 격분한 나머지 죽음을 선택하거나, 또 결백을 증명하기 위해 진심을 보여주는 방법으로 취해졌던 자살방법이었다. 그리고 셋째는 병자호란, 을사조약, 한일합방과 같이 국가의 존망이 걸렸을 때 죽음으로서 항거하는 애국지사들의 자살방법으로서 할복이다.

이러한 할복이 우리나라 역사에 있었음에도 불구하고 할복이 일본에서 유래된 자결방법이며, 또 일제의 못된 정신적 유산이라는 잘못된 인식이 저변에 뿌리 깊게 깔려 있다. 그러나 그것은 사실이 아니었음은 두말할 나위가 없다. 다음과 같은 세 가지 이유로서 한국의 할복이 일본의 영향이 아님을 더욱 분명히 할 수 있다.

첫째, 언제부터 발생하였는지 알 수 없지만 일제통치 이전부터 우리나라에 있었다. 기록상으로 처음으로 등장하는 것은 1546년 심광언의 상소문이었다. 그 이후 특히 외세침략에 의해 위기를 맞이하였을 때 어김없이 할복이 등장했다. 1583년 계미호란 때도, 1592년 임진왜란과 1637년 병자호란 때도 할복이 일어났다. 이처럼 시대적 상황으로 보아 한국인의 역사에서 할복은 있었으며, 그것은 일본문화의 영향으로 볼 수가 없다.

둘째는 우리의 할복에는 일본에서 보이지 않는 할복의 형태가 있다는 점이다. 충과 울분으로 인한 할복 그리고 결백 증명을 위한 할복은 일본에서도 흔히 볼 수 있으나, 정녀와 열녀 그리고 효자의 할복은 거의 찾아볼 수 없다. 오히려 그것은 중국에 보이는 것으로 보아 우리의 할복은 일본보다 중국과 가깝다. 그러므로 우리의 할복이 일본 영향으로 보기 어렵다.

셋째는 우리의 지식인들은 중국과 일본의 할복에 대해서도 잘 알고 있었다. 그것에 대한 평가는 대조를 이룬다. 즉, 중국에 대해서는 충과 열 그리고 효의 상징으로 높게 평가한 반면, 일본에 대해서는 생명을 경시하는 이해하지 못할 특이한 문화로 보고 있다. 그러므로 부정시되고 있는 일본의 할복을 수용할리 없는 것이다.

그럼에도 불구하고 한국과 중국 그리고 일본의 할복에 공통된 점도 있었다. 그것은 다름 아닌 배 안 내장에 자신의 영혼과 진심과 애정이 깃들어 있는 것으로 보는 해부학적 관념이다. 그로 인해 국적과 상관없이 많은 사람들은 자신의 결백과 진심을 표현하기 위해 배를 선택하여 가른다는 점이다. 이것은 교섭을 통한 할복문화가 낳은 것이 아니라, 동아시아인들이 공통적으로 가지고 있는 보편적 사고에서 생겨난 것이라 할 수 있다.

한국의 역사에서 할복이 일반적인 죽음의 방법이 아닌 것은 분명하다. 그 이유는 '신체발부 수지부모 불감훼상 효지시야 身體髮膚 受之父母 不敢毀傷 孝之始也'라는 뿌리 깊은 유교의식이 있기 때문이다. 자신의 몸에 상처를 내는 것이 곧 불효라는 등식이 존재하는 한 배를 가르는 죽음의 방법은 발달하기는 어렵다.

이런 사고는 병자호란 때도 있었다. 즉, 적군들로부터 남한산성이 포위되었을 때 상신 장유는 판서 이식에게 사사로이 다음과 같은 말을 했다. "성이 만약 불행하게 된다면 선비로서 자살하기는 심히 어려우니 어찌해야 잘 죽을 수 있겠는가."고 묻자, 이에 이식은 "칼을 빼어 제 목을 찌르는 것은 장사가 할 일이지 선비로서 할 일은 못된다. 우리 중신은 군부에 옆에서 떠나지 않고 있다가 만약 난병에게 죽지 않고 잡힌 몸이 되면 굴하지 않을 뿐이다. 내가 비록 내 목숨에 손을 대질 않더라도 적이 칼질은 할 터이니 잘 죽는 도리는 이 길밖에 없다."고 말하고 있는 것이다.[73] 이처럼 유교문화가 강하게 뿌리박힌 선비들에게는 자살 그 자체가 죄악시되었을 뿐 아니라, 자신의 신체를 손상시키는데 강한 거부감을 가지고 있었다. 그럼에도 불구하고 할복을 감행하였다는 것은 그만큼 자신의 의지를 강렬하게 표시하려는 절박감이 있었다고 하겠다.

중국에서 할복은 춘추, 전국시대부터 보이는 자살방법이다. 그러므로 그것은 일본인의 발명품이 아니며, 또한 점유물도 아니다. 할복을 규범화하여 죽음의 문화로서 사회에 정착시켰기 때문에 그것을 두고 가장 일본적인 행위라고 말할 수는 있으나, 그렇다고 그것을 감행하는 한국인을 향해 일제의 못된 정신적 유산이라고 강한 거부감을 표시와 함께 우리민족의 관습과 정체성에 어긋나는 일그러진 문화형태이며 돌출현상이라고 매도하는 것은 사리에 맞지 않다. 이상에서 보았듯이 우리의 전통사회에서도 드물기는 하여도 엄연히 할복의 문화가 있었기 때문이다. 더구나 그들의 할복은 유교적 관념을 위반하는 것이기에 그 의미가 더욱 크다 하겠다.

---

73) 이규태, 『한국인의 생활구조』, 조선일보사, 1984, 255쪽.

02

근현대 한국의 정치적 자살로서 할복

영원한 의에 살기를 원하는 자의 죽음을 슬퍼하지 말아라. 의를 쫓는
자는 영원히 살 것이며, 불의를 따르는 자는 영원히 망할 것이다.

– 안병범安秉範(1890~1950)

할복하는 한국인

1996년 3월초 미 하버드대 페어뱅크센터 내 한국학 연구소에서 한국현안 세미나가 열렸을 때 한 미국인 학자가 한국기자에게 "군사정권시절 한국대학생들의 투신과 분신은 일본 사무라이들의 할복에 영향 받은 것이 아닌가?"고 묻자, 우리 측 기자는 "일본의 사무라이들이 지키려고 한 것은 생명보다 명예였지만 당시 한국청년들에게는 명예보다 더 절박한 것이 있었다."고 대답했다 한다.[1] 아마도

---

1) 『동아일보』 98년 2월 20일자.

이 기자는 우리의 할복 역사를 몰랐던 것 같다.

'신체발부 수지부모 불감훼상 효지시야身體髮膚 受之父母 不敢毁傷 孝之始也'라는 뿌리 깊은 유교의식이 있었기에 그 수는 일본보다 적을지 몰라도 할복이 전혀 없는 것은 아니다. 앞장에서 보았듯이 조선시대의 문헌과 전승에 할복의 사례가 다수 발견되며, 그 중에는 적에게 욕보이기 싫어 할복하는 열녀와 정녀가 있는가 하면, 부모의 불치병을 낫게 하기 위해 할복하는 효자가 있었고, 격분하거나 결백을 증명하기 위해서도 할복을 하는 자가 있었다. 특히 열녀와 정녀 그리고 효자의 할복은 일본에서 찾아보기 어렵다. 그러므로 우리의 할복이 일본과 다른 형태로서 존재하였음을 알 수 있다. 즉, 우리의 할복은 일본의 영향이 아닌 것이다. 특히 나라가 외적으로 부터 침입을 받아 위기에 빠졌거나 혹은 일본에 의해 병탄되었을 때 애국지사들의 할복은 눈에 띈다. 병자호란 때는 정온과 편영호의 할복이 있었고, 을사조약과 한일병탄 때는 민영환, 이준, 반하경 등이 할복 자결하였고, 서상일, 양태용 등도 할복자살을 기도했다.

일본이 우리를 통치하던 식민지 시기에는 우리사회에 할복이 넘쳐난다. 1920년도부터 40년 동아일보에 보도가 된 것만 보더라도 무릇 166건이나 된다. 자살동기도 다양했다. 생활고, 계모의 학대, 사업실패, 가족 간의 갈등, 이웃 또는 동료들 간의 다툼 끝에 격분하여 할복하고, 또 자식이 없다고 비관하여 할복한 80대 노인이 있었다. 그리고 1919년 4월 만세운동에 참여한 자신의 맏딸이 경찰에 체포되어 갖은 모욕을 당하는 것을 보고 비분 통절함에 못 이겨 날카로운 칼로 자신의 배를 갈라 자살한 조선인 순사도 있었다.[2] 이처럼 다양한 이유로 할복하는 사람들이 많아진 것은 지금까지 알려져 있지 않은 것이 언론을 통해

---

2) 『신한민보』, 1919년 6월 26일, 「귀한 딸의 포착됨을 보고 날카로운 칼로 할복 자살」.

표면화되었기 때문일 것이다. 근대에 접어들면 우리사회에서도 할복은 그다지 낯선 자살방법이 아니었던 것이다.

할복은 지금까지도 사라지지 않고 면면히 이어져 오고 있다. 그 중에서도 본장에서 주목하고자 하는 것은 정치성향의 할복이다. 이것이 근현대 한국사회에서 어떠한 형태로 자리를 잡고 있는지를 살펴보고자 하는 것이다.

지금까지 한국인의 할복은 학계에 그다지 주목을 받지 못하고 있다. 아마도 아직도 할복이 일본의 영향으로 인해 생겨난 것이라는 편향된 지식이 자리 잡고 있기 때문인지도 모른다. 일전에 필자는 현대 한국의 할복사례를 분석하여 한국인의 할복은 자신의 죽음을 공개하고자 하는 욕구가 강하게 반영되어있다고 주장한 일이 있다.[3]

지금도 그것에는 변함이 없지만, 다루었던 사례로서는 일반적인 자살과 정치성향의 자살을 구분하지 않았다. 또 70년대 이후의 것만 다루었기 때문에 그 이전의 시대인 식민지시대 및 해방 직후 시대의 것도 충분히 다루지 못한 아쉬움이 있었다. 특히 이 시기의 정치적 할복사례는 아직까지 잘 알려져 있지 않기 때문에 자료 소개하는 것만으로도 의미가 있다고 생각한다. 그리하여 여기서는 일제시대부터 해방이후 현재에 이르기까지 한국사회에서 일어난 한국인의 정치적 할복을 중심으로 다루고자 하는 것이다.

---

[3] 노성환, 「한국 할복에 관한 연구」, 『일본문화학보』 14, 한국일본문화학회, 2002, 153~167쪽.

할복으로 일제에 항거한 사람들

　　　　　　　　1920년, 30년대의 할복은 대체로 독립운동가들이 많았다. 그들은 할복으로 일본에 항거했다. 특히 독립운동가 김종성金鍾聲의 할복은 일본에서 이루어졌다. 그의 할복에 대해 보도를 한 동아일보의 기사에 의하면 1929년 6월 4일 당시 24세였던 그는 전남 출신으로 일본 천황이 오사카를 방문할 때 할복자살을 계획하였다가 사전에 사복경찰에 들켜 체포되어 실패로 끝났으며, 배후에는 비밀결사가 있었고, 연루자 수십 명이 검거되었다고 한다.[4] 이러한 기사로 짐작컨대 아마도 그는 무장의열단의 일원으로 천황을 암살하고 할복코자 하였으나 뜻을 이루지 못한 것으로 보인다.

　　한말 의병장 이기손李起巽(1879~1957)은 1930년 봄 조선총독부 앞에서 할복자살을 기도한 것으로 알려져 있다.[5] 그는 금산군 금산면의 온양이씨 문중을 설득하여 일본의 강압에 의해 폐위된 고종황제와 비운의 마지막 임금 융희황제 두 분을 모실 전각殿閣과 순종황제의 친필을 소장할 어필각御筆閣을 세우고자 했다. 그러나 번번이 조선총독부의 방해로 그 계획이 좌절되자 총독부 건물 앞에서 할복자살을 감행했다. 다행히 목숨을 잃지 않았으나 총독부로부터 허가를 받아내어 겨우 전각과 어필제를 세울 수 있었다.[6]

　　김종성과 이기손의 할복은 목숨을 잃는 것으로는 이어지지 않았다. 그러나 할복으로 목숨을 잃는 사람도 있었다. 그는 최병조崔秉調이었다.

---

4) 『東亞日報』, 1929년 6월 22일. 「行幸鹵簿通過압헤 朝鮮人 金鍾聲 割腹計劃, 犯人은 ○○運動 者의 一人, 連累者 十數名 檢擧(大阪)」
5) 『중부일보』, 2002년 10월 16일 10:16, 「누가 그를 할복으로 몰았는가?」.
6) 김은희, 「남도 인물(128) 한말의병장 이기손」, 『한국매일』, 2012년 4월 9일, hankukmail.com, newshome(검색일: 2021.02.16.)

그는 1937년 1월 22일 간도공산당間島共產黨에 관계한 혐의로 사형이 확정된 최성훈崔成勳의 부친으로 아들 최성훈의 구명救命을 호소하기 위하여 경성지방법원京城地方法院에서 할복자살을 하였다.7)

김병조金炳朝(1895~1938)와 김영호金永浩(1897~?)도 해외에서 독립운동하다가 일본경찰에 체포되어 압송도중에 할복자결한 것으로 알려져 있다. 김병조는 평남 대동大同 출신으로 1919년 평남平南에서 3·1운동에 참가하였으며, 1920년 비밀결사 의용단에 가입하여 평남도청의 폭파에 가담하였으며, 독립공채를 배포하는 등 활동하다 체포되어 징역 1년 6월을 받아 복역하다가 1922년 5월 14일 가출옥했다. 그 후 1925년 12월 또 다시 체포되어 일본 나가사키長崎에서 내용미상內容未祥의 활동으로 징역 5년을 받았다. 1929년 3월 24일에 출옥한 후 다시 상해上海로 가서 한국독립당에 가입하여 활동하였으며, 1928년 2월경 한국독립당의 동북의용단東北義勇團 사령司令, 그리고 중한연합군 부사령의 자격으로 무장항일 투쟁을 전개하다가 상해에서 일본 영사관 경찰에 체포되어 서울로 압송 도중 배안에서 할복 순국했다.8)

김영호의 할복도 그와 유사하다. 그는 남포 상서江西 출생으로 3·1운동 후에 중국을 왕래하면서 독립운동을 하다가 체포되어 5년간 복역했다. 출옥 뒤 다시 상해로 건너가 일본이 본격적으로 만주 전역을 침투하자 중한의용군中韓義勇軍 총사령관이 되어 일본군과 싸우기도 했으며, 그 뒤에도 계속 항일운동을 하던 도중 일본 관헌에게 체포되어, 본국으로 압송 도중 배 안에서 할복자살했던 것이다.9) 이처럼 김병조와 김영호

---

7) 『朝鮮日報』, 1937년 1월 23·26일, 일제침략하 한국36년사 11권, 1937년 1월 22일, 間島共產黨에 관계한 혐의로 死刑이 「한민족독립운동사」 한국사데이터베이스, 국사편찬위원회, http://db.history.go.kr/item/(검색일: 2021.12.28.)
8) 「김병조」 대한민국 독립운동가 공적조서, 공훈전자사료관, http://e-gonghun.mpva.go.kr/ (검색일: 2021.12.28)

는 일본 경찰에 체포되어 본국으로 압송 도중 배안에서 할복자살을 하고 있는 것이다.

해방 후
애국과 정치적 할복

해방 이후에도 할복하는 사람들은 이어졌다. 그 동기는 다음과 같이 몇 가지 유형으로 나누어 볼 수가 있다.

첫째는 우국지사들의 할복이다. 이러한 할복은 1945년 일본으로부터 해방되었음에도 불구하고 완전한 국가가 수립되지 못하고 있는 것에 통탄하여 할복을 감행한다는 점에서 공통점이 있다. 그 대표적인 사례로 문일민과 임기수의 할복을 들 수가 있을 것이다. 문일민文一民(1894~1968)은 평남 강서군 출신, 해외에서 독립 운동하다가 김구金九(1876~1949)선생을 따라 귀국한 사람인데, 1947년 10월 25일 중앙청 식당 앞에서 면도칼로 할복했다. 피를 흘리며 쓰러져 있는 그를 발견하고 적십자 병원으로 옮겨 치료 받아 생명은 잃지 않았다. 그의 수첩에는 조국이 독립되지 않는 것에 통탄하는 글이 있었고, 또 할복한 후에도 독립을 못보고 죽는다고 말했다 한다.[10] 할복 당시 그의 나이는 40대로 장년층에 속해 있었다.

그에 비해 임기수林基秀는 당시 26세 청년이었다. 그는 1947년 12월 24일 오후 4시경 종로 파고다 공원에서 할복을 감행했다. 때마침 근처에 있던 순경이 발견하고 곧 돈의동 한 병원에 운반하여 응급 치료한 결과 죽음을 면하는 사건이 있었다. 그의 말을 빌리면 조국의 독립이 먼 것을

---

9) 두산백과 「김영호」 https://terms.naver.com/(검색일: 2021.02.16.)
10) 『자유신문』, 1947년 10월 26일, 「몽매간에도 고대하든 독립이 요원하다고 할복자살을 기도한 사건」.

개탄하고 청년들의 각성을 일으키고자 할복한 것이었다고 했다.11) 당시 임기수를 치료한 의사의 말을 빌리면 상처는 왼쪽 배에 길이가 12센티이며, 깊이는 1.5센티이며 약 10일간 치료하면 완쾌된다고 했다.12) 이들이 말하는 완전한 독립이란 대한민국의 건국을 의미하는 것이었다.

이들의 할복 이후 1948년 5월 10일에 제헌의회 총선거가 실시되어 제헌국회가 탄생하였고, 같은 해 7월 17일에는 초대 헌법인 대한민국 제헌 헌법이 구성되었다. 그리고 7월 22일에는 국회의 간접 선거로 이승만李承晩(1875~1965)이 초대 대통령, 이시영李始榮(1868~1953)이 초대 부통령으로 선출되었으며, 8월 15일에 드디어 대한민국 정부 수립이 선포되었다. 그런데 불행히도 1949년 6월 26일 백범 김구가 경교장에서 육군포병 소위 안두희安斗熙(1917~1996)의 총격에 의해 74세의 나이로 사망하는 사건이 일어났다. 그러자 그의 뒤를 따르고자 할복하는 사람이 있었다. 같은 해 6월 28일 당시 38세 백용안은 김구의 사망 소식이 알려지자 비통함을 못 이겨 방문을 굳게 닫고 면도칼로 할복했다. 그의 행동에 심상치 않음을 눈치 챈 주위사람들이 방문을 박차고 달려 들어가 그를 발견하여 목숨을 살릴 수 있었다.13) 그의 할복은 평소에 존경하던 김구의 죽음에 따르는 순사와 같은 것이었다.

1950년 한국동란 때도 할복이 있었다. 독립운동가 송우식宋祐植은 한국동란이 발발하고 북한군이 남쪽으로 파죽지세로 내려와 금강 방어선이 무너진 7월 19일에 아들 둘과 함께 피난길에 올라 전북 익산에 이르러 야산에 몸을 숨겼다. 그 다음날인 20일에 좌익의 밀고로 북한군에 붙잡혀 익산군 왕궁면 익산지서 유치장에 갇히게 되고, 또 우익반동지주로 낙인

---

11) 『경향신문』, 1947년 12월 26일.
12) 『경향신문』, 1947년 12월 26일.
13) 『자유신문』, 1949년 7월 2일, 「백범옹 뒤를 따라 할복기도한 청년」.

찍혀 인민재판을 기다리게 되었다. 이 때 그는 윗옷 안주머니에 숨겼던 손톱 깎기 칼로 일곱 차례나 배를 갈랐다. 그리고 숨지기 직전 좌익청년단의 치안대장에게 "더 이상 동족 간 유혈극을 계속하지 말라. 나의 죽음으로 우익에 대한 복수극을 끝내라. 익산 땅에서는 더 이상 희생자가 나와서는 안된다."고 소리치며 사망했다. 당시 그의 아들 송병순宋炳循은 21살로 그 때의 부친의 일을 생생하게 기억하고 있었다.14)

송우식의 할복자결은 좌익세력에 의해 죽기 전에 스스로 택한 죽음이었다고 할 수 있으나, 죽음 직전 좌익세력의 무분별한 양민학살에 항의하며 더 이상 불행한 죽음이 나오지 않도록 하라는 그의 외침에서 알 수 있듯이 그의 할복은 좌우로 갈라져 동족상잔을 하는 유혈극에 항의하며 할복으로 목숨을 끊은 것이었다.

둘째는 패전(패배) 또는 실책의 책임을 지기 위한 할복이다. 그 대표적인 것으로는 안병범, 박정희, 하경대의 사례를 들 수가 있을 것이다. 안병범安秉範(1890~1950)의 할복은 전쟁에서 진 군인이 그에 대한 책임을 지고 할복하는 사례에 속한다. 6·25가 일어나던 해 그는 육군대령이었다. 정부가 북한군에 쫓겨 서울시민을 버리고 남쪽으로 철수하였을 때 그는 본진에서 낙오한 국군들을 모아 반공유격대를 결성하고자 인왕산에서 활약하던 중, 중앙청 게양대에 인공기가 펄럭이고, 미국에서 지원된 제24. 25사단마저 패했다는 소식을 라디오를 통해 접하게 되자 "놈들에게 죽느니 차라리 무인으로서의 길을 가겠노라."는 판단으로 7월 29일 비수로 할복 자결했다는 것이다.15) 이처럼 그는 군인으로서 전쟁에서

---

14) 김창욱, 「인물탐험. 古稀에 창업한 부도옹 宋炳循 회장」, 『win 제 38호』, 중앙일보사, 1998년 7월 1일.
15) 김종두, 「영원한 의로운 군인 고 안병범」, 『충효예의 리더십 충효예』, 2000. http://chy-leadership.or.kr/html/contents/life/sub/life_18.html (검색일: 2021.02.17.)

패배한 책임을 느꼈던 것 같다. 그러한 마음이 다음과 같이 장남에게 남긴 그의 유서에서도 확인이 된다.

> 영원한 의에 살기를 원하는 자의 죽음을 슬퍼하지 말아라. 의를 쫓는 자는 영원히 살 것이며, 불의를 따르는 자는 영원히 망할 것이다. 적과 싸워 국토를 지키지 못하는 자는 죽어 마땅할 것이니, 적구를 물리치고 낙토건설樂土建設에 기둥이 되면 너의 의무는 다하리라.

그는 일본 육사 26기생이다. 이러한 점 등을 감안하면 어쩌면 그의 할복은 일본 무사도의 영향에 의해서 생겨나고 있는지도 모른다. 여하튼 그의 할복은 군인답게 전쟁에서 패배한 책임을 할복자결로서 대신하였던 것이다.

패배에 따른 할복은 납북인사들에게도 있었다. 1959년 4월 25일 동아일보의 보도에 의하면 모 정보당국에 입수된 정보에 의하면 6·25때 납북된 저명인사 들이 김일성세력에 대항하는 세력을 조직하려 하다가 사전에 발각되자 주동자 수명이 일세히 사살을 하는 사건이 일어났는데, 그 중 엄항섭嚴恒燮(1898~1962)이 할복자살을 시도하였다가 사전에 발견되어 미수에 그쳤다고 보도했다.16) 이처럼 북한의 독재정권에 항거하는 세력을 구축하려다 실패로 끝나자 할복으로 목숨을 끊으려고 하였던 것이다.

한편 실제로 일어나지 않았지만 1961년 5·16 군사혁명 때도 그러한 조짐이 보였다. 쿠데타를 앞둔 그는 그해 4월 18일 군용비행기편으로

---

16) 『동아일보』, 1959년 4월 25일(석간), 「拉北人士들 傀集에 抗拒 秘密裡에 第三黨을 꾸미다 失敗 趙素昂飮毒自殺 嚴恒燮은 割腹自殺未遂」

급거 상경하던 박정희(당시 2군 부사령관)는 경북 구미 금오산 상공을 지나며 이런 글을 남겼다.

> 영남에 솟은 영봉 금오산아 잘 있거라.
> 삼차 걸쳐 성공 못한 흥국일념.
> 박정희는 일편단심 굳은 결의 소원 성취 못하면
> 쾌도할복 맹세하고 일거귀향 못하리라.17)

이 시에서 잘 나타나듯이 그는 혁명을 일으킬 때 죽음을 각오했고, 만일 그것이 잘못된다면 그에 대한 책임을 지고 할복자결을 결심했던 것이다. 그는 만주 신경군관학교 출신이자 또한 일본 육군사관학교 출신(57기)이다. 이러한 그의 할복관은 한국동란 때 같은 일본 육사출신인 안병범의 할복과 서로 통한다. 전쟁에 지고, 거사에 실패하면 그에 대해 책임을 진다는 의미에서 할복을 택한다는 것이 당시 고급 장교들에게는 강하게 박혀있었을지도 모른다. 아마 이것은 일본의 영향일 가능성이 높으나 다행히 박정희는 거사에 성공하여 대통령이 되어 할복하는 일이 없었으며, 그 뒤 조국의 근대화에 박차를 가하여 경제의 기틀을 마련하는 데 성공한 정치인이 되었다.

또 하나의 사건은 그가 74년 박대통령 저격사건이 일어났을 때의 일이다. 그 때 경호실 안전과장을 직책에 있었던 하경대河敬大가 74년 8월 21일 청와대 내 과장실에서 할복자살을 기도한 사건이 발생했던 것이다. 하씨는 곧 부하직원 발견하여 병원으로 옮겨져 치료를 받고 생명에는 지장이 없었으나 저격사건에 대한 책임을 지고 자살을 기도한

---

17) 정재경, 『박정희실기』, 집문당, 1994, 32쪽.

것으로 외신은 보도했다.[18] 이와 같이 안병범, 박정희, 하경대의 할복관은 패전(거사실패)와 직무상 실책이 발생하였을 때 그에 따른 책임을 지는 행위로서 자결이었다.

이러한 죽음은 패배에 따른 책임을 지는 형태이지만, 다른 한편으로는 죽음으로 명예를 지키는 일이기도 했다. 그러한 할복은 98년에도 있었다. 그해 98년 3월 21일 전 안기부장 권영해씨가 북풍공작을 주도한 혐의로 서울 서초동 서울지검 청사로 소환돼 밤샘조사를 받던 그가 21일 특별조사실 내 화장실에서 미리 소지해온 것으로 보이는 흉기로 할복자살을 기도했다. 그는 칼집 없는 커터 칼날로 배를 세 차례 그어 할복했다. 권씨는 할복자살 기도 후 고통을 이기지 못한 듯 변기 윗두껑을 세면대로 내리치며 고함을 지르는 등 소동을 벌여 검찰직원들이 화장실로 뛰어 들어가 제지를 하였고, 곧장 병원으로 옮겨졌다. 권씨는 자신의 배를 각각 20센티, 25센티, 30센티씩 세 차례 칼을 그었으며, 이 중 하복부에 난 20센티 길이 열창이 가장 깊어 하복부 복막이 절개되고, 복벽의 동맥이 절단돼 피가 많이 흘렸으나, 다행히 장기손상이 없어 2주정도 치료 후 회복될 것으로 예상되었다.[19] 그의 변호를 맡은 진형별 변호사 등은 21일 오후 권씨를 면회한 뒤 "권씨의 자살 기도는 안기부장으로서 국가안보를 위해 노력해온 것이 수사과정에서 제대로 받아들여지지 않아 그런 것"이라고 하며, "권씨가 패장의 길은 할복밖에 없다는 생각에 자살을 기도했다"고 자살동기를 설명하고 있다. 그리고 재판과정에서는 죽음으로 명예를 지키려고 했다고 변호인단은 주장했다.[20]

한편 그의 할복을 두고 고려대 법의학연구소 황적준黃迪駿 소장은

---

18) 『朝日新聞』, 1974년 8월 21일자.
19) 『동아일보』, 1998년 3월 21일자.
20) 김현기, 「권영해씨 할복, 검찰 "자해" 의사 "자살기도"」, 『중앙일보』, 1998년 3월 23일.

"자살을 기도한 사람들은 대부분 할복이나 손동맥 절단, 목 절단 등을 한다"며 "할복을 세 번씩 시도한 것이나 상처가 깊은 것으로 보아 자살하려 한 것으로 보인다"고 말했다. 그것이 사실이라면 그는 할복으로 자살을 위장하기 위한 행동이 아니라 목숨을 끊기 위한 자살을 기도한 것으로 보아도 무방하다. 이처럼 애국지사 및 정치가들은 완전한 독립염원, 패배에 따른 책임, 재판과 수사에 대한 불만과 억울함에 격분하여 할복을 하였던 것이다.

셋째는 격분하여 감행하는 정치인들의 할복이다. 여기에는 김두한金斗漢(1918~1972)의 할복사건이 있다. 그는 독립운동가 김좌진金佐鎭(1889~1930) 장군의 아들로 태어나 아들로서 경성에서 유력한 건달패 우두머리였으며, 해방 이후에는 국회의원을 역임하는 등 정치가로서도 활약했다. 그러한 그가 두 차례나 할복소동을 벌였다.

첫 번째는 1948년의 일이다. 당시 언론에 의하면 그는 정진용鄭鎭龍을 살해한 대한민청大韓民靑 사건의 주범으로 몰려 미군정 아래 열렸던 재판에서 담당검사 러먼 대위로부터 엄중한 처벌이 있기를 바란다는 구형논고가 있자, 김두한은 자리에서 벌떡 일어나 재판정 한가운데로 걸어 나와 "잠깐 기다리라"고 고함을 지르고 자켓을 치켜 올리고 돌연 통조림통으로 배를 가르고 쓰러져 장내는 일시 긴장하였다. 방청객들은 퇴장당하였다. 그런데 김두한은 복부의 상처에도 불구하고 "나는 공산패거리를 타도하기 위하여 헌신한 민주건국투사다. 어찌하여 조선에 민주국을 수립하기 위하여 도와주러 온 미군당국이 나를 재판한단 말이냐. 나는 더 이상 이 재판을 받을 수 없다."라고 외치며 재판을 거부하였다고 한다.[21] 그 때 김두한은 사형선고를 받았으나, 집행되기 전에 대한민국

---

21) 『자유신문』, 1948년 2월 13일, 「검사 구형에 김두한은 격분할복」.

정부가 수립되어 그의 형 집행은 자동적으로 미군정에서 대한민국 정부로 이관되었고, 그는 1948년 9월경 석방이 되었다.

이때 그의 할복은 미군에 의해 언도되는 구형에 격분하여 자행한 것이지만, 두 번째의 것은 그 성격이 조금 다르다. 당시 언론에 의하면 66년 11월 국회오물살포사건에 관련, 국회의장 모욕과 공무집행방해 등 혐의로 서울교도소에 1년 정도 수감되었는데, 그 때 수사기관의 거듭되는 소환을 기피하려고 할복을 기도한 일이 있었다.[22] 그 이후 고혈압으로 병보석으로 석방되었다. 이처럼 그의 할복은 재판결정에 불만을 표시하며 항의하는 수단이기도 하였지만, 다른 한편으로는 소환을 기피하기 위한 수단으로서도 할복을 하였던 것이다.

정치인의 할복 중 50년대 후반 국회의원 유옥우劉沃祐(1914~1984)의 사례도 빼놓을 수 없다. 1958년 8월13일 심야의 예결회의 중에 자유당이 표결을 강행하려고 하자, 민주당 소속 유의원이 연단 앞으로 나가 "불법을 강행하는 날에는 나는 한사코 막을 작정이다. 이것은 선거구민과의 약속이기 때문에 나는 여기서 죽고 말겠다."하면서 연단 뒤에 놓인 유리컵을 깨서 손에 들고, 혁대를 끌러 배를 내놓고 할복을 기도했다.[23] 여기서 보듯이 유옥우는 다수의 의석수를 가진 여당이 힘으로 예산안을 통과시키는 것을 저지하기 위해 할복을 선택했다. 하지만 깨어진 유리컵으로 할복한다는 것은 죽음에 이르기 어렵다. 그러므로 그의 할복은 처음부터 죽음을 전제로 하지 않았을 가능성이 높다.

넷째, 할복은 정치적인 결백과 책임이라는 의미도 있었다. 2012년 7월 저축은행비리에 관련해 검찰의 수사대상으로 거론되고 있는 민주통

---

22) 『중앙일보』, 1966년 11월 8일, 종합 7면, 「김두한씨 할복기도」.
23) 『동아일보』, 1958년 8월 13일(석간), 「議政壇上서 流血騷動 修羅場化한 深夜의 豫決委會議 興奮한 劉議員割腹을 企圖」.

합당의 박지원 원내대표가 솔로몬저축은행 임석회장에 대해선 "만난 적은 있지만 어떤 경우에도 금품수수를 하지 않았다"고 했고, 보해저축은행과 관련해선 "돈을 받았다면 목포역전에서 할복이라도 하겠다"고 말했다.[24)]

이와 유사한 발언이 2017년 11월에도 있었다. 당시 친박계 핵심인 최경환 자유한국당 의원이 최근 '박근혜 정부 시절 국가정보원으로부터 특수활동비 1억원을 상납받았다'는 의혹과 관련해 "사실이라면 동대구역에서 할복자살 하겠다"고 말한 것이었다.[25)] 그 말 속에는 자신의 억울함도 들어있다. 그리하여 할복으로 진심을 드러내려고 하였다. 이들에게 할복이란 자신의 결백을 증명하는 수단으로서 보고 있는 점은 공통된다.

결백을 증명하는 수단으로서 할복은 전 국가정보원장 남재준씨의 할복 발언에서 여실히 드러난다. 그는 2018년 4월 12일 박근혜 전 대통령에게 국가정보원 특수 활동비를 상납한 혐의를 받는 남재준 전 국정원장이 4차 공판에 증인으로 출석한 자리에서 검찰 측으로부터 "증인의 국정원장 내정이 최순실의 영향을 받았다는 얘기 들리는데 아느냐"는 질의에 "최순실이란 이름 자체를 국정농단 사건이 언론 보도되면서 알았다. 그렇게 호도하면 안 된다. 최씨 때문에 국정원장 됐다고 하면 할복자살 하겠다"고 격분하며 강하게 부인했다.[26)] 이러한 발언에서 보듯이 할복은 죽음으로 결백을 주장할 때 사용하는 자살법이었다. 그러나 이들은 어느 누구도 단 한명도 할복하지 않았다.

그러한 점에서 전 수원시장 심재덕沈載德씨의 할복은 매우 이례적인

---

24) 『세계일보』, 2012년 7월 4일, 「박지원 "돈 받았다면 목포역전에서 할복할 것"」.
25) 박고은, 「특활비 의혹 사실이면 동대구역서 할복하겠다」, 『신아일보』(http://www.shinailbo.co.kr), 승인 2017.11.17. 16:12.
26) 고홍주, 「남재준 "최순실 때문에 국정원장 된 거면 할복자살"」[뉴스핌 Newspim] 기사입력 : 2018.04.12. 18:08 최종수정 : 2018.04.12. 18:08.

것이었다. 그는 재임 기간 중 건설업체로부터 2억3천만 원의 뇌물을 받은 혐의로 수원지검에 의해 기소되었고, 2001년 7월 1심에서 징역 5년에 추징금 2억3천만 원을 선고받았다. 그러나 2002년 10월 9일 서울고법 항소심에서 무죄를 선고받은 후 예리한 칼로 배를 좌우 10㎝ 정도 그어 할복을 기도하였기 때문이다.27) 일반적인 경우 할복은 자신이 무죄라는 것을 주장하기 위해 선택하는 죽음의 방법임에도 불구하고, 그는 무죄판결이 났을 때 그것을 자행하였다는 점에서 이례적이지 않을 수 없다. 이러한 경우는 거의 없다고 해도 과언이 아니다. 아마도 그의 할복은 자신의 결백을 믿어주지 않았던 사람들에게 강한 경고를 보내는 의미가 있었을 것이다.

한편 할복은 정치적 책임을 지니는 의미도 있었다. 2017년 1월 10일 열린 의원총회에서 서청원 새누리당 의원은 열린 의원총회에서 인명진 비대위원장을 향해 "목사님 언제 할복하면 좋겠냐"고 독설을 날렸다. "며칠 전에 저더러 할복하라 말했잖냐"며 어금니를 꽉 깨문 그는 "인 위원장이 당을 떠나라"며 들이댔다. 인 위원장이 친박 수장 서의원을 국정 파탄 부역자이자 인적청산 대상자로 꼽아 "일본 같으면 할복한다"는 공격에 대한 반응이었다.28) 여기서 보듯이 그들에게 할복이란 잘못에 대한 책임을 지는 행위로서 받아들여지고 있었다.

이처럼 애국지사 및 정치가들은 완전한 독립염원, 패배에 따른 책임, 재판과 수사에 대한 불만과 억울함 그리고 자신의 결백을 믿어주지 않는 것에 대해 격분하여 할복을 하거나 할복이라는 용어를 사용하였던 것이다.

---

27) 『중부일보』, 2002.10.16. 「누가 그를 할복으로 몰았는가?」 http://www.joongboo.com(검색일: 2021.12.30.).
28) 한인섭, 「새누리당發 '할복 논쟁'」 출처 : 『중부매일』, 2017.01.12 http://www.jbnews.com(검색일: 2021.12.30)

정치에 격분하는
시민과 학생들의 할복

할복은 독립운동가와 정치가들만이 하는 것이 아니었다. 나라를 걱정하는 애국 시민과 애국 학생들에게도 할복은 자주 일어났다. 50년대의 애국할복은 주로 국회에서 일어났다. 그들의 할복이 정치적인 만큼 장소로서는 민의를 대변하는 국회만큼 좋은 곳이 없었다. 따라서 국회에서 할복사건이 많이 일어날 수밖에 없다.

1958년 12월 12일 19세 소년 백화기白和基의 할복도 그러한 것이었다. 그는 이 날 오후 2시 40분경 국회의사당 정문 앞 계단에서 국회입초순경에게 "방청케 해달라"고 하여 "방청권이 없으면 입장할 수 없다."고 순경이 제지하면서 "내일 아침 일찍이 와서 방청권을 얻으라."고 타일러 보내자 의사당 출입구 계단을 두어 발자국을 내딛고는 "남북통일은 왜 안되는가?"하고 고함을 지르며 갑자기 가지고 있던 칼小刀로 배를 두 번 가르며 할복자살을 기도했다. 배꼽을 중심으로 왼쪽 약 8센티, 오른쪽 약 13센티의 자상을 남기고 쓰러졌고, 때마침 옆에 있던 교통순경과 국회입초순경들이 급거 국회의무실에 옮겨 응급처치를 받게 했다. 백군은 "우리는 통일을 해야 한다."고 두 번 외치고는 의식을 잃었는데, 담당 의사는 "상처 깊이가 0.5센티밖에 안되고 별로 내장은 상한 곳이 없으니 생명에는 지장이 없다고 말했다.29)

비록 그의 할복은 자살미수로 그쳤지만 그 때 그에게 국회의장과 유엔사무총장 및 가족들에게 보내는 6통의 유서가 있는 것으로 보아 남북통일을 위해 분단된 조국의 현실을 유엔 가서 호소하려고 하였던 것으로 보인다. 그러나 그 꿈을 실현하기 위해 국회를 찾았고, 방청권이

---

29)『동아일보』, 1958년 12월 12일,「國會 앞서 割腹自殺未遂」.

없어 출입자체가 거절되자, 격분한 나머지 할복자결을 감행한 것으로 보인다. 따라서 그의 할복은 다소 무모한 꿈이 좌절당함에 따라 생겨난 것이라고 할 수 있으나, 다른 한편으로는 소년의 애국심에 나온 것이라고도 할 수 있다.

1959년 10월 13일에도 국회에서 할복소동이 있었다. 당일 상오 10시 25분 본회의가 속개되자 곧 산회해버린 국회 방청석에서 65세 유치봉俞致鳳씨가 "밤낮 산회만 하면 어쩌자는거야" "나도 자유당원이지만, 자유당도 민주당도 나쁘다."고 외마디 소리를 치며 과도로 할복자결을 감행하였으나, 이 광경을 목격한 국회 경위들에 제지당하여 미수에 그쳤다. 그는 칼로 아랫배를 왼쪽에서 오른쪽으로 3차례에 걸쳐 그었으며, 길이 25센티 가량 깊이 5미리가량의 상처를 입고 있으나 생명에는 별 지장이 없는 것으로 알려졌다.30) 그 후 그는 국내 정치행태에 깊은 환멸을 느낀 나머지 국회의원들 앞에서 할복자살을 감행하였으며, 그렇게 함으로써 정치인들의 반성을 촉구하려 했다고 기자들에게 밝혔다. 즉, 그의 할복은 서민들의 입장을 고려하지 않고 정쟁에만 일삼는 정치가들에게 강력하게 항의하기 위하여 취해진 행동이라 할 수 있다.

1959년 12월 16일에도 국회에서 할복이 있었다. 그 날 국회의사당 정문 앞에서 18세 소년 이종주李鍾柱가 북송반대외교정책의 적극추진을 촉구하면서 과도로 하복부를 찔러 깊이 3센티 되는 상처를 포함하여 3곳의 자상을 입고 곧 국회의무실에서 응급치료를 받고 세브란스병원에서 입원가료를 받는 일이 있었다.31) 그의 할복은 재일교포 북송을 막지 못하는 정부당국의 외교적 책임을 묻는 의미가 있었다. 1972년에도 그

---

30) 『동아일보』, 1959년 10월 13일, 「國會 二層 傍聽席에서 老人이 割腹自殺未遂」.
31) 『동아일보』, 1959년 12월 16일, 「議事堂門 앞서 割腹自殺企圖 職工이 送北沮止策呼訴」.

러한 할복소동이 있었다. 건국대 2학년 이두열李斗烈이 국회의사당 현관에서 "한일비준무효" "일당 국회해산"을 외치면서 과도로 할복자살을 감행하였던 것이다.32) 그의 할복 또한 정부의 대일정책에 대한 불만에서 나온 것으로 보인다.

정치성향의 할복은 정치적 집회장소에서도 일어났다. 1960년 7월 29일 포항 시내 한일은행 앞 광장에서 열린 '반혁명세력규탄대회'에서 '전국4월혁명의혈동지회' 회원 오모군(22세)이 천여명이 모인 장소에서 강연도중 깨진 '사이다병'으로 할복자살을 기도하다가 미수에 그쳤다. 복부 상처는 깊이 2센티, 길이 15센티였으며, 시내 동광병원에 입원 치료한 적이 있다. 오군이 할복 기도한 것은 현지인들의 4월 혁명에 대한 각성을 촉구하여 이루어진 것이라고 했다.33)

그의 할복은 목적이나 도구에 있어서 특이하다. 왜냐하면 정치성향의 할복이라면 공격의 대상이 있는데, 이 경우는 그것이 없으며, 그 목적이 오로지 4월 혁명을 각성시키기 위한 것이고, 또 도구가 깨어진 사이다병이었다는 것은 앞에서 본 유옥우의 사례처럼 애초부터 자신의 할복이 죽음에 이르지 않는다는 것을 전제로 한 것으로 볼 수밖에 없다. 즉, 그의 할복은 죽음을 가장한 하나의 퍼포먼스에 불과했다. 이러한 할복은 군중을 자극하는데 그다지 효과를 높일 수가 없다.

죽지 못한 할복이 1961년 8월 15일에도 있었다. 광복16주년기념식이 거행되던 서울운동장에서 한 학생이 혁명과업완수를 위해 온몸을 바치겠다는 내용의 선언문을 가지고 할복자살하려다가 미수에 그치는 사건이 있었다. 학생의 이름은 박원범이라고 하는데, 박군은 이날 상오 10시

---

32) 『朝日新聞』, 1965년 9월 28일.
33) 『동아일보』, 1960년 7월 29일, 「割復自殺企圖 反革命勢力규탄 演說하던 學生이(浦項)」.

30분경 8·15경축대회장에서 미리 준비된 장문의 선언문을 낭독하려다가 뜻을 이루지 못하자 소지한 칼로 할복을 기도했던 것이다. 박군이 소지하고 있던 선언문에는 "참신하고 양심적인 정치인이 나타날 때까지 혁명정부는 정권을 민간에 이양해서는 안된다."는 글이 적혀있었다.[34] 그의 할복이 나라를 생각하는 이타적 자살이라고 하지만, 미수에 그쳐 죽음에 이르지 못한 점은 앞의 사례들과 마찬가지이다.

그러한 의미에서 7,80년대 정치집회에서 일어난 김상진과 조성만의 할복은 달랐다. 그들은 죽음을 전제한 할복이었다. 그러므로 그들에게는 자신의 주장을 세상 사람들에게 전하는데 다른 사람과 다른 결연함이 있었다. 김상진은 1975년 4월 11일 서울농대 대강당 앞 잔디밭에서 열린 '구속학생 석방을 위한 자유 성토대회'가 열리고 있었다. 지난 4일 시위 주동자로 경찰에 연행된 축산과 4년 김명섭과 학생회장 황연수의 석방을 촉구하기 위한 것이었다.

> 김상진은 세 번째 연사로 등장하였다. 신사복 바지에 흰 셔츠를 입고 있던 그는 죽음을 앞둔 사람으로서는 너무 침착한 자세로, 그러나 성얼석인 어조로 학내문제를 설명한 뒤 죽음을 택하게 된 '양심선언문'을 읽어 나갔다. "더 이상 우리는 어떻게 참을 수 있으며, 더 이상 우리는 그들에게서 무엇을 바랄 수 있겠는가? …(중략)… 그는 '이 보잘 것 없는 생명 바치기에 아까움이 없노라'라는 대목을 읽으며 20㎝ 길이의 과도를 서서히 품 안에서 꺼냈다. 곁에 있던 동료 학생 두 명이 얼른 팔을 잡았으나, 그는 오른손에 쥔 칼로 왼쪽 하복부를 찌른 후 온 힘을 다해 위로 그어 올렸다. 이 때가 오전 11시 30분쯤이었다. 동료들이 부축하자 "애국가를

---

34) 『부산일보』, 1961년 8월 1일, 「할복자살을 기도 서울 광복절식장서 학생이 선언문 갖고」.

불러 달라"고 한 후 그대로 의식을 잃었다.35)

이상에서 보듯이 김상진은 할복으로 목숨을 잃었다. 대체로 정치성향의 할복은 공개된 장소에서 행하여지기 때문에 할복이 죽음에 이르는 경우는 거의 없다. 그럼에도 불구하고 그는 죽음에 이른 것이었다. 그 점만으로도 그의 할복은 매우 특징적이었다.

할복만으로 죽지 않는 것을 여실히 보여준 것이 88년 5월 15일 명동성당에서 일어난 서울대생 조성만의 할복이다. 그는 '양심수 전원 석방 및 수배자 해제 촉구 결의대회'가 열리고 있던 오후 3시 30분 무렵 교육관 옥상에 나타나 '조국통일 가로막는 미국놈들 몰아내자' '분단상황 고착화하는 미제놈들 몰아내자' '올림픽 공동 개최하여 조국 통일 앞당기자' '광주학살 진상규명 노태우를 처단하자' '양심수 전원 석방하라'는 구호를 외치며 5장의 자필 유서를 뿌리고 자신의 배를 찌른 뒤 거꾸로 투신하였던 것이다.36) 만일 그가 투신하지 않았다면 목숨을 잃는 일은 없었을 것이다. 즉, 그만큼 그의 할복에는 죽지 않으면 안되는 절박함이 있었던 것으로 보인다.

90년대에 접어들어서면 다양한 정치성향의 할복이 등장한다. 91년의 이준상씨는 부정부패한 정부에 항의하기 위해 할복했다. 그는 서울 여의도 국회의사당 안 잔디밭에서 "수서 비리 은폐 주범 노태우 정권 타도하자"는 등의 구호를 외치며 할복자살을 기도했다. 이씨는 이날 미리 준비한 노태우 대통령과 국민, 1천만 노동자, 지식인, 종교인 등 앞으로 보내는 유인물 4종류 10여장을 뿌렸다. '노대통령에게 보내는 글'

---

35) 『경향신문』, 2003.07.06. 「〈실록 민주화 운동〉 75년 김상진 열사 할복자결」 http://news.khan.co.kr/kh_news(검색일: 2021.02.20.)
36) 『한겨레신문』, 1999년 3월 23일자.

에서는 "6공 정권은 검찰과 경찰력을 동원해 정권유지에 급급, 최대 비리 사건인 수서 특혜 분양사건을 은폐·조작하고 있다."며 "더 이상 국민을 기만하면 심판을 면할 수 없을 것"이라고 말했으며, 또 '국민들에게 드리는 글'을 통해 "수서 사건은 청와대와 국회·재벌이 합작해 만든 부패·비리의 표본"이라면서 "더 이상 침묵과 방관은 온 국민의 파멸을 가져올 것"이라고 주장하였던 것이다.[37]

그에 비해 1992년 6월 26일 장맹환은 그 날 광주시 전남도청 앞길에서 흉기로 자신의 배를 찌른 뒤 도청 정문 앞으로 달려가 자치단체장 선거의 즉각 실시를 요구하였던 것이다. 그는 지자제 선거가 빠른 시일 내에 실시되지 않는 것에 불만을 품고 이를 요구하며 할복하였던 것이다.

한편 일본 당국에 항의하며 할복하는 사람들도 적지 않았다. 1990년 5월 23일 독립투사 아들 김국빈씨(34세)가 일본 대사관 앞에서 일왕은 무릎 꿇고 사죄하라는 구호와 함께 부엌칼로 자신의 배를 찔러 중상을 입었다. 그는 병원에서 오늘 보도된 일왕의 사죄 문안을 보고 울분을 느낀 나머지 일본 국민들에게 경각심을 일깨워 주기 위해 할복을 기도했나고 한다.

한일정상들이 서로 오고갈 때도 할복사건이 일어났다. 1991년 1월 10일 독립투사 자손 김경민은 일본의 가이후 도시키海部俊樹(1931~2022) 총리가 한국을 방문하였을 때 일본총리가 서울 파고다 공원 앞에 도착하는 순간 길 건너편 인도에서 동료회원과 함께 항의시위를 벌이던 중 갑자기 등산용 칼을 꺼내 "대한민국 만세"라고 외친 뒤 배 한 가운데를 두 차례 가로 긋는 할복을 했다.[38] 즉, 그는 일본총리의 방한을 반대하며

---

37) 『한겨레신문』, 1991년 3월 6일자.
38) 『조선일보』, 1991년 1월 11일자.

할복을 하였던 것이다.

    노태우대통령이 일본을 방문할 때도 할복이 일어났다. 1992년 10월 26일 오병학씨가 일본대사관 앞에서 안중근 의사 의거 83주년을 맞아 일본 핵무장반대 등을 주장하는 시위 도중에 할복했다. 그날 오씨는 오전 10시 서울 남산 안중근 의사 기념관에서 열린 '안중근 의사 의거 83주년 기념식'에 참석한 뒤 회원 30여명과 함께 일본대사관 앞에서 "노 대통령 방일반대" "일본 핵무장 결사반대" 등의 구호를 외치며 일장기를 불태우려다 경찰이 저지하자 갑자기 품에서 길이 15㎝의 과도로 할복자살을 하였으나 이때에도 주변 사람들의 만류로 그는 전치 3주의 가벼운 상처만 입고 끝나 버렸다.[39] 그의 할복에는 정부의 대일외교를 반대하는 태도가 분명하게 나타나 있었다.

    위안부 할머니들도 일본에게 강력하게 자신들의 의지를 요구할 때 할복이 등장했다. 1994년 1월에는 김복선, 문옥주, 이용수 등 정신대 할머니 3명이 25일 낮 12시께 서울 종로구 중학동 주한일본대사관 앞에서 강제군대위안부에 대한 일본정부의 조속한 배상을 요구하며 할복시위를 벌였다.[40]

    독도와 관련한 할복도 일어났다. 2005년 3월 15일 일본대사관 앞에서 홍정식 활빈단장이 독도 망언과 역사교과서 왜곡에 항의하며 할복을 시도하였던 것이다. 그러나 옷 속에 두툼한 무엇인가를 넣은 채로 할복을 시도해서 큰 상처 없이 소동은 경찰의 제지로 끝난 일이 있다.[41] 그러한 할복이 2006년 4월 19일에도 있었다. 그날 오늘 오후 3시 10분쯤 서울 종로 탑골 공원에서 56살 양봉호씨가 머리에 태극기를 두르고 독도

---

39) 『한겨레신문』, 1992년 10월 27일자.
40) 『한국일보』, 1994년 1월 26일자.
41) 장윤선, 「화형, 할복. 일본극우들과 똑같은 행동을?」, 『오마이뉴스』, 2005년 3월 16일.

문제에 대한 일본의 태도를 규탄하며 "대한민국 만세"를 세 번 외친 뒤 흉기로 할복을 기도했다.42)

2008년 08월에는 할복하는 스님들도 있었다. 그 달 30일 불교 조계종의 총본산인 조계사 앞에서 강원도 오대산 상원사의 전 주지인 삼보스님(60)이 흉기로 배를 자해했다. 그는 할복하기 앞서 A4 용지에 '이명박 정권은 불교 탄압 중단하라'고 혈서를 쓴 다음 흉기(단도)로 배를 깊이 5mm, 길이 10cm 가량씩 세 번 자해했다. 자해 후 '이명박 정권은 불교탄압 중단하라'는 30여장의 혈서를 쓴 스님은 대웅전 계단에 앉아 "20만 명이 모인 규탄대회를 열었으면 어떤 조치가 있어야 될 것 아니냐"면서 "대통령이 직접 사과하고, 어청수 경찰청장 뿐만 아니라 내각이 총 사퇴해야 한다"고 강력히 주장했다. 그는 또 "범불교도대회 다음 날인 28일 이 대통령이 뉴라이트 회원들과 만찬을 가지는 등 반성의 기미가 보이지 않았다"면서 "국민이 없는 대통령이 어디 있겠느냐"고 항의했다. 스님은 오후 1시 30분경 동국대 일산병원으로 후송됐으며, 생명에는 지장이 없는 것으로 알려졌다. 10.27 법난法難 피해자로 알려진 그는 2005년 8월 23일 한국일보 강당에서 열린 '10.27 법난 피해자 증언 보고회'에서도 자해한 바 있다.43)

정부의 종교차별에 항의해 지난 27일 범불교도대회를 열었던 조계종 등 한국불교종단협의회 소속 27개 종단은 음력 초하루인 31일 전국 1만여 곳 사찰에서 '헌법파괴 종교차별 이명박 정부 규탄 전국 사찰 동시 법회'를 열 예정이었다.44) 이러한 과정에서 삼보스님은 불교탄압에 따른 이명박정부에 대한 강한 항의로서 할복을 선택하였던 것이다.

---

42) KBS뉴스,「50대 남자 탑골공원 할복 시도」, 2006년 4월 19일.
43) 안선용,「삼보 스님 MB정부 불교탄압 항의 '할복'」,『금강신문』, 승인 2008.08.30. 14:21.
44) 연합,「조계사서 스님 할복 자해 생명에 지장 없어」,『경북일보』, 게재일 2008.08.31.

2013년 1월 4일 누카가 후쿠시로額賀福志郎 한일의원연맹 간사장 등 일본 아베 총리 특사단 일행이 김포공항을 통해 입국하였을 때 애국국민운동대연합회 회원인 김창근(62)씨가 특사단이 도착하기 30분 전인 11시 5분경에 특사단 방한에 항의하며 과도로 할복을 기도했다. 김씨는 지난해 7월 9일 위안부 소녀상 평화비 말뚝테러에 항의하며 트럭으로 일본대사관 정문을 들이받아 재판을 받은 인물이다. 할복 당시 김씨는 "일본은 대한민국 국민에 사죄하라"고 외쳤다. 오천도 애국국민운동대연합 대표는 "우리 소속 회원인 김씨가 상의 없이 할복을 시도했다"면서 "역사왜곡을 부정하는 일본은 석고대죄해야 한다"고 말했다.[45] 이처럼 한국인들은 일본에 대해 식민지 지배에 대한 사죄, 위안부에 대한 보상촉구, 양국정상들의 상호방문 반대, 독도분쟁과 역사교과서왜곡 등 다양한 이유로 할복을 했다.

이처럼 1990년대에는 할복이 다양한 목적 하에 이루어지나, 2000년대 접어들면 정치성향의 할복은 급격히 줄어든다. 2001년 2월 27일 김판태씨는 한미주둔군지위협정(소파, SOFA) 개정안에 반대하는 'SOFA 국민행동' 사무국장으로 국회 통일외교통상위 회의실에서 법안의 비준동의에 반발, 면도칼로 할복을 기도했다.[46] 그리고 1991년 4월에는 경북산업대 이수미양이 민주광장에서 열린 4·19집회에서 등록금 환불, 예결산 공개 등을 요구하며 면도칼로 배를 그어 할복을 기도했다.[47] 그녀는 대학당국에 대한 불만으로 등록금환불과 예결산 공개를 요구하며 할복했다. 그녀의 할복은 교내문제로 발생한 것으로 보이지만, 당시 민주화에 대한 학생운동이 격렬하던 시기이어서 그것과 결코 무관할 수 없는 것이었다. 그러

---

45) 지홍구, "'일본은 사죄하라' 일본 특사 방한에 김창근씨 할복", 『매일경제』, 2013년 1월 4일.
46) 이정호, 「[부고] 통일운동가 김판태 군산평통사 대표」, 미디어오늘, 2018년 10월 14일.
47) 『조선일보』, 1991년 4월 20일자.

므로 그녀의 할복은 정치적 성향의 것이라 해도 크게 틀리지 않는다.

2004년 9월 17일 여의도 구 한나라당사 앞에서 상이군경회 주최로 열린 '국가보안법 폐지 반대 궐기대회' 도중 흰색 수의 한복을 입은 군경회 회원 손모(67)씨가 할복을 시도하여 즉시 병원에 옮겨져 복부 57바늘을 꿰매는 봉합수술을 받아 생명에는 지장이 없었다. 그는 동기에 대해 "나라가 정체성이 혼란스러워 분하고 원통한 마음에 순간적으로 일을 벌였다"고 하며, 또 "나라가 이 상태로 간다면 앞으로 내 자식이나 손자들이 '너희 애비, 할애비가 공산당을 얼마나 죽였느냐'고 취조를 당할 상황이 오지 않는다고 볼 수 없다"며 "간첩과 빨치산이 우리 군 장성을 취조하는 상황이 벌어지고 있는 상황에서 이제 우리는 역적이 된 것이 아니냐"고 분노했다고 전해진다.[48]

2016년에는 유난히 박근혜 대통령과 관련한 할복사건이 많았다. 그해 10월 27일 60대 한 남성이 저녁 6시 40분쯤 서울 종로구 궁정동 무궁화동산 앞에서 심모(64) 씨가 문구용 칼로 본인 복부를 긋는 자해를 시도했다. 무궁화동산은 효자동 삼거리를 사이에 두고 청와대로 가는 길목에 위치한 공원이다. 심씨는 청와대 경비를 담당하는 202 경비단에 발견돼 인근 청운파출소로 인계됐다. 당시 그는 술에 취해 있었다 한다. 그는 "평소 대통령을 존경했는데 최근 빚어진 여러 사태로 안타까운 마음이 들어 위로하려는 차원에서 찾아뵙고자 마음먹었다"며 "청와대 초소 직원들이 검문하며 막아서자 화가 나 할복을 시도했다"고 경찰에 진술한 것으로 전해졌다. 같은 날 박대통령은 부산 벡스코에서 열린 제4회 대한민국 지방자치박람회 개막식 행사에 참여했다. 그곳에서 '대

---

48) 대한민국재향군인회 게시판, 「국보법 폐지반대 시위서 할복한 상이군경회 회원 인터뷰」 https://korva.or.kr/board(검색일: 2021.02.20.)

통령 하야'를 요구하는 대학생들의 기습 시위가 벌어지기도 했다.[49] 이러한 정치적 위기에 빠져있는 박대통령을 안타깝게 생각한 그는 술기운에 대통령을 위로하고자 청와대를 찾았으나, 이를 경찰이 제지하자 격분하여 할복을 시도한 것이었다.

    2016년 12월 9일에도 그러한 할복사건이 일어났다. 당시 박대통령은 국회에서 탄핵이 가결될 상황에 놓여 정치적 위기를 맞이하고 있었다. 그 때 한 보수단체가 박대통령을 위해 희생할 할복단을 모집한다는 글이 SNS를 통해 확산된 적이 있다. 그 내용 중 우리의 눈길을 끄는 부분은 '준비물로 30센티 횟칼, 흰장갑, 유언장'이었다.[50] 여기서 보듯이 그들은 도구로서 횟칼을 공시했다. 그러나 다행스럽게도 탄핵이 가결되었을 때 할복단의 할복사건은 일어나지 않았다.

    그러나 박근혜 대통령에 대한 헌법재판소의 탄핵인용 결정이 나왔을 때는 사정이 달랐다. 2017년 3월 10일 헌재가 재판관 전원일치 의견으로 파면(인용)을 결정하자, '박근혜 탄핵 반대 집회' 참가자 중 2명이 사망한 가운데, 50대 남성이 헌법재판소 앞에서 "목숨을 바쳐 대통령을 구하겠다" "박근혜 대통령의 탄핵에 반대한다"고 외치면서 '할복'을 시도했다.[51] 이 남성은 현장에서 응급조치를 받고 병원으로 옮겨져 목숨을 잃지는 않았다. 이처럼 탄핵에 반대하여 할복을 택하는 경우도 있었다. 이처럼 할복은 당국의 결정에 불복하여 강력하게 반발하는 항의의 수단으로서 활용되었다.

---

49) 윤희정, 「"대통령 위로하러" 청와대 근처서 '할복' 시도 남성」, 2016.
    https://www.wikitree.co.kr/articles/279907
50) 배재성, 「박대모 '할복단'모집 논란 … "30㎝ 회칼과 흰장갑, 유언장 준비"」, 『중앙일보』, 2016.12.10. https://www.joongang.co.kr/article(검색일: 2021.01.01.)
51) 곽상아, 「50대 남성이 헌재 앞에서 '할복' 시도하며 외쳤다는 말」, 허핑턴포스트코리아, 2017년 3월 10일.

한국 할복에서 보이는 특징

지금까지 살펴본 한국의 근현대 할복에는 다음과 같은 세 가지 특징이 있다. 첫째는 남성들이 선택하는 자살법이라는 것이다. 이상에서 든 사례에서도 여성의 할복은 단 한건도 없었다. 그만큼 할복은 남성들의 전유물이었다. 그것은 여성의 경우 아마도 배를 가르는데 복부를 드러내는 것에 대한 거부감이 있을 가능성이 있다.

둘째는 대부분 공개된 장소에서 이루어진다는 점이다. 의병장 이기손은 조선총독부 앞, 최병조는 경성지방법원 앞, 문일민은 중앙청 식당 앞, 파고다공원, 하경대는 청와대 과장실, 김두한은 재판정, 유옥우는 국회회의장, 백화기는 국회의사당 정문 앞, 유치봉은 국회방청석, 이종주 국회의사당 정문, 임기수, 김경민, 오모씨, 박원범, 김상진, 홍정식은 군중집회장(파고다공원, 서울운동장, 대학의 대강당 앞, 탑골공원), 김국빈, 오병학, 위안부 할머니는 일본대사관 앞, 위안부 할머니 대사관 앞, 김창근은 공항의 입국장, 김판태는 국회 외교통상위 회의실, 손모씨는 한나라당사 앞이었다. 이처럼 군중이 집회가 열리는 공공의 공간이 할복의 장소로서 지목되었던 것이다.

이러한 성향은 비정치성향이라 하더라도 상관이 없었다. 가령 대교의 창시자 신용호愼鏞虎(1917~2003)의 할복사건이 그러했다. 1979년 광화문에다 22층 교보빌딩의 철골구조물이 이미 완성되었을 때 청와대 경호실에서 갑자기 중지명령이 떨어졌다. 22층의 높은 건물은 청와대 보안에 위협이 되니까, 17층 이상은 잘라 내야 한다는 명령이었다. 청와대 경호실의 권세가 하늘을 찌를 때여서 거역하기도 힘든 시기였다. 더구나 17층 이상을 허문다는 것은 다 지은 건물을 부수라는 이야기와 똑같았다. 이에 신용호가 한 달간 고심 끝에 내린 판단은 할복항의였다.[52]

옛 선비들이 광화문 앞에서 도끼를 들고 상소하는 심정으로 읍소문을 청와대에 전달했다. "티끌만한 위법 없이 완성단계에 있는 이 건물의 허리를 자르라는 것은 대통령이 만든 법을 자르라는 것이요, 나아가 대통령을 자르는 행위가 됩니다. 나는 그렇게 할 수 없습니다. 대신 제가 지은 집이 아니라 광화문 복판에서 저의 배를 자르겠습니다."라는 내용의 편지를 박정희 대통령에게 보낸 것이다. 이것이 받아들여져 대통령의 명예는 물론 건물을 동시에 지켜낼 수 있었다.[53]

이 때 신용호의 할복은 권력에 맞서 죽음으로 항거하는 의미의 할복이었지만, 그가 할복장소로 지목하고 있는 곳이 다름 아닌 광화문 복판이라는 것이다. 이것은 자신의 할복을 만민들이 지켜보는 가운데 하겠다는 의지의 표현이었다. 이처럼 공격성의 할복은 공개되어야 효과를 거둘 수 있는 것이다.

물론, 다수 할복 사례 가운데 폐쇄된 공간에서 일어난 할복이 전혀 없는 것은 아니다. 있다하더라도 그들에게는 그럴 수밖에 없는 이유가 있었다. 송우식은 좌익들에게 유치장에 갇혀 있었고, 권영해는 수사기관으로부터 취조과정에 있었다. 그리고 김구의 죽음에 순사하기 위해 방안에서 할복한 백용안은 극히 이례적이다.

군중집회가 열리는 공개된 장소에서 이루어지는 할복은 죽음에 이르기 어렵다. 그러므로 과연 그들이 죽음을 각오하였는지는 알 수 없다. 그러나 폐쇄된 공간에서 홀로 이루어졌을 때는 사정이 다르다. 그러한 의미에서 백용안의 할복은 죽음을 각오한 것이었다고 할 수 있다.

셋째는 사망에 이르는 경우가 거의 없다는 점이다. 이상의 사례에서

---

52) 조용헌, 「조용헌 살롱 - 신용호와 교보빌딩」, 『조선일보』, 2004년 10월 11일.
53) 이규태, 『대산 신용호』, 교보문고, 2004, 274쪽.

도 사망한 경우는 해방전에는 김병조와 김영호, 현대에는 송우식, 안병범, 김상진과 조성만이 있을 뿐이다. 그 밖의 대부분은 사망하지 않았다. 그 이유는 앞에서 언급한 바와 같이 군중집회가 열리는 공개된 장소에서 할복을 감행하기 때문에, 할복이 일어나면 즉시 관중들에 의해 제지되기 때문에 죽음에 이를 수 없는 것이다. 그러므로 많은 할복자들은 죽지 않는 것을 전제로 배를 가르고 있을 가능성이 높다. 만일 그렇다면 그들의 할복은 자살로 위장된 할복이며, 자신의 의사를 강력하게 군중들에게 전달하기 위한 하나의 퍼포먼스에 불과하다.

할복이 공개자살인 만큼 사람들의 시선을 의식하고, 그것의 효율을 높이려면 시각적인 효과가 있어야 하며, 효과를 극대화하려면 확실한 죽음에 대한 보장이 있어야 한다. 그러기 위해서는 할복자의 복장은 흰옷이 가장 좋다. 그러나 이를 의식하여 할복하는 자는 그다지 많지 않다. 그럼에도 불구하고 이를 최대한 살렸던 것이 김상진과 손모씨였다. 김상진은 당시 하얀 티셔츠를 입고 있었고,54) 손모씨는 흰색 수의 한복을 입었다고 했다.55) 그러므로 할복을 하였을 때 배에서 나오는 피가 옷에 붙늘면 그야말로 선혈이 낭자한 것 같은 시각적인 효과를 올릴 수 있다. 이는 일본 사무라이가 할복의식을 할 때 흰옷을 입는 것과 서로 통하는 면이기도 하다.

그러나 할복의 최대의 결점은 죽음에 이르기 어렵다는 점이다. 일본에서는 이를 해결하기 위해 나온 것이 가이샤쿠介錯라는 할복하는 사람을 즉사시켜 고통을 줄여주기 위해 보호자가 할복자의 뒤에서 큰 칼로 목을 치는 행위가 있는 것이다. 그러한 것이 없는 한국사회에서는 할복

---

54) 『한국일보』, 2003년 10월 23일, 「민주화발자취 김상진 할복」.
55) 강은영, 「브레이크뉴스」, 2004년 9월 17일.

으로 목숨이 끊어지는 경우는 거의 일어나지 않는다. 아무리 시각적인 효과를 노려 흰옷을 입고 그 죽음을 공개한다 하더라도 제지하는 주변상황이 있다면 죽음에 대해 확실한 보장이 없는 것이다.

이러한 결점이 해결되지 않는 한 그것을 통해 전하려는 메시지에 힘이 실릴 수 없다. 왜냐하면 그것은 결과적으로 다른 사람들의 시선을 의식한 하나의 위장자살로 끝날 가능성이 많기 때문이다. 할복 그 자체만으로 목숨이 끊어지지 않는다. 배는 직접적인 생명의 단절과 관계가 없기 때문에 할복은 자결방법 중 가장 비효율적인 방법으로 정평이 나 있다. 그러므로 죽지 않고 자살을 위장하여 상대를 공격하는 방법으로는 최고로 적절하지만, 그와 반대로 죽기를 각오하고 비관자살을 하는 자에게 있어서는 최악의 방법인 것이다. 따라서 생명을 끊으려는 의지가 분명하다면 할복뿐만 아니라 그에 따른 보조수단을 강구하지 않으면 안된다. 여기에 새로운 가능성을 보여주는 것이 조성만의 할복이다. 그는 명동성당 내 교육관 옥상에서 먼저 할복한 후, 그곳에서 투신하여 목숨을 끊었다. 만일 그가 투신하지 않았다면 목숨을 잃지 않았을 가능성이 높다. 이처럼 그는 목숨을 끊는 할복의 보조수단으로 투신을 선택했다.

할복의 보조수단을 쓰는 것은 비정치성향의 할복에서도 보인다. 가령 99년 8월 13일 충남 태안군 소원파출소 소속 윤모(31) 순경이 흉기로 자신의 배와 손목을 긋고 할복자살을 기도해 병원으로 옮겨지는 사건이 있었다.56) 여기서 보듯이 윤순경은 할복을 해도 목숨이 끊어지지 않아 흉기로 손목을 그었다. 즉, 손목을 그어 과다 출혈로 목숨을 단절시키려고 했던 것이다.

또 할복을 한 후 온몸에 기름을 붓고 분신을 하는 사례도 있었다.

---

56) 『동아일보』, 1999년 8월 13일.

98년 12월 22일 당시 정화개혁위 승려들이 대한 불교 조계종 총무원 청사 점거를 했을 때 경찰이 그들의 강제해산을 위해 경내에 들어가려고 하자 각운스님 등 승려 2명이 웃옷을 벗은 채 "경찰 즉각 철수"를 주장하며 경찰이 가까이 오면 칼로 배를 가르고 석유를 온몸에 끼얹으며 분신하겠다고 위협을 한 일이 있었다.57) 실제로 그들은 할복을 하지 않았지만, 그들에게는 할복만으로 목숨이 끊어지지 않고, 그것과 더불어 분신까지 하여야 목숨을 끊을 수 있다는 의식이 있었음을 보여준다. 실제로 그러한 사례가 2006년 6월 2일 거제도에서 있었다. 거제면 서정리 L모씨 집에서 마산시에 거주하는 김모(54세)씨가 전신에 기름을 붓고 복부에 5~6cm의 할복을 한 후 몸에 불을 붙여 밖으로 튀어 나온 것을 주민들이 발견하여 경찰에 신고한 일이 있다.58) 즉, 할복한 후 분신을 하여 목숨을 끊었다. 이처럼 죽음을 각오한 할복의 경우, 이를 성공시키기 위해서는 투신하거나 손목의 동맥을 끊거나, 분신을 하고 있는 것이다.

최근 2000년 이후 할복은 급격하게 줄어들었다. 그렇다고 자살자가 줄어든 것은 아니다. 그러므로 이 현상은 할복을 대신하는 다른 자살법이 개발되었다는 것을 의미한다. 그 자살법은 앞의 두 가지 할복과 분신의 사례에서 보듯이 분신이 할복의 자리를 차지하고 있을 가능성이 높다.

한국에서 할복이란?

과거 한국은 유교사회였다. 그러므로 신체는 부모로부터 받은 것이기에 그것을 훼손하지 않는 것이 효의 시작이

---

57) 『한겨레신문』, 1998년 12월 23일.
58) 『거제중앙신문』, 「50대, 사귀던 여자 배신에 자살기도」, 입력 2006.06.02.

라는 말을 굳게 믿고 있었다. 이러한 명제가 뿌리 깊게 존재하는 한 자살자들도 선호했던 자살방법은 최대한 신체를 해치지 않는 것이었다. 그리하여 약을 먹거나, 물에 뛰어들거나, 목을 매는 방법이 많았다. 그럼에도 불구하고 우리사회에는 유교의 명제를 반하는 할복이 끊임없이 이어져 오고 있다. 본 장에서는 근현대의 한국 할복의 특징을 알아보기 위해 일제시대부터 현재에 이르기까지 할복 사례를 보도한 언론기사를 중심으로 살펴보았다. 그 결과 수많은 할복 사건이 있었다. 그 중에서도 징치성향의 사례만을 골라 정리 분석을 해보았다.

그 결과 우국지사들을 포함한 정치가들의 할복에는 몇 가지 유형이 있었다. 일제의 부당한 처사에 항의하는 경우가 있는가 하면, 해방직후 완전히 독립하지 못한 것에 대해 울분을 토하는 할복도 있었다. 그리고 패배에 따른 책임의 할복이 있었고, 회의 또는 재판정에서 격분하여 할복하는 정치인들도 있었고, 또 억울함을 할복으로 표현한 것도 있었다.

그에 비해 비정치가이지만, 나라를 생각하는 애국 시민과 학생들의 할복에서는 남북통일을 걱정하며 할복한 사람이 있는가 하면, 민생을 돌보지 않고 당파싸움만 하는 한심한 국회의원을 각성시키기 위해 할복하는 경우도 있었다. 또 정부정책을 반대하는 할복도 있었고, 대일외교에 불만을 갖거나, 독도, 위안부 보상문제 등으로 일본에 항의하는 할복도 적지 않았다. 특히 그 중에서도 학생의 경우 군사정권에 맞서는 민주화운동과 결부되어있었다. 김상진과 조성만의 경우처럼 안타깝게 목숨을 잃는 경우도 있었다. 심지어 박근혜대통령의 탄핵을 반대하며 할복하는 자도 있었다. 이처럼 할복의 동기는 다양하다.

그러나 이러한 사례에는 크게 3가지 특징이 있다. 하나는 할복이 남성의 전유물이라는 점이고, 둘은 그것이 공개된 장소에서 행하여진다는 것이며, 셋은 사망률이 극히 낮다는 점이다. 따라서 만일 할복으로서 자신의 메시지를 강하게 전달하고자 한다면, 시각적인 효과를 고려하여 흰옷을 입고 배를 가르고 확실하게 죽음을 맞이하는 것이다. 아직까지 많은 할복자들 가운데 흰옷을 입고 할복하는 자는 전혀 없지 않으나 극히 소수에 불과하다. 그에 비해 확실한 죽음의 보장은 할복이 확보되지 못하고 있다. 이를 보완하기 위해 투신, 손목을 긋고, 분신이라는 보조수단을 강구하고 있다는 점도 확인할 수 있었다. 최근 할복의 수가 급격하게 감소했고, 그 대신 분신자살자는 급격하게 늘어났다. 이것으로 보아 과거에는 할복이 성행하였던 것이 퇴색하고, 오늘날에는 그 자리에 새롭게 개발된 분신이 차지하고 있는 것이 아닌가 하는 생각이 든다. 이에 대해 시간을 두고 관찰해 볼 필요가 있다 하겠다.

03

언론을 통해서 본 현대 한국인의 할복

나는 조정에 벼슬하지 않았으므로 사직을 위해 죽어야 할 의리는 없다. 허나 나라가 오백 년간 사대부를 길렀으니, 이제 망국의 날을 맞아 죽는 선비 한 명이 없다면 그 또한 애통한 노릇 아니겠는가? 나는 위로 황천에서 받은 올바른 마음씨를 저버린 적이 없고 아래로는 평생 읽던 좋은 글을 저버리지 아니하려 한다. 길이 잠들려 하니 통쾌하지 아니한가. 너희늘은 내가 죽는 것을 지나치게 슬퍼하지 말라. 吾無可死之義 但國家養士五百年 國亡之日 無一人死難者 寧不痛哉? 吾上不負皇天秉彛之懿, 下不負平日所讀之書. 冥然長寢, 良覺痛快. 汝曹勿過悲

- 황현黃玹(1855~1910)

**할복은
어떤 사람들이 할까?**

지금까지 우리나라에서 할복은 정치나

민주화 운동가들이 독점하는 자살인 것처럼 인식되는 경우가 많았다. 사실은 그렇지 않다. 그러한 사상적으로 무장되지 않은 일반인들에게도 자행되는 자살법이었다. 그렇다고 일본과 같이 아주 흔한 자살은 아니었다. 그러므로 일반인들 가운데 이러한 할복사건이 있으면 언론들도 주목을 했다. 지금까지 언론에 보도된 할복사례만 하더라도 수없이 많다. 이러한 자료들은 매우 중요하다. 사실 할복의 현지조사는 불가능에 가깝다. 언제 어디서 어떻게 일어날지 모르기 때문이다.

우리나라에서 할복에 대한 연구는 그다지 풍부한 편이 아니다. 있다고 하더라도 일본의 할복에 집중되는 현상이 있다. 최문정은『태평기太平記』라는 문헌을 통해 일본 중세 무사들의 할복을 연구하였고,[1] 박은희도 니토베 이나조의 할복론을 고찰하여 할복이 일본 무사들에게 명예로운 죽음의 방법이었다는 것을 고찰했다.[2] 그리고 김현정도『평가물어平家物語』라는 문헌을 통해 무사들의 죽음에 대한 용례를 고찰했다.[3] 이처럼 일본 무사들의 할복에 대한 연구가 문헌을 통해 이루어지고 있지만, 정작 우리의 할복에 대한 연구는 거의 이루어지지 않고 있다.

이에 본 장에서는 여기에 주목하여 언론에 보도된 할복의 사례들을 모아 현대 한국인의 할복의 특징과 인식을 알아보고자 하는 것이다. 그러기 위해서는 먼저 정치가가 아닌 일반인들의 할복에 주목하고자 한다. 그들의 할복이 언제부터 언론에 보도되기 시작한 것일까? 그리고 그것에는 어떠한 유형들이 있으며, 그들로 하여금 할복하게 하는 동기는

---

1) 최문정,「『태평기(太平記)』의 죽음서술의 문제점 : 무장(武將)의 자해(自害)를 중심으로」,『한일군사문화연구』1, 한일군사문화학회, 2003, 109~131쪽.
2) 박은희,「무사의 명예와 죽음 - 니토베 이나조(新渡戶稻造)의 할복론과 중세 무사의 자결」,『한일군사문화연구』16, 한일군사문화학회, 2013, 189~210쪽.
3) 김현정,「『헤이케모노가타리(平家物語)』에 보이는 무사들의 죽음에 대한 용례 고찰 - 스스로 죽음을 선택한 경우를 중심으로」,『한일군사문화연구』19, 한일군사문화학회, 2015, 203~227쪽.

어디에 있는 것일까? 이러한 것들에 대한 구체적인 사례들을 파악하고, 그 방법과 특징에 대해 고찰함으로써 한국인에게 있어서 할복이란 어떻게 인식되고 있는지를 파악하고자 하는 것이다.

근대 언론에 보도된 할복

우리의 언론에 할복이 등장하기 시작한 것은 정확하게 말하면 1917년부터이다. 1917년 9월 9일자 부산일보(일어판)의 기사에 의하면 벌교천筏橋川에 사는 니시무라 하지메西村一(19세)가 단도로 할복한 후에 배를 움켜쥐고 쓰러져 있는 것을 에가와 하마기치江川濱吉가 발견하고 단도를 뽑고 응급조치를 하여 목숨을 걸질 수가 있었다. 그 청년은 지난 4일 다소 정신에 이상이 있었으며, 그 후 정신이 정상으로 회복되었다 한다.4) 이 기사의 보도가 부산일보에서 했고, 또 장소는 전남 벌교로 되어있으나, 그것을 자행한 사람은 우리나라 사람이 아닌 일본인 청년이다. 그러므로 엄격히 말해 우리나라의 할복으로 보기는 어렵다. 이처럼 우리나라에서 언론에 처음으로 등장한 일반인은 일본인이었다.

그렇다면 당시 우리나라 사람으로서 할복을 자행한 사람은 없었을까? 물론 있었다. 그로부터 3년이 정도 지난 1920년에 할복 사건이 있었다. 정확히 말해 1920년 11월 30일 춘천발로 보도된 매일신보의 할복기사이다. 그 내용은 다음과 같았다. 즉, 강원도 원주군 건등면 취병리 336번지 노동자 박기봉朴基奉(27)은 자기 처 최씨(27세)가 정부情夫가 있음

---

4) 『부산일보』, 1917년 9월 9일.

을 알고, 또 생활이 곤란하므로 11월 18일 오전 3시경에 갑자기 다른 곳으로 이전하려고 최씨를 독촉하였으나, 최씨는 완강히 응하지 아니할 뿐만 아니라, 이혼해 달라고 강청強請하였으므로, 박기봉은 분노하여 4시경에 조선 식칼로 최씨의 얼굴 등을 함부로 찔러서 7곳에 중상을 입히고, 박기봉은 곧 식칼로 자기 배를 찔러서 대장과 내장이 나오고 현장에서 사망하였다는 것이다.5) 여기에서 보듯이 할복자 박기봉은 내연남이 있는 것을 알고, 자신이 살던 집을 이사하려고 하였으나, 아내의 강한 반대에 부딪히자 격분하여 아내의 얼굴에 식칼로 상처를 입히고 자신의 배를 사정없이 찔러 목숨을 잃은 사건이다. 이처럼 할복은 일반인들에게도 선택되어지는 자살이었다.

그 이후 1927년에도 할복사건이 있었다. 이 사건도 그해 10월 20일 부산일보가 보도했다. 그것에 의하면 부산부 남빈정南濱町의 요정에 근무하는 기녀(22세)가 일을 마치고 자신의 방으로 돌아가 회 뜨는 식칼로 좌복부를 그어 자살을 기도하였으나, 다른 사람들에게 발견되어 곧 의사로부터 치료를 받았다. 다행히 경상이었으며, 생명에는 지장이 없는 것으로 밝혀졌다. 그 원인에 대해서 부산경찰서에서는 그녀는 지병으로 인해 비관한 것으로 보았다.6)

이처럼 우리의 언론에 일반인의 할복이 다루어지기 시작한 것은 1917년부터이다. 그러나 당시 그 사례들은 그다지 많지 않아 많은 사람들에게 여전히 낯선 자살이었음에 틀림없다. 그러나 현대에 접어들면 그것은 더 이상 낯선 것이 아니라 익숙한 자살법이었다. 왜냐하면 그만큼 그 숫자가 많아졌기 때문이다. 그들은 어떠한 이유로 할복을 하는

---

5) 『매일신보』, 1920년 11월 30일.
6) 『부산일보』, 1927년 10월 20일.

것일까? 그 원인은 아주 다양하게 나타날 수 있다. 이를 유형별로 나누어 그 원인과 특징을 살펴보기로 하자.

배를 가르는 할복

할복의 원칙은 배를 갈라 죽음의 길로 가는 것이다. 그러나 할복만으로 죽는 경우는 매우 드물다. 그러한 특성 때문에 할복으로 인해 죽는 것과 죽지 않는 것이 나올 수밖에 없다. 이러한 상황은 할복이라는 죽음의 수단에 달려있는 것이기도 하지만, 그것보다 어떤 상황에서 발생하느냐에 좌우되는 경우가 더 크다. 그러한 이유를 실제의 사례를 통하여 알아보기로 하자.

정신쇠약과 우울증으로 인한 할복

1917년 부산일보가 보도된 벌교의 일본인 할복사건도 정신이상으로 인해 벌어졌다. 이 상황은 어디까지 할복자가 비정상적인 상황에서 발생하는 것이므로 많은 할복사례들 가운데 아주 드물다. 이러한 상황이 1972년 4월 파리에서 일어났다. 당시 주불대사였던 이수영李壽榮씨가 할복자살을 하였던 것이다. 21일 오전 6시경, 그는 빠리 몽테뉴가 7번지 대사관저에서 비명과 함께 쓰러진 채 발견됐다. 이수영이 신음하는 것을 발견한 부인이 경찰에 연락, 앰불런스로 병원에 옮기던 중 곧 숨을 거두었다.7) 한국대사관의 공식발표는 이대사가 '심장마비'로 사망했다고 하

---

7) 김제완, 「전 주불대사 이수영 자살사건 재조사해야」, 오마이뉴스. 01.02.02. http://www.ohmynews.com(검색일: 2021.12.30.)

였으나 23일 파리의 일간지 '주르날 드 디망쉬'지는 1면에 '한국대사 할복'이라는 제목으로 이 사건을 크게 보도했다.

그의 사인은 사망 후 24시간이 지난 다음에야 할복자살인 것으로 알려졌다. 22일 밤 프랑스 경찰은 고인이 신경쇠약으로 고생하고 있었는데, 21일 상오 6시쯤 일어나 부엌으로 달려가 식칼을 들고 현관으로 나와 칼자루를 벽에 대고 칼날로 복부를 찔러 자살했다고 발표를 했다.[8] 현지교포들은 이 대사의 자살 원인이 약 1주일 전에 미국으로 떠난 전처 소생의 딸의 출발과 관련되었을 수도 있고, 또 이 대사가 겸임 공관이 많아 '아프리카' 출장이 잦았으며 이런 이유까지 겹쳐 최근에는 이혼설이 나돌 정도로 이 대사 부부 사이가 나빴던 것도 하나의 동기가 되었을 것으로 추측하기도 했다. 어떤 이유이든 전체 상황으로 미루어 짐작할 때 할복 당시 이대사의 정신적 고충은 실로 컸을 것으로 여겨진다.

할복은 우울증을 앓고 있는 사람들에게도 나타났다. 2011년 10월 3일 경남 거창군 남상면의 한 마을에서 진주에 사는 44살 정모씨가 배에 상처를 입은 채 걸어 다니는 것을 주민이 발견해 경찰에 신고하여 가까운 병원으로 옮겨져 치료를 받은 일이 있다. 생명을 잃지 않았으나 경찰의 조사에 따르면 정씨는 우울증을 앓아오면서 최근 직장을 그만두었다는 가족 진술이 있었다.[9]

2016년에도 이와 유사한 할복사건이 전북 부안에서 일어났다. 30일 전북 부안경찰서 등에 따르면 이날 오전 5시31분께 부안군 주산면 한 주택에서 이모(42)씨가 흉기로 자신의 배를 찔렀다. 이씨는 고통에 몸부림치다 "살려 달라"고 비명을 질렀고 이를 들은 이웃이 경찰과 119에

---

8) 『중앙일보』, 1972년 4월 24일, 「이수영 대사 사인은 "자살"」
9) 손원혁, 「40대 남성 할복해 중상」, KBS 뉴스, 입력 2011.10.03.

신고했다. 현장에 출동한 경찰과 119는 방 안에서 복부 장기가 노출된 이씨를 발견하고 닥터헬기를 통해 병원으로 이송했다. 이씨는 경찰과 119의 신속한 조치 덕에 생명에는 지장이 없는 것으로 알려졌다. 경찰은 평소 우울증을 앓던 이씨가 자신의 신변을 비관해 자해한 것으로 보았다.[10] 이처럼 신경쇠약 및 우울증으로 인해 세상을 비관하여 할복으로 목숨을 잃거나 상처를 입는 일이 있다. 그러나 이러한 사례들은 그렇게 흔하지 않아 이례적인 할복이라 하지 않을 수 없다.

비관자살로서 할복

자살원인 가운데 가장 많은 것이 비관형이다. 이것은 자신에게 들이닥친 불행에 좌절하여 할복으로 자신의 생명을 끊는 경우를 말한다. 여기에도 고립된 공간에서 홀로 실행하는 경우와 다른 사람들이 지켜보는 가운데 벌어지는 할복이다.

전자의 사례로는 1991년 4월 8일 부산에서 벌어졌다. 그날 박태규씨는 부산시 구포여상 서무과장으로 재직하다 1989년 3월 정년퇴직한 후 노후대책으로 퇴직금 9천 8백만원 예금 2천만원 등 모두 1억 1천8백만원을 지난해 4월 증권에 투자했으나 1년 만에 1억원의 손해를 보게 되자 이를 비관, 부부동반자살을 기도했다.[11] 1998년 서울 도봉구 방학동에 사는 민모씨의 셋방에서 회전의자 수출업체인 (주)kit이사 김태명씨가 회사의 부도로 비관하여 배를 찔러 스스로 목숨을 끊었고, 1999년에는 울산에 거주하던 윤재훈씨가 술을 마시고 자신의 처지를 비관하여 할복하여 목숨을 끊은 사건이 있었다.[12] 이들이 죽음을 결행할 때 이를 지켜

---

10) 정경재, 「전북 부안서 40대 할복 … 헬기 구조」, 뉴시스, 2016.12.28. https://newsis.com/common(검색일: 2021.12.30.)
11) 『중앙일보』, 1991년 4월 8일자.

보는 어느 누구도 없었다.

　이러한 죽음은 2000년 11월에 진해에서도 있었다. 그 날 진해에 사는 최광술씨가 복부에 피를 흘린 채 숨져있는 것을 같은 집에 살던 최모씨가 발견했다. 이웃주민들의 말에 따르면 그는 최근 경기침체로 일감이 끊어지자 매일 술을 마시며 신세한탄을 해왔다고 한다. 그러므로 경찰은 그가 생활고를 비관 할복자살한 것으로 추정했다.13) 이처럼 자신이 체포되거나 구혼이 거절당하며, 또 무리한 주식투자로 말미암아 가사를 탕진하거나 자신의 회사가 부도가 나고 또 실직으로 인한 좌절이 닥쳐 그에 대하여 비관하였을 때 할복으로 자살하는 경우가 있었다.

　1999년 8월 10일 충남 서산 경찰서는 그날 오전 3시 40분께 충남 태안군 소원면 소원파출소에서 이 파출소 소속 윤모(31세) 순경이 흉기로 자신의 배와 손목을 긋고 할복자살을 기도해 병원으로 옮겨졌으나 중태라고 13일 밝혔다. 경찰관계자는 윤순경이 이 날 새벽 순찰근무를 마치고 숙직실에서 혼자 쉬던 중 흉기로 자해한 뒤 인근 야산으로 올라갔다가 10여 시간 후인 11일 오후 2시께 119 구급대에 스스로 신고로 병원으로 옮겨졌다고 말했다. 경찰은 윤순경이 지난 6월 19일 이 파출소로 첫 발령 받은 뒤 2차례나 사표를 제출했었고, "적성에 맞지 않는다"는 등의 말을 자주해왔다는 가족들의 말에 따라 과중한 경찰업무에 적응 못하고 스스로 목숨을 끊으려 했던 것으로 보았다.14)

　이 사건의 주인공 윤모 순경도 어느 누구도 없는 곳에서 홀로 할복을 자행 하였다. 그리고 그는 할복을 해도 죽지 않는 것을 알고, 그것의 보조수단으로서 칼로 손목을 긋고 출혈을 기대하였으나, 고통을 견디기

---

12) 『한겨레신문』, 1999년 11월 19일자.
13) 『연합뉴스』, 2000년 11월 18일자.
14) 『동아일보』, 1999년 8월 13일, 「초임경찰관 할복기도」.

어려웠는지 자신이 구급대에 신고하였기에 목숨을 잃는 사태까지는 벌어지지 않았다.

이상의 사례들은 타인이 없는 외로운 공간에 이루어졌다면 그와 반대로 타인이 지켜보는 가운데 자행하는 할복이 있다. 이러한 할복은 60년대부터 있었다. 1963년 4월 20일 밤 4·19부상동지회원이라고 말하는 이모(29)씨는 신병을 비관, 면도칼로 배를 찔러 할복자살을 기도했다. 이씨 말에 의하면 그는 4·19 당시 연세대 사학과 2년생으로 경무대 앞에서 '데모'를 하다가 왼쪽다리에 관통상을 입고 수도의대병원에 입원하고 있었는데 원호청에서 실시하는 원호대상자로 선정되지 못해 치료비를 받지 못하자 비관자살을 기도한 것이라 한다.15) 이처럼 비관으로 인해 할복을 택하는 사건이 있었다.

그러나 그가 무엇 때문에 할복이라는 수단을 선택하였는지에 대해서는 할복장소에 있다. 그는 고립된 방에서 한 것이 아니라, 모든 사람들에게 공개된 경무대 앞이었다. 이는 자신의 의사를 최고 권력자에게 알리려는 의도가 있었다고 보여진다. 그러므로 그의 할복은 공개 자살의 방법을 취했다.

1979년 10월 4일 새벽 치안본부 남영동 대공분실의 수사요원들은 '불온저단' 살포사건에 연루된 정신여중 교사 이수일을 추적하다 서울 잠실시영아파트 11동 408호를 덮쳤다. 그 때 그곳에는 이재문과 김남주 등 다섯 명의 조직원이 살고 있었다. 경찰이 갑자기 아파트에 들어 닥치자 그들의 총책인 이재문이 서류보따리를 창밖으로 던지고 칼로 할복자살을 기도한 일이 있었다.16) 정부의 발표에 따르면 그들은 사회주

---

15) 『경향일보』, 1963년 4월 22년, 「4·19負傷者가 割腹自殺미수」.
16) 『서울신문』, 1979년 10월 9일자.

국가건설을 위한 전위대로서 학생, 지식인 및 긴급조치위반 수형자 등을 포섭, 폭력에 의해 적화통일을 기도해 온 대규모 반국가조직단체인 이른바 '남조선민족해방전선'이라는 단체를 만들어 비밀히 활동해왔다 한다.

그것이 사실이라면 할복한 이재문은 국가기관원에 의해 체포되면 자신이 지금까지 계획해온 모든 것이 수포로 돌아가고 만다. 그리고 체포되어 자신에게는 고통스러운 취조가 계속될 것이고, 자신의 진술에 따라 자신과 함께 활동했던 조직원들에게도 위험이 들어 닥친다는 것은 쉽게 상상할 수 있다. 그러나 할복의 상황은 수사관들이 덮쳤을 때의 일이다. 이 상황에서 비관한 그들이 죽음의 방법으로서 선택할 수밖에 없는 것은 흉기로서 자기의 신체를 죽이는 일이다. 이것 또한 수사관들의 앞에서 벌어진 것이어서, 이 경우도 공개자살형의 할복이었으므로 목숨을 잃지는 않았다.

97년에는 매향리 미군폭격장 폐쇄 주민대책위 위원장 전만규씨도 마을 사람들이 내부갈등을 일으키자 비관하여 할복자살을 기도한 적이 있었으나,17) 목숨을 잃지는 않았다. 그러한 데는 지켜보는 군중들이 그를 만류하였기 때문이다.

목숨을 잃지 않은 할복은 2000년에도 있었다. 그해 12월 7일 경남 진주시에서 농민대회 도중에 4억여 원의 부채에 몰린 한 농민이 할복자살을 기도하는 사태가 발생했다. 그는 다름 아닌 경병희씨(진주시 초장동)이었다. 그는 서부경남에서 최초로 수출화훼를 시작, 2년간 순익 5천만 원을 올리는 유망한 농민이었다. 그는 불법으로 건축된 인근 학교 건물로 인해 햇빛이 가려져 4년간 농사를 지을 수 없어 빚을 내서 빚을 갚는 악순환을 계속하다 4억여 원의 부채를 해결하지 못했다. 경씨는 문제

---

17) 『말(제171호)』, 2000년 9월.

해결을 위해 진주시장은 물론, 도지사, 청와대 직속 국민고충처리위원회, 법률구조공단 등 안다녀 본 곳이 없었지만 아무런 해결책도 없다고 말한 후 갑자기 준비한 칼을 꺼내 배에 대었다. 불상사를 우려한 한농연 진주시연합회 사무국장이 곁에 있다 저지했으나 배에 길이 10cm의 자상이 생기는 중상을 입었다.[18] 이러한 상황에서 일어난 것이기에 그의 할복은 비관하여 일어난 것이었다. 다행히도 이를 지켜본 사람들의 저지를 하고 병원으로 이송되어 치료를 받았기에 중상은 입었으나, 목숨을 잃지는 않았다.

그러나 목숨을 잃는 사건도 있었다. 92년 3월 서울에 사는 김국권씨(27)가 선택한 할복도 이러한 유형에 속한 것이었다. 그는 동료직원 이모양(24)집에 찾아가 사랑을 호소하다 이양이 "내가 좋아하는 스타일이 아니다."며 거절하자 갖고 있던 25cm길이의 식칼로 자신의 배를 5차례 찔러 부근 한림대 부속 동산성심병원으로 옮겨졌으나 절명했다. 이양은 경찰에서 "김씨가 2개월 전에도 다른 여직원 김모양에게 사랑을 호소, 거절당한 적이 있어 이날 김씨의 고백을 믿을 수 없었다."고 진술했다.[19] 자신의 구애가 받아들여지지 않자 비관하여 할복한 것으로 보이는데, 불행히도 목숨을 잃은 사건이다. 이러한 경우는 매우 드물다.

목숨을 잃은 사건은 97년에도 있었다. 그해 7월 13일 대전시 동구 홍도동 H맨션 최모씨(27) 집에서 최씨 친구 이모씨(26세)가 자신의 신세를 한탄, 할복자살했다. 최씨에 따르면 이날 오전 이씨가 술에 취해 자신의 집에 찾아온 뒤 "하는 일도 잘 안되고 막막하다. 뭔가를 보여주겠다"며 주방에 있던 흉기를 가지고와 자신의 배를 찔러 숨졌다는 것이다.

---

18) 『한국농어민신문』, 「할복자살 기도 충격 - 경남 진주시 경병희 씨」, 2012.01.27. 10:20 신문 1335호(2000.12.11.).
19) 『국민일보』, 1992년 3월 3일, 15면.

경찰은 경호용역 회사를 1년가량 다니다가 지난해 2월 그만둔 이씨가 다른 일거리를 찾았으나 여의치 않았다는 주변 사람들의 말에 따라 이씨가 신세를 비관, 스스로 목숨을 끊은 것으로 보았다.[20] 타인들이 지켜보는 가운데 자행된 할복은 주변사람들의 제지와 만류로 인해 목숨은 거의 잃지 않는다. 그러한 의미에서 이들의 할복은 매우 드문 사례라 하지 않을 수 없다.

할복은 자살방법으로는 최악의 선택이다. 왜냐하면 그것만으로 죽음에 이르기 매우 어렵기 때문이다. 그리하여 보조수단을 사용하는 사례가 있다. 그러한 사례가 2006년 6월 경남 거제에서 있었다. 거제에 사는 김모씨가 자기와 사귀던 여자가 다른 사람에게 개가改家를 하자 애타게 구애를 계속했지만 여자가 자신을 거절하자 이를 감당 못한 50대가 할복과 분신자살을 기도, 끝내 숨지는 사고가 발생했던 것이다.

여기에 대한 보도 자료에 의하면 그는 5월 25일 오전 10시경 거제면 서정리 L모씨 집에서 김모(54·마산시)씨가 전신에 기름을 붓고 복부에 5~6cm의 할복을 한 후 몸에 불을 붙여 밖으로 뛰쳐나온 것을 주민들이 발견 경찰에 신고했다. 김씨는 3도 화상을 입고 중태에 빠져 부산에 있는 하나병원으로 응급 후송됐으나 화상 정도가 심해 이날 오후 6시경 사망한 것으로 전해졌다고 한다.[21] 여기서 보듯이 그의 자살은 할복을 한 후 분신이라는 방법을 사용한다는데 특징이 있다. 그의 사인도 할복이 아니라 화상으로 인한 것이었다. 이는 할복만으로 죽음에 이르기 어렵다는 것을 단적으로 보여준 사례이다.

이처럼 할복을 자행하였으나, 목숨을 잃는 경우와 잃지 않는 경우가

---

20) 『스포츠조선』, 1997년 7월 13일, 「하는일 잘 안된다' 20대 친구집서 할복자살」.
21) 『거제중앙신문』, 「50대, 사귀던 여자 배신에 자살기도」, 입력 2006.06.02.

있다. 그것을 결정하는 데는 장소가 공개된 곳이냐 폐쇄적인 곳이냐 하는 것도 중요하거니와, 공개된 장소인 경우 주변 사람들의 제지가 크게 좌우한다. 만일 그것이 폐쇄된 공간에서 일어나고, 또 보조수단으로서 분신을 사용한다면 목숨을 잃을 확률은 매우 높다하지 않을 수 없다.

공격형으로서 할복

타인이 지켜보는 가운데 할복을 자행한다는 것은 자신의 의사를 강렬하게 전달하려는 목적이 있는 것이 분명하다. 더구나 목숨을 거는 것이기에 그 목적은 상대를 공격하는 형태의 것이 가장 많다. 실제로 그러한 사례들을 정리하면 다음과 같다.

첫째, 항의와 불복으로서 할복이다. 이는 어떤 결정을 받아들이지 않고, 그것에 대해 불복하여 할복으로서 항의하는 것이다. 그러므로 이 경우의 할복은 반발과 격분의 표시이기도 했다. 1960년 11월 24일 비구승들이 대법원의 불리한 판결을 앞두고 이에 불복하여 할복으로 항의하는 사건이 있었다. 이 사건은 특히 승려들이 자행한 것이어서 세인들로부터 주목을 끌었다. 그날 할복한 승려는 모두 6명이었다. 이들은 새까만 작업복을 입고 털모자를 덮어쓰고 전날 화신백화점에서 산 30cm 길이 일본도를 몸속에 숨겨 검문 통로를 지났으나 경찰은 아무런 의심도 하지 않았다. 이들은 대법원 구내로 들어서자 대법원장실로 뛰어 올라갔으나 비서 외에 아무도 없자 "불법에 대처승이 없는데 왜 사회법으로 판단하느냐. 죽음으로 호소하러 왔다"고 말한 뒤 옷 속에 숨긴 일본도를 일제히 꺼내 할복했다. 경찰이 출동해 이들을 인근 병원으로 데려가 치료한 덕에 모두 목숨을 건졌으나 청사 밖 승려들은 흥분했다.[22]

---

22) 이상서, 「숨은 역사 2cm」 '친일법관' 불신한 승려 6명 대법원서 일본도로 할복했다」, 『연합뉴스』,

이 소식을 듣고 달려온 400여 명의 스님 재가자들이 대법원에 들어가 소동을 일으켰다. 이 사건으로 인해 300여 명의 스님들이 구속되고 사회적으로 큰 파장이 일었다.[23] 이들은 모두 젊은 스님들이었다. 성각(양주 자재암, 29세), 월탄(해인사, 24세), 진정(여주 구곡사, 25세), 도명(구례 화엄사, 33세), 도헌(화엄사, ?), 성우(양주 자재암, 35세)이다.[24] 이들은 예상되는 대법원의 판결에 불복하며 할복으로서 항의하였던 것이다. 그들이 할복에 사용한 도구가 일본도이었다는 것도 흥미롭거니와 그것으로 인해 목숨을 잃는 스님들이 없었던 것은 다행한 일이었다.

이들의 할복이 불교의 정화운동이라는 대의명분하에 이루어진 것이라면 농민운동가 이경해의 할복은 농민들을 위한 할복이었다. 그러한 의미에서 자기를 위한 것이 아니라 이타적인 집단이익을 대변하는 할복이라 할 수 있다. 그런데 그의 할복은 한번이 아니라 여러 번 시도되었다. 첫 번째는 1990년 우루과이라운드 협상이 진행 중이던 스위스 제네바에서 우루과이라운드(UR)협상 당시 농업시장 개방을 반대하며 할복을 하였고, 두 번째는 93년 12월 8일 민주당주최 '쌀개방저지집회'가 막바지에 달했을 무렵 이씨는 "이제 농민은 다 죽게 되었다. 나는 이미 죽은 몸이니 농민을 위해 다시 죽겠다."고 말한 뒤 단상에 올라가 이기택 민주당대표 등 범대위 공동대표 8명과 인사를 한 뒤 주머니에서 잭나이프를 꺼내 할복을 기도했으나 민주당국원청년들의 제지로 실패로 끝난 일이 있다.[25] 세 번째는 2003년 9월 10일 멕시코 칸쿤에서 열린 세계무

2017. 06. 27.
23) 『불교신문』, 2010. 01. 23. 「육비구 할복사건上 - 배경 및 2차 승려대회」 http://www.ibulgyo.com/news/articleView(검색일: 2021. 12. 29).
24) 『불교신문』, 2010. 01. 23. 「육비구 할복사건上 - 배경 및 2차 승려대회」 http://www.ibulgyo.com/news/articleView(검색일: 2021. 12. 29).
25) 『한국일보』, 1993년 12월 8일자.

역기구(WTO) 제5차 각료회의장 정문 앞에서 WTO 반대와 5차 각료회의 저지를 위해 또 한번의 할복을 시도하여 목숨을 잃었다.26) 이처럼 그는 정부의 농업정책에 반대하는 항의의 표시로서 할복을 선택했다.

집단적인 이익을 위한 할복사건은 비단 이것뿐만 아니었다. 그 이후에도 계속 일어났다. 1999년 8월 12일 국회 농림해양수산위 회의장에서 할복사건이 있었다. 그날 신구범 축협중앙회장이 농업협동조합법 처리에 항의해 할복을 기도했다. 그는 회의장 중앙에 서서 의원들한테 "그동안 감사했다"고 목례를 한 뒤 갑자기 웃옷 주머니에서 문구용 커터 칼을 꺼내 배를 그었다. 피가 흘러나오고 갈라진 배 사이에서 내장이 삐져나오자 회의를 보조하던 여직원들이 비명을 질렀고 의원들도 경악했다. 신 회장이 할복하고 쓰러지자 국회 경위들과 축협 직원 등 6~7명이 달려들어 곧바로 신회장을 여의도 성모병원으로 옮겨 치료를 받았다.27) 이 경우도 축협의 이익을 제대로 반영되지 않는 회의에 불만을 갖고 자행한 할복이었다. 그곳이 국회 회의장이라는 공개된 장소이어서 목숨을 잃지 않았다.

그리고 2000년 5월 2일 고한, 사북, 남면의 지역 살리기 공동추진위원회는 정부에 대해 긴급성명서를 발표하면서 '할복을 해서라도 폐광지역이외의 카지노 허용을 막겠다'며 정부의 탄광촌 이외의 카지노허용정책에 정면으로 반대하며 나섰다.28) 그러나 다행히도 그들은 실제로 할복은 하지 않았다.

2007년 2월 6일 좌훈정 서울시의사회 홍보이사는 '2, 6 과천 궐기대회'에서 경과보고를 위해 단상에 오르자마자 준비한 수술용 메스로 할복

---

26) 임청, 「할복자살 '이경해' 그는 누구인가」, 『한국경제』, 2003년 9월 11일.
27) 『한겨레』, 1999년 8월 13일자.
28) 2000년 5월 2일 고한, 사북, 남면지역살리기 공동추진위원회가 발표한 긴급성명서 참조.

을 감행하여 7cm 가량의 자상을 입고 배에서 나오는 피로 '의료법 개악을 전면 중단할 것'을 촉구하는 혈서를 썼다. 좌 이사는 할복 직후 서울시의사회 상임진과 유태욱 동대문구의사회장의 도움으로 119 응급차량에 실려 가톨릭대 강남성모병원으로 후송됐다. 복부에 가로 10cm 세로 5cm의 치명적인 복부 열상을 입었다고 전해진다.29) 여기서 보듯이 그의 할복은 의사회의 이익을 위한 의료법 개정에 대한 항의성 할복이었다.

2008년 6월17일 충남 당진에 있는 현대제철 앞에서 화물연대 조합원 정모씨가 할복을 시도했다. 정씨의 할복은 경찰과의 충돌과정 중에 일어났다. 경찰이 비조합원 화물 트럭들을 현대 제철 안으로 들어갈 수 있도록 호위하자 화물연대 조합원들이 이를 막아섰고, 경찰과 조합원들 간에 몸싸움이 일어났다. 이 과정에서 조합원들이 힘이 부치자 정씨가 칼로 할복을 시도했다. 그가 찌른 복부는 7~8센티미터 깊이의 상처가 났으며, 서산 중앙병원에서 치료를 받아 다행히 생명에는 지장이 없었다. 그는 화물연대 소속의 노동자로 경찰과의 대치상황에서 몸싸움이 벌어졌고, 힘에 밀린 그는 그만 격분하여 가지고 있던 칼로 할복을 시도한 것으로 보인다.30) 이것 또한 개인의 이익이 아닌 화물연대 전체 조합원의 이익을 위한 할복이었다.

2009년 4월 27일 정부와 제주도가 제주해군기지 건설사업에 대한 기본협약(MOU)을 체결하였는데, 이에 제주도청 앞에서 반대하는 기자회견을 가진 서귀포시 강정동의 강동균 마을회장이 "피를 보게 될 것"이라고 외치며 주머니칼을 꺼내 할복을 하려다 주민들에게 저지당하는 일이 있었다.31) 그의 할복도 그의 마을의 공동이익을 위한 것이었다. 이와

---

29) 권미혜, 「좌훈정 홍보이사 할복혈서로 항거」, 『의사신문』, 2007년 2월 6일.
30) 미디어충청, 2008년 6월 17일, [속보] 화물연대 조합원 할복 시도」 www.cmedia.or.kr(검색일: 2021.12.29.)

같이 할복에는 자신이 속한 집단의 공동이익을 해치는 당국자에게 강력하게 항의하는 의미가 있었다.

이러한 경우 대부분은 할복 장소는 남들이 지켜보는 공개된 장소이다. 그만큼 그들에게 할복은 공격의 대상이 되는 사람(당국)에게 자신들의 항의와 불복의 의사를 전달하는 강렬한 수단이며, 또 타인들의 시선을 의식하며 이루어진다는 것을 의미하기도 하다.

한편 개인적인 불복사건에도 할복이 있었다. 91년 3월 수원시 신풍동 수원경찰서 옆 s식당 김모양이 경찰서에 음식배달을 갔다 욕설을 하는 전경의 뺨을 때려 폭력행위 등 처벌에 관한 법률위반혐의로 입건되자 이에 격분하여 9일 오전 8시 반 경 유서를 써놓고 수원경찰서 복도로 가 갖고 있던 식칼로 자신의 배를 찔러 전치 3주의 상처를 입고 수원도립병원에서 수술을 받았다.32) 그녀가 경찰서 복도에 가서 할복한 것은 자신을 폭력행위로 입건한 경찰 측의 처사에 불만을 전달될 수 있는 공개된 장소이며, 그곳에서 강력한 항의로서 실행에 옮긴 것이었다.

그러한 할복사건이 1996년 10월 14일에도 있었다. 그 날 대전지방검찰청 내 특수부 건물 앞에서 검찰과 경찰의 교통사고 수사에 불만을 품은 민원인 김봉수씨가 검경의 사고처리에 대한 불만을 담은 유인물을 배포한 뒤 "검사 각성하라."는 구호를 5분여간 외치다 준비한 칼로 할복을 기도했다. 이것 또한 공개된 장소에서 검찰과 경찰의 교통사고 수사에 대해 강력하게 항의하는 수단으로서 할복을 이용하고 있는 것이다.33)

이러한 사례는 부지기수로 많다. 2003년 4월 22일 창원지방법원 민

---

31) 국제신문, 2009년 4월 27일, 「할복 시도하는 강정 마을회장」, 국제신문디지털콘텐츠팀 inews@kookje.co.kr(검색일: 2021.12.29.)
32) 『동아일보』, 1991년 3월 10일자.
33) 『동아일보』, 1996년 10월 15일자.

원실 앞 잔디밭에서 경남 함안군 가야읍 43살 최모 씨가 흉기로 자살을 기도한 것도 그러했다. 최씨는 죽음으로 진실을 대신하겠다면서 공정한 재수사를 요구한다는 내용의 유서를 남겼다. 경찰은 최씨가 친척과 금전문제로 민사대여소송을 벌여오다 지난 15일 항소심에서도 패하자 이에 불복하여 할복한 것으로 보았다.[34] 그도 할복 장소가 민원실 잔디밭이다. 이처럼 공개된 장소에서 많은 사람들 앞에서 하는 할복은 거의 죽음에 이르기 어렵다.

2010년 4월 9일 TV전주방송의 김모 카메라 기자가 전주방송 건물 4층 대회의실에서 열린 징계위원회 재심 중 할복을 시도했다. 그는 전북대병원으로 후송돼 수술을 받고 현재 회복실에 있으며 생명에는 지장이 없는 것으로 전해졌다. 그는 12월 무주 덕유산 촬영 중 카메라가 넘어지면서 파손되자 징계위원회에 회부돼 감봉 2개월, 변상금 2백만 원 납부의 징계를 받았다.[35] 이러한 징계에 대한 부당성을 호소하기 위해 할복한 것으로 보이며, 할복 장소가 대회의실이라는 공개된 장소라는 점은 다른 사례들과 크게 다르지 않다.

2014년 11월 6일 한국바이엘 사옥 내에서 권고사직을 권유받은 노조 위원장 K씨가 자신의 배를 칼로 찔러 할복을 시도하는 사건이 있었다. 그는 즉시 보라매병원으로 옮겨져 입원 치료를 받았다. 그의 자해 사건은 사측이 K씨의 업무와 관련한 의견 갈등으로 인해 빚어졌으며, 징계위 회부 절차를 거쳐 최종 권고사직을 결정하는 과정 중 K씨가 반발해 할복을 시도한 것으로 알려졌다.[36] 그가 할복한 장소가 회사 건물 내였

---

34) KBS 뉴스, 2003년 4월 22일, 「재판 불복 40대 할복자살 기도」.
35) 장우성, 「전주방송 기자, 징계 항의 할복 시도」, 한국기자협회, 2010.04.09. http://m.journalist.or.kr(검색일: 2021.12.31.)
36) 「권고사직 바이엘 노조위원장 할복 시도 '충격'」, 데일리메디, 2014년 11월 7일 11시 52분.

기 때문에 할복소동이 일어나자마자 동료들에 의해 병원으로 옮겨졌기 때문에 생명을 잃지는 않았다.

　그러나 아주 드물게 목숨을 잃는 사례도 있었다. 2018년 7월 23일 창원시 성산구의 한 공원에서 50대 남성이 공원에서 50대 여성을 살해한 뒤 스스로 목숨을 끊은 사건이 바로 그것이다. 22일 밤 9시 47분께 창원시 성산구의 한 공원에서 A(56세)씨가 B(53세·여)씨를 미리 준비한 흉기로 수차례 찌른 뒤 자신은 할복했다. 경찰은 1년여 전부터 내연 관계에 있던 이들이 최근 가족에게 이를 들킨 것을 놓고 서로 다퉈왔다는 진술을 B씨의 지인으로부터 확보한 바가 있다.37) 이들은 현장에 같이 있던 B씨 지인의 신고를 받고 출동한 구급대에 의해 인근 병원으로 옮겨졌지만 안타깝게도 모두 숨졌다. 비록 그의 할복 장소가 공원이라는 공개된 장소이었음에도 불구하고 서로 싸우다가 격분한 나머지 상대를 살해하고 자신도 할복하여 목숨을 끊은 것으로 보인다.

　2018년 11월 28일에도 여의도 국회 정문 앞에서 할복사건이 있었다. 그 날 부천 계수범박재개발 조합원인 정명조(63세)씨가 과도를 들고 자해를 시도했다. 그는 지난 2012년 5월 4일 도시 및 주서환경성비법, 도조례, 시조례, 조합정관규정에 의해 부천시 재개발부서로부터 조합원 자격을 취득했으나 조합운영의 잘못된 불법과 비리를 고발했다는 이유로 자격이 박탈된 것에 반발, 자해를 통해 억울함을 호소했다.38) 이 경우도 할복자는 자격 박탈이라는 결정에 대해 반발과 격분으로 국회 정문이라는 공개된 장소에서 할복을 택하였던 것이다.

　둘째, 요구형의 할복이다. 이 경우는 강력하게 상대에게 요구할 때

---

37) 도영진, 「50대 남성 내연녀 흉기 살해 후 스스로 목숨 끊어」, 경남신문, 2018.07.23.
38) 김현수, 「"난 억울하다" 국회앞 할복 자해시도」, 일간투데이, 2018.11.28.
　　http://www.dtoday.co.kr(검색일: 2021.12.30)

나오는 할복이다. 1988년 5월 31일 울산시 염포동 현대정공 울산 제2공장 본관 앞 계단에서 전노사분규수습 임시대책위원장 윤중환(28)이 민주노조구성을 외치며 과도로 할복자살을 기도, 중상을 입고 병원으로 옮겨져 치료를 받았다.39) 또 1999년 11월 의약분쟁이 한창 벌어 졌을 때 장충 체육관에서 열린 의사들의 집회에서는 젊은 의사들이 집행부를 향해 할복하라고 요구한 적이 있다.40) 이들의 할복도 회사 본관 앞 계단, 장충체육관이라는 대중들이 지켜보는 공개된 장소에서 실행했으며, 그들의 요구는 노총구성과 상대가 할복하는 것이었다.

한편 자신의 요구를 관철시키기 위해 할복하는 경우도 있었다. 그러한 일이 2003년 1월 23일 삼청교육대 인권운동연합(회장 전영순) 회원 10여명이 지난 23일 오후 2시 한국은행 본점 앞에서 도로를 점거하고 시위를 벌이던 중에 일어났다. 회원 양동학(49세)씨가 웃옷을 벗어 던지고 허리춤에 차고 있던 칼을 꺼내 자신의 복부를 찌른 후 수평으로 절개하고 내장이 쏟아진 채로 도로 한복판에 쓰러졌던 것이다. 이들은 삼청교육 피해자를 위한 명예회복을 위한 특별법을 제정하고, "국가가 책임 있는 자세로 적극적 보상에 나서야 한다"면서 "오늘을 계기로 전국에 있는 수만명의 삼청교육대 피해자들이 단결해 요구가 관철될 때까지 지속적인 시위를 벌여 나갈 것"이라고 했다.41) 이처럼 할복은 강력하게 요구할 때도 사용되었다. 그리고 그의 할복은 시위를 벌인 도로라는 점에서 공개된 장소이었다.

이러한 일이 2017년 9월 6일 서울 종로 SK 본사 앞에서 벌어졌다.

---

39) 김석현, 「민주노조 구성요구 | 전수습위원장 할복」, 『중앙일보』, 1988년 6월 1일.
40) 『조선일보』, 2000년 1월 16일자.
41) 이경석, 「삼청교육 피해자 도심에서 '할복'」, 오마이 뉴스, 2003.01.24.
   http://m.ohmynews.com/NWS_Web/Mobile(검색일: 2021.12.30.).

1인 시위하던 이모씨가 "밀린 공사비를 지급하라"며 흉기로 자신의 배를 자해해 병원으로 이송됐다. 경찰과 소방당국에 따르면 이씨는 사고 직후 병원으로 긴급 이송됐으며, 다행이 상처가 깊지 않아 생명에는 지장이 없는 것으로 전해졌다. 건설업체 사장인 이 씨는 SK건설이 하도급업체에 현장 사고처리를 떠넘기는 등 공사비 89억 5천만 원이 밀렸다는 내용으로 관계 당국에 신고했지만 지난 6월 26일 공정거래위원회로부터 'SK건설의 공사비 지급 의무가 없다'는 처분이 나오자 이날 SK 본사 앞에서 1인 시위와 함께 자해 소동을 벌인 것으로 알려졌다.42) 그 또한 본사 앞이란 공개된 장소에서 할복하며 공사비를 요구를 하였던 것이다.

2020년 7월 21일 통합신공항 이전을 둘러싸고 난항을 겪고 있는 가운데 김인기 소보공항무산방지위원회 공동위원장이 21일 오후3시 군위군청 현관입구에서 "김영만 군수는 공동후보지인 소보에 유치신청을 하라"며 할복을 시도했다. 경찰 제지로 인해 김위원장은 경상을 입은 것으로 알려졌다.43) 할복한 김위원장도 할복장소로서 군청 현관 입구를 택하여 소보에 신공항을 유치하라고 외치며 할복을 했다. 이와 같이 할복은 자신들의 의견을 강력하게 요구할 때 공개된 장소에서 사용된 죽음의 방법이었다.

셋째, 위협의 수단으로서 할복행위이다. 요구와 위협은 구분될 수 있는 것이 아니다. 이것들은 서로 결부되어있기 때문이다. 1983년 5월 17일 전남대에서 3돌 맞은 5.18행사에서 "광주 학살자 전두환 정권은 물러가라."는 깃발을 든 학생들이 사복형사들에게 포위되어, 그 포위망이 좁혀오자 한 학생이 조금만 더 가까이 오면 할복자살 하겠다 하며

---

42) 윤선훈, 「SK 본사 앞에서 1인 시위 남성 '할복' 자해 소동」, 『아이뉴스24』, 2017년 9월 6일.
43) 김병태, 「김인기 소보공항무산방지위원장, 군위군청서 할복 시도 … 경상 입어」, 『대구신문』, 2020. 07. 21, http://www.idaegu.co.kr(검색일: 2021. 12. 29.)

윗옷을 걷어 올리고 칼을 배에 갖다 대며 위협을 가하는 사건이 있었다. 그리고 89년 12월 5일 대전에 사는 서은석씨가 술 취한 상태에서 대전의 어느 신경외과의원에서 "우리 형 살려내라. 원장 나와라."고 고함치며 접수실 대형 유리 창문을 칼로 깨뜨리고 잠가놓은 원무과 문을 발로 차고 들어가 그곳에 있던 4명의 직원을 향해 자신의 복부에 칼을 대고 할복자살하겠다고 위협을 가한 사건이 있었다.[44] 이처럼 할복은 위협의 수단이기도 했다.

그러한 일이 1993년 8월 태평양전쟁당시 군대 위안부로 끌려갔던 김학순 할머니 등 피해자 16명에게서도 찾을 수 있다. 그해 8월 4일 이들은 오후 서울 용산구 한강로 2가 태평양전쟁희생자유족회 사무실에서 일본정부의 군대위안부 문제에 관한 2차 조사보고서발표회와 관련 기자회견을 갖고 피해자들에 대한 배상을 촉구했다. 그러면서 이날 회견에서 "일본정부는 강제연행사실을 시인하면서도 사죄발표로 군대위안부문제로 해결하고 있다."며 "피해자들에 대한 배상을 실시하지 않을 경우 할복자살 등 극단적인 행동도 불사하겠다."고 하며 일본정부에 위협을 가했던 것이다.[45] 또 1997년 4월 11일에는 인천의 연안부두에서 폭력 혐의로 법원으로부터 구인장이 발부돼 연행되던 유원식씨가 인천 중부경찰서 김형근 순경이 그를 잡으려고 하자 유씨가 갑자기 흉기를 꺼내 할복하겠다고 위협하며 봉고차를 타고 도주하는 사건도 있었다.[46]

이러한 유형의 할복은 국민들이 국회의원들에게 위협할 때도 등장했다. 1999년 12월의 일이다. 국회의원들이 각종 민생 - 개혁 현안의 처리를 미루자, 세비 인상에 대한 시민들의 비난이 거세게 쏟아졌다. 그 때

---

44) 1991년 9월 10일 대법원 판례집 참조.
45) 『세계일보』, 1993년 8월 5일자.
46) 『한겨레신문』, 1997년 4월 11일자.

"일년 내내 국회에서 자리싸움을 벌이다가 국민들의 피 같은 세금으로 자기네 세비만 올린다니 말이 되느냐"고 비판 등이 있었고, 국회 운영위원장실에는 "인상을 강행하면 국회에 가서 할복하겠다"는 등의 항의 전화가 걸려왔다는 것이다.47) 어디까지나 위협이기 때문에 실제로 일어나는 일은 없었다.

그러한 일이 2014년 8월 말경에도 있었다. 이날 50대 남성 김모씨는 세월호 사건의 특별법 제정과 관련해 불만을 품고 서울 종로구 효자로 정부서울청사 창성동별관 옆에 있는 합동검문소 앞에 이르러 미리 준비한 흉기인 과도(칼날 길이 13cm)를 들고 청와대 방향으로 걸어갔다. 당시 검문소에서 근무 중이던 제202경비단 소속 신모 경장이 이를 제지하자 김씨는 "세월호 사건과 관련해 민주당 의원들이 하는 행동이 마음에 들지 않아 죽여 버릴 것"이라며 "세월호 특별법과 관련한 조치사항이 마음에 들지 않으면 할복하고 죽어버리겠다"고 말했다가 체포됐다. 이러한 그에게 재판부는 "정당한 이유 없이 폭력에 사용될 우려가 있는 흉기를 휴대했다"고 하면서도 "단, 다른 사람에게 피해가 발생하지 않았으며 빈 성하고 있는 집을 침적했다"고 하여 집행유예 2년을 선고했다.48) 여기서 보듯이 그는 세월호 특별법 제정 내용에 불만을 가지고 할복으로 당국자들에게 위협을 가했다. 이처럼 할복은 자신의 목숨을 담보로 상대를 위협하는 극단적인 수단이기도 했다.

---

47) 김창균, 「안건 왜 미루나」 항의 빗발」, 『조선일보』, 1999년 12월 2일.
48) 장승주, 「세월호 관련 할복 소동 50대 집유」, 『내일신문』, 2014년 10월 27일.

배를 가르지 않는 할복

할복의 원칙은 배를 갈라 죽음의 길로 가는 것이다. 그러나 한국에는 배를 가르지 않는 할복이 있다. 이것은 개념상으로만 존재할 뿐 실제로 실행에 옮기지 않는 경우이다. 그러나 이러한 사례들은 한국인들이 할복에 대해 어떻게 인식하고 있는지를 이해하는데 도움이 된다. 이러한 사례들이 어떠한 상황에서 일어나는지 구체적인 사례들을 유형별로 나누어 살펴보기로 하자.

책임형이다.

이 경우는 직책상 수행한 자신의 과오를 솔직히 인정하고 그에 대한 책임을 진다는 의미에서 할복하는 것을 말한다. 여기에 속하는 사례가 일찍이 가상공간인 영화에 있었다. 73년 이혁수 감독의 "할복"이 그것이다. 내용은 재일교포 정태는 조폭의 보스이자 조총련의 간부로서 갖은 악행을 저지른다. 자신의 과오에 대한 대가로 아버지를 조총련으로 전향시키라는 명령을 받은 정태는 아버지가 끝내 거부하자 자신의 목적 달성을 위하여 아버지를 죽이는 일도 서슴치 않는다. 이에 그의 동생인 정호가 정태를 죽일 수 있었으나 차마 죽이지 못한다. 훗날 자신의 과오를 뉘우친 정태는 집으로 돌아와 어머니에게 용서를 빌며 할복자살을 하는 것으로 끝을 맺는다. 영화의 배경이 일본 조폭세계에서 활약하는 재일교포를 그린 것이어서 다소 일본적인 요소가 가미되었을 가능성을 배제하기 힘든 부분이 있다. 그러한 탓인지 여기서 할복은 일본과 같이 자신의 잘못에 대해 책임지고 자살하는 것이었다.

이와 유사한 것이 2006년 KBS에서 방송한 시대극 「서울 1945」에도 등장했다. 극중 인물 문정관은 일본 천황으로부터 자작 칭호까지 받은 친일파 거두이다. 조국이 해방되자 사회주의자 동생으로부터 대국민 사죄를 요구받지만, 일본의 패망을 받아들이지 못해 스스로 자결할 때 할복을 선택하는 것이다.[49] 문정관의 할복은 그야말로 일본적이다. 할복하기 위한 흰색의 일본 옷을 입은 것하며, 의례를 치르듯이 무릎을 꿇고 칼을 정중히 들어 배를 찔러 할복하는 것 등은 일본식 그대로였다.

이처럼 영화나 드라마에서는 부친을 죽인 잘못을 저지른 책임, 친일한 잘못에 대한 책임을 지고 실제로 칼로 배를 갈라 죽음의 길로 가는 것으로 되어있지만, 실제로 책임지는 형태의 자살은 좀처럼 할복으로 이어지지 않는다. 1998년 10월 서울의 모 고등학교 교장선생이 교육부의 교육정상화안에 대해 과밀학급과 교사의 잡무 개선이 이뤄져야 정밀한 학생 평가가 가능하다며 "사업가는 사업에 실패하면 책임지고 자살하는 경우도 있는데 공직자는 정책 잘못이나 죄를 짓고도 자살한 사람이 아무도 없다. 만약 공직자중 잘못을 책임지고 할복하는 인사가 나온다면 기업인들이 유가족을 기꺼이 맡겠다."고 발언한 적이 있다.[50] 이는 우리나라 공직자와 정치인들이 자신의 직책상 책임을 지는 할복을 한 사람은 단 한명도 없다는 것을 꼬집은 표현이다. 그만큼 잘못된 사태에 책임을 지고 할복하는 사람은 거의 없다.

그들이 그 의미를 몰라서 할복을 하지 않는 것은 아니다. 그들은 곧잘 책임과 할복을 연관시켜 발언을 했다. 예를 들면 1999년 5월 당시 한나라당 이회창 총재가 "언제 무너질지 모르는 나라에 누가 투자하려 하겠느냐."는 기자회견 내용을 놓고 국민회의 손세일孫世一 원내총무가 주요당직자회의에서 "이총재 발언으로 주가가 떨어지고 투자자가 떠나

---

49) 김미경, 「KBS 드라마 '서울 1945' 촬영장을 가다」, 『서울 아이』, 2006년 3월 10일.
50) 『경향신문』, 1998년 10월 22일자.

면 할복자살이라도 해야 할 것"이라고 극한용어를 사용했다.[51] 이처럼 정치권에서도 할복은 직책상 잘못을 책임을 지는 자살행위로 인식되어지고 있으나 실제로 할복을 결행하는 사람은 거의 없다. 그만큼 책임형의 할복은 개념상으로 존재할 수는 있어도 실제로 일어나기 어렵다.

이러한 책무형의 할복은 선거 때도 나타났다. 부산진을 선관위는 2000년 4월 6일 합동연설회 때 일본도를 들고 등단한 황백현 민주당후보에 대해 서면 경고하는 사상초유의 일이 발생했다. 그는 5일 가야초등학교에서 열린 합동연설회에서 "국회에 진출해 독도를 지키지 못하면 일본도로 할복, 자살하겠다"며 일본도를 빼 보였던 것이다.[52] 그는 나라를 대표하는 국회의원이 자신들의 영토인 독도를 지키지 못한다면 응당히 그에 대한 책임을 지고 할복하여야 한다는 인식을 가지고 있었던 것이다. 그러나 독도문제로 할복한 정치가는 없었다.

그리고 1999년 3월18일 오후 부산의 김용원 변호사가 김선길 해양수산부장관에게 한일어업협상실패에 책임을 지고 할복자살할 것을 권유하는 내용의 편지와 함께 길이 65센티 크기의 일본도를 소포로 보낸 것도 바로 이러한 할복에 대한 이미지가 없었더라면 나오지 않았을 것이다. 그는 "장관직을 그만두는 것은 책임을 지는 방법이 되지 못하며 국가와 국민 앞에 사죄하는 유일한 방법은 할복자살뿐"이라고 주장하기도 했다.[53] 그리고 99년 헌법재판소가 공무원 채용시험에서 군필자에게 가산점을 주는 것은 헌법에 위배된다는 결정을 내렸을 때 남성의 네티즌들의 항의는 빗발치듯 쏟아졌다. 그들이 보낸 의견 속에 "할복하라"는 내용도 들어 있었다.[54]

---

51) 『경향신문』, 1999년 5월 7일자.
52) 『한국일보』, 2000년 4월 6일자.
53) 『경향신문』, 1999년 3월 18일자.

이처럼 할복은 자신의 직책을 제대로 수행하지 못하였을 때 그에 대한 책임을 지고 죽음으로 갚는다는 의미로서 자리 잡고 있었다. 그러므로 2000년 7월 우리의 정부가 미국과 SOFA협상을 벌일 때 외교통상부 등 관련 부처에 "잘못하면 할복割腹하라"는 협박전화가 많았던 것도 바로 이러한 인식에서 비롯된 것이었다.[55]

그러한 관계로 전직 대통령이 공항에서 봉변당한 적이 있었다. 99년 6월 김영삼 전대통령이 일본으로 출국하던 중 한 시민이 던진 페인트에 맞아 머리와 양복이 더럽혀져 출국하지 못했다. 그 때 페인트를 던진 박의정씨는 현장에서 뿌린 유인물을 통하여 "나라를 망친 자가 할복자결을 해도 속죄할 길이 없거늘 어불성설의 망발로 통치권에 도전하는 것에 격분함을 금할 길이 없다"고 주장했다.[56] 여기에서 보듯이 그에게서 IMF 당하도록 나라의 경제를 망쳐놓은 장본인은 김영삼 대통령이며 그에 대한 책임을 지고 할복 자결하여야 한다는 인식이 깊게 깔려져 있음을 엿볼 수 있다.

그러한 의미의 할복이 의사협회에서도 벌어졌다. 1999년 11월 30일 장충체육관에서 열린 의사들의 집회에서 젊은 의사들이 집행부를 향해 할복하라고 외쳐 뜨거운 박수를 받았다. 그들은 또 2000년 1월 8일 서울 용산구 이촌동 대한의사협회 회관에서 열린 의협회장 불신임 투표 현장 사의를 표명한 유성희 회장의 재신임을 묻는 투표장 복도에 도열해 의협회장 퇴진하라고 외쳤다. 그 결과 대의원 285명 중 157명의 찬성으로 의협 50년 사상 처음으로 회장이 불명예스럽게 중도 퇴진했다.[57] 그들

---

54) 『동아일보』, 1999년 12월 27일자.
55) 『동아일보』, 2000년 7월 17일자.
56) 『중앙일보』, 1999년 6월 3일자.
57) 김도석, 「위기의 의사들 체면차릴 겨를 없다 가운입고 거리로…」, 『조선일보』, 2000년 1월 16일.

의 주장했던 할복은 그야말로 정말 할복하라는 뜻이 아니다. 그것에 대한 책임을 지고 물러나라는 의미이다. 이처럼 할복은 책임과 결부된 죽음의 대명사이었다.

2014년 4월 4일에도 대한의사협회에서 할복이라는 단어가 언급되었다. 당시 노환규 회장은 "3월 10일 파업 투쟁으로 인해 일반회원 중 단 한 명의 회원이라도 15일 영업정지 행정처분을 받는 일이 벌어진다면 광화문 한복판에서 할복하겠다."고 했다. 그는 "투쟁을 지휘함으로써 현행법을 위반한 의협 회장이 처벌을 받는 것은 당연한 일이지만 위법행위를 하지 않은 회원들에게 정부가 행정처분을 내린다면 그것은 부당한 일"이라며, "3월 10일 위법행위를 한 일반회원들은 없다"고 단언하면서 "만약 그렇다면 정당한 행위를 처벌하는 정부에게 '힘없는' 의협 회장이 항거할 수 있는 일은 그것(할복) 밖에는 없다"고 자신의 의견을 강경한 목소리로 피력했다.58) 그가 말하는 할복은 회장의 책임과 의무를 다하는 것이었다.

최근 국가혁명당 대선 허경영 대선 후보가 2021년 12월 30일 광주를 찾아 "내가 국회의원이라면 책임을 지고 국민을 빚더미에서 구제하기 위해 할복이라도 하겠다"며 "18세 이상 전 국민에게 1억씩 배당해 이번 기회에 빚을 전부 갚을 수 있도록 하겠다"고 피력했다.59) 이것 또한 국민부채에 대한 책임을 다하지 못하는 국회의원을 두고 할복을 요구하는 것과 마찬가지였다.

이러한 책무형에는 사죄의 의미도 들어 있었다. 가령 자신의 발언으로 해외투자가가 우리나라에 들어오지 않는다면, 또 나라를 대표하는

---

58) 데일리메디, 2014년 4월 4일, 「노환규 의협회장 "광화문 한복판서 할복"」.
59) 전경훈, 「광주 찾은 허경영 "당선 즉시 국회의원 300명 정신교육대에 넣겠다"」, 『뉴스핌』, 2021년12월30일. https://www.newspim.com/news/(검색일: 2021. 12. 30.)

국회의원이 자기의 영토인 독도를 지키지 못한다면, 어민을 보호해야하는 해양수산부장관이 한일어업협정의 실패로 막대한 손해를 어민에게 끼쳤다면, 그리고 자신의 정책으로 말미암아 국가부채가 늘어나 국가경제의 위기가 닥쳤다면, 또 회원의 위법한 행위가 없음에도 처벌을 받는다면, 그에 대한 응당 책임을 지고 국민 또는 회원들에게 사죄하는 의미에서 할복을 하여야 한다는 것이다. 그러나 불행히도 우리는 지금까지 그러한 공직자를 만나지 못하고 있을 뿐이다.

이처럼 자신의 직책을 제대로 수행하지 못하였을 때 그에 대한 책임을 지고 사죄를 할 때 할복한다는 인식이 있음에도 불구하고 그러한 할복이 지금까지 한건도 발견되지 않는다는 것은 책임형의 할복은 개념상으로만 있을 뿐 실제로는 존재하지 않는 것이었음을 알 수 있다.

결백형이다.

자신의 결백을 주장할 때 사용하는 할복이다. 1956년 3대 국회에서 국제시계밀수 혐의로 제출된 자유당 박영출 의원에 대한 구속 동의안이 상정된 바가 있다. 그 때 박 의원은 국회에서 결백을 강조하며 "죄가 있으면 할복자살하겠다"는 말을 속기록에 남겼다. 그는 밀수한 사실이 없다고 할복을 빌려 자신의 결백을 주장했던 것이다. 그러나 그는 할복하지 않았다.

한편 뇌물을 받았을 것으로 의심받을 때도 할복은 등장했다. 가령 2000년 린다 김 사건이 세간에 회자되었을 때 당시 민주당 고문이던 황명수 의원은 "린다 김에게 돈 받은게 드러나면 할복자살하겠다."고 했으며,60) 정종택 전 환경부장관도 "그녀에게 내가 단돈 10원이라도

---

60) 『내일신문』, 2000년 5월 24일자.

받았으면 할복자살할 것이다."고 했고,[61] 2001년 진승현 게이트 때에도 당시 법무부차관이었던 신광옥씨가 "진승현씨에게 돈을 받았다면 할복을 하겠다."고 발언했다.[62] 하지만 이들도 할복하지 않았다.

또 2000년 옷 로비사건 때 청와대 비서관 박주선씨는 최종 보고서 유출혐의에 대해 자신의 결백을 주장하면서 "할복을 하든 머리를 뽀개든 내 속을 보여줄 수 있었으면 좋겠다."고 말했다.[63] 그리고 2001년 민주당내 일부 소장파 의원들이 권노갑 전 최고위원에게 부정에 깊이 관여한 책임을 물어 정계은퇴 요구하고 나선 적이 있었다. 그 때 권씨는 "정말 할복이라도 하고 싶은 심정이다."하며 자신의 결백을 믿어주지 않는 사람들에게 원망했다.[64] 또 2013년 허준영 전 경찰청장도 그와 같은 의미에서 할복을 발언하고 있다. 즉, 당시 그는 성접대를 받은 사회 지도층 중 한 명으로 거론되고 있었는데, 그것에 대해 그는 트위터를 통해 "고위층 성접대 관련자로 허준영의 이름이 돈다는데 있을 수 없는 음해다. 성접대 사건과 무관하다"고 주장했다. 그러면서 "명예 하나로 살아온 저의 인격에 대한 모독을 중지해 달라"고 하며 "만일 성접대 사건에 연루됐다면 할복자살 하겠다"고 밝혔다.[65] 이들 중에서도 정작 할복한 사람은 한사람도 없었다.

2017년에도 이같은 의미의 할복을 발언한 사람이 있다. 그해 10월 12일 故김광석의 아내 서해순씨가 서울 종로구 서울지방경찰청에 출석해 취재진에게 "남편이 죽은 후 시댁에 재산을 빼앗겼고, 장애인

---

[61] 『여성동아』, 2000년 6월호.
[62] 『조선일보』, 2000년 12월 17일자.
[63] 『중앙일보』, 2002년 2월 23일. 「전청와대 법무비서관 박주선의 야망과 좌절」.
[64] 『동아일보』, 2001년 10월 31일자.
[65] 『매일노동뉴스』, 2013.03.22. 「할복하기 전에…」http://www.labortoday.co.kr(검색일: 2021. 12.30)

딸과 살면서 시댁의 따뜻함 한 번 받아본 적 없었다. 혼자 된 여자의 몸으로 딸을 열심히 키웠을 뿐이다"며, 자신의 결백을 주장하며 "거짓이 있다면 여기서 할복자살을 할 수도 있다"고 하며 김광석과 그의 딸 타살 혐의에 대해서 강력히 부인했다.66) 이처럼 할복은 자신의 결백을 증명하는 방법으로 인식되어지고 있음을 알 수 있다.

이와 유사한 표현은 이완구 전 국무총리로부터 나왔다. 그는 2015년 4월 14일 국회 대정부 질문에서 이철우 당시 새누리당 의원의 질의에 "저는 한 나라의 국무총리다. 어떤 증거라도 좋다"며 "만약 돈 받은 증거가 나오면 목숨을 내놓겠다"고 하면서 성완종 전 경남기업 회장에게 금품을 받았다는 의혹에 대해 전면 부인했다. 여기서 그는 할복을 언급하지는 않았지만, 돈을 받았다면 목숨을 내놓겠다고 하였던 것이다.67) 즉, 할복과 죽음은 동치의 개념이었다.

이러한 인식은 공직자, 정치인뿐만 아니라 일반인에게도 있었다. 즉, 1996년 5월30일 MBC 비상계획팀 김모씨가 노조사무실에 들러 문서를 훔치려다 들킨 사건이 있었다. 이를 두고 노조원들은 그가 단독 범행을 지지른 것이 아니라 회사가 사주하여 한 것이라고 의심을 받게 되자 그는 "회사가 시켰다면 할복자살하겠다."며 이를 완강히 거부하였다.68) 이처럼 할복은 자신의 결백을 주장할 때 사용되는 죽음의 방법이었던 것이다.

이상에서 보듯이 이들이 말하는 할복은 예외 없이 "만일 내가 … 했다면"이라는 토를 달고 있다. 이는 자신이 잘못을 했다면 할복을 할

---

66) 『아시아경제』, 2017.10.12. 「서해순 "거짓 있다면 할복 자살 … 이상호, 정신 의심스러워"」 https://www.asiae.co.kr > article(검색일: 2021.12.30.)
67) 조선희, 「장 지지고 투신하고 할복하고 … 정치인의 극단 발언」, 매경미디어그룹, 2017. http://m.raythep.com/news(검색일: 2021.12.30.)
68) 『미디어 오늘』, 1996년 6월 12일자.

것이고, 잘못하지 않았다면 할복을 하지 않겠다는 의미로 사용하고 있다. 그에 대한 잘잘못은 자기 자신이 가장 잘 알고 있음에도 불구하고 역설적으로 그들은 할복도 하지 않고서도 자신의 결백을 주장하고 있는 것이다. 그러므로 실제로 이런 경우의 할복이 일어날 가능성은 매우 희박하다. 그러한 탓인지 이 경우의 할복도 지금까지 한 건도 발견된 적이 없다. 이처럼 그들의 할복관은 과거 우리나라를 비롯한 중국과 일본의 그것과도 크게 다른 것이었다.

명예형이다.

이는 실추된 명예에 책임을 지고 할복하는 경우를 말한다. 가령 장세동씨가 『한국논단』(97년 11월호)을 통하여 정승화씨에게 공개서한을 보냈다. 그것에 의하면 "10.26 때 정씨의 석연치 못한 행적과 이를 수사하기 위한 과정에서 12.12가 발생했다"고 전제한 후 당시 정씨의 태도에 대해 "자신의 오욕일 뿐 아니라 군의 명예를 저버리고 국민을 배반한 행위"라며 "할복은 못할망정, 못난 변명 모습을 왜 후배들에게 보여주느냐."며 비난했다. 여기에서 보듯 명예가 실추되는 치욕스러운 일을 저질렀을 때는 할복을 하여 용서를 빌어야 한다는 의식이 있었던 것이다.

또 군사 평론가인 이선호씨는 린다김 사건에 연루된 당시 국방부장관 이양호씨를 두고 "국록을 먹고 별을 4개나 달았던 장관이란 자가 더욱이 교회의 장로란 직분을 가진 자로서, 가족과 주위의 부하들에게 부끄러워서 할복자살이라도 해야 할 그가 어찌 사춘기의 문학소녀 해봄직한 '사랑하는 린다'라는 편지를 주고받을 수 있었는지 이해가 안간다."며 통렬히 비판을 가했다. 여기서도 자신의 명예가 그지없이 도덕적으로 실추되었을 때 자결하는 방법이 할복이라는 인식이 드러나 있다. 그러한 예가 98년에도 있었다. 그 해 4월 유종근 전북도지사의 서울사택에서 외화 12억 달러와 3천500만원 현금이 도난당했다는 소문이 나돌았을 때 유지사가 개설해놓은 인터넷 홈페이지 '유종근에 바란다'와 '자유게시판' 코너에는 지난 16일 "도지사가 외화 12억 달러와 3천500만원을 현금으로 갖고 있다가 도난을 당해 전북도민의 자존심을 상하게 했으니 남자답게 사실을 인정하고 할복자살로 자존심을 회복시켜줘야 한다"고 목소리를 높이는 글이 오른 적이 있다.[69]

이처럼 할복은 그 신분에 걸맞는 책임을 지고 명예롭게 죽는 자살방법이었다. 다시 말해 할복은 일반적으로 목숨보다 명예를 중요시하는 마지막 자존심의 표현이다.[70] 그럼에도 불구하고 자신의 명예를 지키기 위해 할복자결하는 예가 한건도 없다는 것은 책무형과 결백형과 마찬가지로 개념만 있을 뿐이지 실제로 존재하지 않는 자살법이라는 점을 알 수 있다.

할복의 방법과 특징

지금까지 많은 할복자들이 나오고 있음에도 불구하고 할복에 대해 정확한 개념을 내려진 적이 없다. 대체로 한국에서는 그 범위가 매우 넓다. 할복이라고 언급되는 것들은 일본처럼 방법적인 면에서 형식화된 것도 없었다. 정해진 절차에 따라 절도 있게 거행되는 일본의 할복과는 완전히 다르다. 할복자가 배를 가르면 뒤에서 대기하고 있던 자가 목을 쳐주는 것도 더더욱 없다. 그러므로 방법적인

---

69) 김종식, 『연합통신』, 1999년 4월 18일자.
70) 손종우, 「삭발과 할복 〈4〉」, 의사신문, 2007.03.14, http://www.doctorstimes.com(검색일: 2022.01.01.)

면에 있어서도 일정한 틀이 있을 수 없다. 사용한 도구를 보더라도 단도, 식칼, 흉기, 수술용 메스, 면도칼. 칼, 일본도, 잭나이프, 문구용 커터, 과도 등 아주 다양하게 나타난다.

언론에서 언급되는 할복의 사례들을 크게 나누면 배를 가르는 것과 가르지 않는 것이 있다. 전자는 실제로 어떤 형태로든지 배에 상처를 입히지만, 후자는 개념만 있을 뿐 실제로 행하지도 않는 것이다. 그 쓰임새도 달랐다. 전자는 세상을 비관하거나, 자신에게 닥친 불리한 결정에 불복하여 반발하거나 공격할 때 사용하는 것이었으나, 후자는 자신이 저지른 실책을 책임을 지거나 아니면 자신의 결백을 증명하기 위해 선택되어지는 것이며, 또 지위에 걸맞게 책임지는 자세로 죽는 명예형이 있었다. 이같이 원인에 따라 할복의 쓰임새도 달랐다.

이러한 현대 할복은 과거와는 판이하게 다르다. 과거에는 충군형과 애국형이 있었고, 또 정조와 효를 이루기 위한 유교형의 할복도 있었다. 그러한 것이 보이지 않는다는 것은 그만큼 오늘날 우리가 애국과 의리가 있고, 책임감과 자신의 명예를 목숨으로써 지키는 인물을 찾아보기 힘든 사회에 살고 있다는 것을 극렬하게 보여주고 있는 것일지도 모른다.

할복자들을 성별로 본다면 남성이 압도적으로 많다. 여성은 겨우 1927년도 부산의 기녀, 91년도 수원경찰서에서 할복한 김모양 밖에 없다. 이를 보더라도 현대 한국의 할복은 남성의 점유물이라 해도 과언이 아니다. 그리고 실제로 할복한 사람들 가운데, 연령층은 20, 30, 40대에 집중되어있다. 1950년대도 이수영, 거제의 김모씨, 이경해씨, 신구범, 제주의 강동균씨 등을 꼽을 수 있을 정도로 극소수이며, 1960대는 부산의 박태규씨 부부 밖에 없다. 1970대 이후는 아예 1명도 보이지 않는다. 이처럼 할복은 젊은층의 남성들이 택하는 자살법이었다.

한국의 할복을 방법상으로 세분화하여 본다면 다음과 같이 세 가지

형태가 있다. 첫째는 복부를 도구로 그어 상처를 내는 것이다. 이것의 대표적 예로는 1963년 4.19부상동지회원 이모씨, 99년 충남 태안의 윤순경, 그리고 1999년 축협중앙회장 신구범씨 등을 들 수가 있다. 이모씨는 면도날로 배를 찔렀다고 언론에는 보도가 되었지만, 그것으로 찌를 수가 없다. 그러므로 그것은 면도날로 그었다는 것이 정확한 표현일 것이다. 그리고 후자 윤순경은 흉기로 배와 손목을 그었고, 또 신구범씨도 문구용 커터 칼을 꺼내 배를 그었다고 되어있다.

둘째는 배를 찌르는 형태의 할복이다. 한국의 할복에는 이러한 형태가 가장 많다. 1920년 강원도 원주의 박기봉, 1972년 주불대사 이수영, 92년 서울의 김국권씨 등을 들 수가 있다, 이들은 예리한 도구로 배를 찔렀다고 되어있다. 즉, 그들은 배를 가르는 할복을 한 것이 아니라 배를 찌른 것이다. 그럼에도 한국에서는 이러한 행위도 할복의 범주에 넣고 있다.

셋째, 복부를 찌른 다음 옆으로 배를 가르는 형태이다. 이 방법은 일본 무사들이 하는 할복으로 보통 전문가가 아니면 하기 어렵다. 그럼에도 우리나라에서도 있었다. 그 예로 2003년 한국은행 본점 앞 도로에서 자행한 양동학씨의 할복이다. 보도에 따르면 웃옷을 벗어 던지고 허리춤에 차고 있던 칼을 꺼내 자신의 복부를 찌른 후 수평으로 절개하고 내장이 쏟아진 채로 도로 한복판에 쓰러졌다고 했다. 웃옷을 벗은 후에 칼로 할복한다는 것도, 복부를 찌른 후에 수평으로 절개한다는 것도 일본 무사의 할복방법과 매우 유사하다. 그가 어떻게 그러한 방법을 터득하였는지 알 수 없으나 하기 어려운 방법을 선택하였던 것이다.

이같은 세 가지 유형의 할복이 우리나라에 있었다. 그 중 목숨을 잃을 확률은 배를 긋거나, 가르는 것보다 찌르는 것이었다. 배를 긋거나 가르는 것으로 목숨을 잃는 사람은 거의 없다. 신구범씨의 경우처럼 갈라진 배 사이에서 내장이 삐져 나와도 죽지 않았으며, 배를 전문가의 수준으로 찌르고 가른 양동학씨도 내장이 쏟아져도 죽지 않았다.

그에 비해 후자에 속하는 1920년도 강원도의 박기봉씨는 자신의 배를 사정없이 찔러 대장과 내장이 나오고 목숨을 잃었다. 그리고 주불대사 이수영씨도 칼날로 복부를 찔러 목숨을 끊었고, 1992년의 김국권씨도 식칼로 자신의 배를 5차례나 찔러 절명했다. 이처럼 배를 긋는 것보다 찌르는 것이 자살에는 효과가 있었다. 그렇다고 하더라도 후자에도 깊이의 문제가 있을 수 있다. 그것이 얕다면 결코 목숨을 잃지 않는다. 그러나 그와 반대로 깊게 찌르면 사정은 달라진다. 그러므로 죽음을 각오한 것이라면 깊게 찔러야 한다. 이수영씨가 칼자루를 벽에 대고 칼날로 복부를 찌르는 방법은 깊게 찌르기 위함이었으며, 김국권씨가 같은 곳을 5차례나 찔렀다는 것은 위장이 아닌 실제로 목숨을 끊으려는 의지가 강했음을 짐작할 수 있다.

한편 할복의 본래 목적이 죽음을 달성하는 것이라면 그것을 좌우하는 또 하나의 큰 요소는 장소이다. 그것이 공개된 곳이냐 아니냐에 따라 자살의 성공률이 크게 작용하는 것이다. 할복자의 대부분은 공개된 장소를 선호한다. 폐쇄된 공간에서 할복한 사람은 1927년의 부산 기녀, 1972년 주불대사의 이수영씨, 2016년 부안의 이모씨, 1998년 서울의 김태명씨, 2000년 진해의 최광술씨뿐이다. 이들은 지켜보는 사람이 아무도 없는 곳에서 홀로 죽음을 선택하였지만, 그 밖의 사람들은 모두 공개된 장소를 선택했다. 이들 가운데 목숨을 잃지 않은 사람은 부안의 이모씨밖에 없다. 그가 죽지 않고 살았던 것도 할복한 후 고통에 못이겨 살려달라고 비명을 질러 이웃들이 그것을 듣고 달려가 신고하고 급하게 병원으로 옮겨져 치료를 받았기 때문이다. 그렇지 않았다면 그도 목숨을 잃었을 것이다. 그만큼 폐쇄된 공간의 할복은 죽을 확률이 높다.

그에 비해 공개된 장소에서 할복을 하면 죽지 않을 확률이 높다. 왜냐하면 그곳에는 사람들이 많고, 또 할복하는 순간 주변사람들의 제지와 만류가 있기 마련이다. 농민운동가 이경해씨의 경우를 살펴보기로 하자. 그는 1993년 12월 7일 서울역 앞에서 민주당주최 "쌀 개방저지집회"에서 "이제 농민은 다 죽게 되었다. 나는 이미 죽은 몸이니 농민을 위해 다시 죽겠다."고 말한 뒤 주머니에서 등산용 칼을 꺼내 할복 자해를 시도했을 때 이미 그 정보를 입수하고 대기 중이던 민주당 청년들이 제지했다.[71] 그로 인해 그때 그는 목숨을 잃지 않았다. 축협중앙회장 신구범씨의 경우도 마찬가지이다. 그가 할복하여 쓰러지자, 국회의 여직원의 비명소리와 함께 국회 경위들과 축협 직원 등이 곧장 달려들어 그를 병원으로 옮겼다. 이처럼 공개된 장소에서 할복으로 목숨을 끊는다는 것은 불가능에 가깝다.

죽음에 대해 확실한 보장이 없는 할복이라면 대중들의 시선을 의식한 하나의 위장된 자살행위로 끝날 가능성이 많다. 이렇게 되면 그 효과도 격감될 수밖에 없다. 이를 보완하는 방법이 이미 할복자들은 선택하고 있었다. 1999년도 태인군 윤모 순경은 흉기로 배를 긋고, 손목도 그었다. 그렇게 하여 과다 출혈로 인해 목숨을 끊으려고 했던 것이다. 이에 비해 2006년도 거제의 김모씨는 전신에 기름을 붓고 할복한 후 몸에 불을 붙여 분신을 한 다음 바깥으로 뛰쳐나왔다. 이러한 방법으로 목숨을 끊었다. 그는 할복보다 분신이 확실한 죽음의 방법이라는 것을 알고 있었다. 이처럼 할복은 목숨이 끊어지지 않는 단점을 보강하기 위해 분신 그리고 동맥의 절단을 보조수단으로서 강구되었다. 이 두 개의 보조수단 중 후자의 동맥절단은 폐쇄적인 공간일 때 효과를 발휘하

---

71) 『한국일보』, 1993년 12월 8일자.

는 것으로 공개된 장소에서는 맞지 않는다. 그에 비해 분신은 강렬한 시각적인 효과는 물론 확실한 죽음의 보장까지 충족시켜줄 수 있는 모든 조건을 갖추고 있다.72) 그러므로 확실한 죽음으로 자신의 의사를 강력하게 전달하려면 분신을 택하게 될 것이며, 그렇지 않고 죽지 않고 죽음의 행위를 통하여 자신의 의사를 전달하려면 할복을 택하게 될 것이다. 이렇게 인식되어 할복이 자행되는 사회가 된다면 그것은 어디까지나 위장된 자살행위에 지나지 않을 것임에 분명하다.

할복의 의미

한국의 언론이 일반인의 할복을 본격적으로 다루기는 1917년부터이었다. 그러므로 그 역사 또한 결코 짧다고 할 수는 없을 것이다. 할복자살은 일반적으로 칼로 자신의 배를 갈라 스스로 목숨을 끊는 행위를 말한다. 이러한 정의는 일견 맞는 것 같아 보이지만 곰곰이 따져보면 그것에는 애매모호한 점이 한 두 가지가 아니다. 첫째, 도구로서 사용하는 칼이 어떤 것이어야 하는 것이며, 둘째, 배를 어떻게 갈라야 하는지에 대해서도 명확하지 않을 뿐 아니라, 셋째, 이를 통하여 죽은 사람이 그다지 많지 않아, 과연 그것이 목숨을 끊는 행위인지에 대한 의문이 들기 때문이다.

이러한 문제를 여과 없이 그대로 표현하고 있는 것이 한국의 일반인의 할복이다. 그들이 도구로서 사용한 칼만 하더라도 부엌칼을 비롯해 문구용 칼, 심지어 수술용 메스까지 등장하는 등 실로 다양했다. 그리고 배를 가르지 않고, 긋거나, 찌르는 경우가 많다. 또 장소도 일정치 않아

---

72) 노성환, 「한국의 분신과 일본의 할복」, 『한국일본어문학회』 12, 한국일본어문학회, 2002.

공개된 곳과 폐쇄된 곳이 있었으며, 또 앞에서도 언급하였듯이 죽음까지 이르지 않는 경우가 부지기수로 많다. 그리고 심지어 배를 가르지 않는 개념상으로만 존재하는 할복도 있다. 그러므로 그것에는 목숨이 끊어지는 것이 상정되어 있지 않다. 그러므로 한국의 할복의 개념은 그 범위가 매우 넓다.

이러한 특징은 할복의 나라 일본과 비교를 해보아도 두드러진다. 일본인의 할복은 매우 정형화되어있다. 정해진 장소에서 의식절차에 따라 다수의 관계자들이 지켜보는 가운데 진행된다. 흰옷으로 갈아입은 할복자에게 제기에 담긴 칼이 제공되면 그것으로 배를 찔러 넣어서 옆으로 가르고 목을 내밀어 엎드리면 뒤에서 기다리고 있던 가이샤쿠닌介錯人이 할복자의 목을 쳐주는 것이다.

이러한 개념으로 본다면 한국의 할복은 정해진 의례절차가 없다. 정해진 장소와 도구는 물론 배를 가르지 않고 찔러도 상관이 없었다. 그리고 결코 살 수 없는 일본과 달리 대부분이 죽지 않는다는 점도 크게 다르다. 이같이 한국은 할복이라는 같은 용어를 사용하지만, 실상은 많이 다르다. 즉, 한국에서 할복은 히니의 정형화된 자실문화가 아니있던 것이다. 이같이 개념의 범주가 넓어 예리한 도구로 배에 상처를 주는 행위만으로도 할복으로 인정하고 있다. 이것이 자칫 잘못하면 죽지 않고 가장 성의 있고 극렬한 방법으로 자기를 표현하는 수단으로서 사용될 수 있다. 이것이 더욱더 진화되어 일반화된다면 한국에서 할복은 자살을 위장한 자기표현의 수단에 지나지 않게 될 것이다. 그렇게 되면 할복은 더 이상 목숨을 끊는 자살의 행위가 아니게 된다. 이러한 점을 고려한다면 앞으로 한국의 할복이 어떠한 변화를 보일지 지켜보아야 할 것이다.

일본인의 할복

04

조선통신사가 본 일본인의 할복

무사도는 죽음을 의미한다. 삶과 죽음 하나를 택할 때는 먼저 죽음을 택하라. 그 이상의 의미는 없다. 죽음을 각오하고 나가라.

-『葉隱』에서

**조선의 선비
일본에서 할복을
만나다**

임란 이후 조선은 일본에 외교사절단을 대거 보낸 일이 12차례나 있었다. 이들을 흔히 조선통신사라 부른다. 1차와 2차는 국교회복과 포로쇄환에 중점을 두고 파견하였지만, 3차부터 12차까지는 에도막부江戶幕府의 새로운 수장 쇼군將軍이 취임할 때 축하하기 위해 파견한 것이었다. 이들의 일정은 대개 1년 정도 걸렸다. 그러므로 그들은 일본에서 직접 보고 들은 정보는 수없이 많았다. 그러한 것들을 그들은 기행문 형식으로 기록으로 남겼다. 이 기록들은 우리의 일본학 연구의 출발점이라 해도 과언이 아닐 정도로 역사 문화적으로 중요한 의미를 가지고 있다.

물론 그들이 외교사절단이었던 만큼 그들의 기록에는 우리에게 필요한 일본의 형세, 지리, 정황 등에 관한 기록이 많다. 그러한 가운데 당시 일본의 생활문화를 알 수 있는 부분도 적지 않다. 민속학에서 관심을 가지는 것도 바로 이러한 이유 때문이다. 이에 주목한 필자는 근년에 그들이 남긴 세시민속에 관한 기록을 검토한 바가 있다.1) 그에 이어서 이번에는 할복에 대해서 검토해보고자 한다. 그 이유는 이들 중 많은 사람들이 일본인의 할복에 대해 언급하고 있기 때문이다. 그만큼 그들에게 할복은 특이한 문화로 받아들였던 것 같다. 그들이 일본을 다녀온 시기는 일본에 있어서 할복이 가장 꽃피운 시기였다. 이 시기의 할복은 의식처럼 행할 수 있도록 정형화가 이루어져 있었다.

우리나라에도 할복의 사례가 전혀 없는 것은 아니지만, 그것은 매우 희귀한 죽음으로 여겨졌다. 그러므로 할복의 나라 일본에서 그것을 접하였을 때 더 큰 문화충격으로 다가왔을 것이다. 1655년(효종 6) 통신사의 종사관으로 일본에 파견된 남용익南龍翼(1628~1692)은 부산을 출발하여 제1착지인 대마도에 도착하자마자 그러한 충격을 받았다. 그의 기록인 『문견별록聞見別錄』에 의하면 대마도에서 인솔한 왜인 4명 가운데 평성부平成扶란 인물이 있었다. 그의 인물평을 다음과 같이 했다.

> 이번 사신을 배행한 사람으로서 식우위문式右衛門이라고도 하는데, 모양이 늙은 원숭이 같고 성질이 독사와 같아서 평상시에는 응대함에 있어서

---

1) 노성환, 『조선통신사가 본 일본의 세시민속』, 민속원, 2019, 1~247쪽.

'예, 예.'하고 정답게 말하고 웃고 하여 꽤 정하고 자세한 사람 같다가 갑자기 성을 내게 되면, 날뛰고 큰 소리로 떠들며 죽고 사는 것을 분간하지 못하여 반드시, '내가 배를 갈라 죽겠다.'고 하다가도 잠시 후에는 성냈던 것을 잊어버리고 다시 도로 말하고 웃고 하니, 아마 그는 이상한 무리 가운데에서도 하나의 이상한 무리였다.2)

여기서 보듯이 남용익의 일행을 대마도에서 맞이하여 에도까지 배행한 사람 가운데 평성부라는 작자는 걸핏하면 화를 내며 할복하여 죽겠다고 하였던 모양이다. 그를 두고 남용익은 이상한 무리 가운데 또 하나의 이상한 무리라고 평가하였으며, 또 다른 기록인 『부상일록扶桑日錄』에서는 그를 「일종의 괴물이라 족히 책할 것도 못 되었다」고 혹평했다.3)

이처럼 그는 대마도에 도착하자마자 생활 속에 할복하는 마음을 항상 가지고 사는 일본인을 목숨을 가볍게 여기는 기이한 습속을 가진 사람들이라는 인상을 가졌다. 그러면서도 그는 일본인의 할복에 대해 기록을 많이 남겼다. 남용익을 포함한 많은 조선통신사들은 할복을 일본 문화의 특징 중 하나로 꼽고 있었다.

지금까지 일본에서 외국인에 의한 일본의 할복 기록은 주로 서양인의 것만 소개되었다. 그러나 그것에 관한 것이 조선에 있었다는 사실을 까마득하게 잊고 있는 사람들에게 조선통신사들의 기록은 충격적이면서도 의미 있는 자료임에 틀림없다. 그 뿐만 아니다. 그 내용들은 조선 지식인들이 일본의 할복을 접하고 어떠한 인식을 하였는지를 알 수 있는 중요한 자료이다. 그럼에도 불구하고 지금까지 우리의 학계는 물론 일본

---

2) 『聞見別錄』, 인물(人物), 대마도에서 인솔한 왜인 4명.
3) 남용익, 『扶桑錄』 부상일록(扶桑日錄), 7월 15일(정유).

에서도 그들의 기록을 통하여 조선의 선비들이 가지고 있었던 일본의 할복관에 대해 논한 적이 없다. 본 장에서는 이에 주목하고 그들이 어떠한 할복을 일본에서 접했고, 또 그것을 어떻게 받아들였는지에 초점을 맞추어 그들의 기록을 검토하고자 하는 것이다.

형벌과 책임의 할복

신유한申維翰(1681~1752)은 1719년 제술관으로서 통신사 홍치중洪致中(1667~1732)을 따라 일본을 다녀왔다. 그때 남긴 저서로는 『해유록海遊錄』이 있다. 『해유록』에 의하면 그는 일찍부터 일본인의 할복에 대해 호기심을 가지고 있었던 것 같다. 그리하여 그는 우삼동雨森東에게 "일본의 풍속이 자고로 생명을 가볍게 여겨서 성이 나면 반드시 스스로 목을 찌르고 스스로 배를 가르므로 관官에서 매질하여 문초하는 법이 없다 하니, 과연 그러하오."하고 물었다.[4] 이 질문에서 보듯이 신유한은 일본인들은 생명을 가볍게 여긴다는 인식을 가지고 있었으며, 그로 인해 격분하면 곧 목을 찌르거나 할복을 하는 등으로 자결하느냐고 묻고 있는 것이다.

여기서 말하는 우삼동은 아메노모리 호슈雨森芳州(1668~1755)를 말한다. 호슈는 주자학자 기노시타 준안木下順庵(1621~1699)의 제자로 스승의 추천으로 대마도의 외교를 담당하고 있었다. 그는 중국어와 조선어에 능숙한 사람으로 『치요관견治要管見』, 『교린제성交隣提醒』 등의 저서를 남긴 인물이다.

---

4) 신유한, 『海遊錄』 하, 부 문견잡록(附聞見雜錄).

이러한 그가 신유한의 질문에 대해 "살기를 좋아하고 죽음을 싫어하는 것은 사람의 상정常情인데, 일본 사람이라고 어찌 홀로 그렇지 않겠습니까."라고 대답했다.5) 이는 자신의 생명을 중시하는 것은 인류 보편적인 것이지, 그것이 어찌하여 일본인이라고 해서 예외일 수 있겠느냐는 의미심장한 대답이었다. 즉, 신유한의 물음 자체가 우문이라는 뜻이다. 그러면서 그는 다음과 같은 매우 흥미로운 대답을 이어갔다.

> 다만 살마주薩摩州는 풍속이 특수하여 일을 당하여 걸핏하면 죽고 맙니다. 그리하여 큰 죄가 있는 자는 관官에서 잡아 가두지 아니하고 그에게 말하되, '네 죄는 마땅히 너의 집에서 죽어야 한다.'하면, 그 사람이 수긍하고 집에 돌아가 자살하여 조금도 어김이 없으므로 관에서도 또한 믿고 의심하지 아니하니, 대저 일본 사람이 생명을 가볍게 여긴다는 말이 실로 살마주 때문에 이름을 얻은 것입니다."6)

이상의 내용에서 보듯이 호슈의 대답은 그렇게 간단한 것이 아니었다. 그 이면에 여러 가지 복합적인 의미가 숨겨져 있다. 그는 먼저 신유한의 체면을 최대한 살리는 의미에서 그의 말을 전면적으로 부정하지 않으면서도, 일본인들이 생명을 경시하여 곧잘 할복 자결한다는 것은 일본 전체를 말하는 것이 아니고, 특이한 풍속을 가지고 있는 살마주 사람에 국한하여 그러하다고 대답하였던 것이다. 살마주는 오늘날 규슈 남쪽 가고시마鹿兒島 지역을 가리킨다. 생명을 가볍게 여기는 것은 살마주에서는 그러하지만, 다른 곳에서는 그렇지 않다고 강조하고 있는 것이다.

---

5) 신유한, 『海遊錄』 하, 부 문견잡록(附聞見雜錄).
6) 신유한, 『海遊錄』 하, 부 문견잡록(附聞見雜錄).

호슈는 신유한의 질문에서 벗어난 또 하나의 할복사례를 언급했다. 살마주에서는 큰 죄를 지은 자에게는 특별한 절차 없이 자결의 명이 내려지면, 이를 당연하게 받아들이고 집에서 자결하여 죽는다고 했다. 여기서 말하는 집에서 자결이란 배를 가르고 죽는 할복을 의미한다. 그러므로 형벌로서 내려지는 할복을 이야기하고 있는 것이다.

이같은 호슈의 설명은 무언가 부족한 느낌이 든다. 왜냐하면 당시 일본에서 할복은 무사들에게만 부여된 특권이기 때문이다. 그러므로 일반서민들에게는 그러한 형벌은 내려지지 않는다. 무사의 신분에 있는 자로서 죄를 지었을 때 형벌로서 내려지는 할복자결을 말하는 것이다. 그러므로 일본의 할복은 죄를 지은 사대부에게 내리는 조선시대의 사약賜藥과도 같이 무사의 특권이었다고 할 수 있다.

그렇다면 조선인들은 형벌로서 내려지는 일본의 할복은 몰랐을까? 그렇지는 않다. 그들도 그와 같은 할복을 알고 있었다. 그 예로서 이덕무의 『청장관전서靑莊館全書』에 일본의 형벌을 소개하는 부분에 자진自盡하는 것이 있는데, 그 방법으로 "죄인이 술에 취하여 배를 가르게 하고 여느 사람처럼 장사지내게 하는 것이다"고 소개하고 있다.[7] 이처럼 조선의 지식인들은 일본 형벌로서 할복자진하게 하는 것을 잘 알고 있었다.

또 하나의 예는 『선조실록宣祖實錄』에 있다. 그것에 의하면 "가강家康이 다시 수뢰秀賴의 성으로 들어가 증전 우문승增田右門丞 등 자기를 배반했던 10여 인을 추격해서 체포하여 할복 자결토록 했다"고 했다.[8] 즉, 도쿠가와 이에야스德川家康(1543~1616)가 오사카성大坂城을 함락하고, 자신을 배신하고 히데요리 측에 선 10여명을 형벌로 할복자결을 명하였던

---

7) 李德懋, 『靑莊館全書』 제65권, 「蜻蛉國志二」.
8) 선조 34년 신축, 4월 25일, 최종정보/선조 34년 신축(1601) 4월 25일(임진)/34-04-25[11] 탈출한 강사준과 여진덕 등이 일본의 내란 상황을 보고하다.

것이다.

경섬慶暹(1562~1620)의 『해사록海槎錄』에서도 형벌로서의 할복이 있었다. 그는 "가강은 여덟 아들을 두었다. 첫째 아들은, 신장信長이 관백이었을 적에 가강을 따라 전쟁터에 나갔었는데, 겁을 먹었다 하여 자살케 하니 드디어 배를 갈라 죽었다"고 기술했다.9)

사실 이것은 잘못된 정보이다. 이에야스의 장남 노부야스德川信康(1559~1579)가 할복 자결한 것은 사실이지만, 그 원인이 싸움터에서 겁을 먹고 비겁한 행위를 하였기 때문이 아니다. 그것에 대해 지금까지 오다 노부나가織田信長(1534~1582)의 명령에 의한 설과 이에야스家康와 노부야스信康간의 불화설이 있으나, 경섬은 후자의 설을 따랐다.

그러나 내용상으로 보면 조금 다르다. 후자의 배경으로는 당시 도쿠가와 세력은 이에야스家康를 따라 많은 전공을 세운 하마마쓰성파浜松城派와 후방지원과 부상자 처리를 도맡아했던 오카자키성파岡崎城派가 서로 대립하고 있었는데, 그 때 오카자키 성주가 노부야스였다. 노부야스가 오카자키성파에게 옹립되어 부친인 이에야스를 타도하려는 모반의 움직임이 있기 때문에 이에야스가 형벌로서 할복을 명하였다.

이유는 그것에만 있는 것이 아니었다. 그 때 당시 공교롭게도 노부야스는 아내 도쿠히메德姫(1559~1636)와도 불화가 잦았다. 도쿠히메는 오다 노부나가의 장녀이었다. 도쿠히메가 아버지 노부나가에게 보낸 서신 '12개조十二箇條의 불행장不行狀'에는 "남편 노부야스가 성질이 폭악하여 폭력을 자주 일삼고, 시어머니 쓰키야마도노築山殿(1542~1579)는 적인 다케다가武田家와 내통을 하고 있다"는 내용이 들어있다. 이를 문제 삼은 노부나가가 이에야스에게 쓰키야마도노와 노부야스를 처벌하라고 요구

---

9) 慶暹, 『海槎錄』 상, 5월 작음, 9일(신미).

했다. 이러한 것들이 중첩되어 이에야스는 장남인 노부야스를 할복 처형을 시킬 수밖에 없었다. 그러므로 전쟁터에서 겁을 먹었다 하여 부친으로부터 할복 처형되었다는 『선조실록』의 정보는 사실이 아니다. 그렇다 하더라도 그의 죽음이 할복처형으로 이루어졌다는 사실에는 변함이 없다. 이처럼 조선의 선비들은 일본에서 할복이 형벌로서 자행되고 있음을 알고 있었다.

조선통신사들은 다른 차원의 할복도 소개하고 있다. 황신黃愼(1560~1617)은 임란 중 강화를 위해 명나라 사신 양방형楊邦亨, 심유경沈惟敬을 따라 일본에 다녀온 인물이다. 그 때 남긴 기록이 『일본왕환일기日本往還日記』인데, 이것에 의하면 고니시 유키나가小西行長(1558~1600)의 할복에 관한 이야기를 기록하고 있다. 당시 고니시는 화친파의 대표적인 인물이었다. 그는 그와 뜻을 같이 하는 마스다 나가모리増田長盛(1545~1615) 등에게 "우리가 4~5년간을 이 일에 주력하여 왔는데, 마침내 결국을 맺을 수 없으니 나는 차라리 배를 갈라 죽어 버리겠다."고 했다는 것이다.10) 여기서 말하는 할복은 전쟁을 끝내는 강화조약이 실패로 돌아가면 그에 대한 책임을 지고 할복을 하겠다는 의미이다. 이처럼 일본에서 할복이 업무에 대한 책임을 지고 자결하는 방법으로도 활용되고 있음을 황신이 소개하고 있는 것이다.

그러한 책임의 할복은 상대에게 패배하였을 때도 일어난다는 것도 통신사들은 빠뜨리지 않고 기록하고 있다. 그 패배는 사소로운 개인적 경쟁에서 부터 전쟁에서 진 장수까지 포함되었다. 전자의 것으로는 김세렴金世濂(1593~1646)의 『해사록』에 기록된 할복의 이야기이다. 김세렴 일행이 대마도주가 베푸는 연회에 초청을 받아 참석하였을 때 승려 두

---

10) 황신, 『日本往還日記』, 9월 6일(기해).

명이 시를 지어달라는 요청을 받아들여 우리 측 인사들이 모두 차운하였다. 바로 그 때 등지승藤智繩이 홍희남洪喜男(1595~?)에게 다음과 같이 은밀히 말하였다.

> 저 뒷자리의 여러 중들은 모두 시를 잘 짓는 자들입니다. 일본의 풍속은 털끝만큼이라도 남에게 꺾이면, 다투어 배를 갈라 죽고자 합니다. 강호江戶의 집정執政이 이번의 사신이 글에 능하다는 것을 듣고서, 온 나라 안에서 가장 잘하는 자를 가려서 두 중에게 모조리 보냈으면서도 오히려 질까봐 두려워합니다. 짤막한 소시小詩는 일본의 장기로 하는 것입니다. 지금 만약 이렇게 하고 파한다면, 여러 중들이 반드시 스스로 잘난 체하며, '누가 조선 사신을 접대하기 어렵다고 하느냐?' 할 것이나, 저들이 만약 한번 꺾이면, 감히 다시 시 짓는 일을 말하지 못할 것입니다. 다투어 서로 전송傳誦하면서 반드시 보배로 여기어 명성이 만세에 길이 전할 것이니, 많이 짓지 않으면 안 됩니다.11)

여기서 보듯이 일본의 등시승은 승려늘이 시 짓는 경쟁에서 진다면 진 자가 할복하여 죽을 수 있다는 것을 우리 측 홍의남에게 넌지시 알렸다. 이것이 사실이라면 일본인은 남에게 지기 싫어하여, 만일 질 경우 스스로 생명을 자멸시키는 습속이 있다고 할 수 있다.

그러나 그의 말에는 동의하기 어려운 부분이 있다. 승려는 무사가 아니다. 그러므로 그들이 할복하는 일은 상상할 수가 없으며 그럴 권한이 없다. 더구나 그들이 시 짓는 일에 할복하여 죽었다는 사례는 거의 찾아볼 수 없다. 그럼에도 불구하고 등지승이 홍희남에게 그런 말을

---

11) 金世濂, 『海槎錄』 병자년(1636, 인조 14), 10월 19일(경인).

하였다는 것은 다분히 고의성이 있다고 생각된다.

그러나 무사인 경우는 사정이 달라진다. 그들이 전쟁에서 패배한 경우 할복을 감행하는 무장들은 많다. 비록 사행록은 아니지만 그러한 사례를 조경남趙慶男(1570~1641)의 『난중잡록亂中雜錄』(권4)에서 찾아볼 수 있다. 그것에 의하면 가토 기요마사加藤淸正(1562~1611)가 왜성에서 조명 연합군에 의해 포위당하여 고전을 면치 못하고 있었을 때, 자신들을 도와줄 구원병이 오기를 학수고대하면서 "중국 배와 조선의 병선이 바다를 뒤덮고 와서 왜성倭城 16군데가 거의 다 포위를 당하였으니, 구원병이 빨리 오지 않으면 내가 먼저 내 배를 갈라 죽고 남의 칼날은 받지 않겠다."고 말하였다는 것이다.12) 기요마사는 그 일로 할복하지 않았다.

여기서 할복은 성이 함락되고 적에게 포로가 되어 굴욕을 당하는 것 보다 차라리 자신의 목숨을 스스로 끊어 그러한 일을 겪지 않겠다는 뜻이다. 여기에는 무장이라면 남의 칼에 맞아 죽는 것을 치욕으로 여기고 있었음을 알 수 있다. 그러므로 패전할 경우 자기 스스로 죽는 방법으로 할복자결을 선택하는 무사들이 많았다. 이러한 사실들은 조선의 지식인들은 파악하고 있었다.

또 강항은 실제로 있었던 패장의 할복을 소개하고 있다. 강항姜沆 (1567~1618)은 정유재란 때 왜군에 포로가 되어 현재 에히메현愛媛縣 오쓰시大津市에 4년간 억류생활을 하다가 돌아온 사람이었다. 그가 남긴 『간양록看羊錄』에 다음과 같은 일화가 소개되어있다.

> 안국사安國寺란 사람이 있는데, 휘원輝元의 모주謀主로서 중僧이었다. 수길이 편지를 보내어 만나보기를 청하니, 안국사란 사람이 명령을 듣고

---

12) 조경남, 『亂中雜錄』 4, 경자년 상 만력 28년, 선조 33년(1600).

곧바로 왔다. 수길이 군막 안으로 맞아들여 말하기를, '이 성의 함락이 조석간에 있소. 그러나 내가 수만 사람의 목숨이 모두 어육魚肉이 되는 것을 차마 못 보겠소. 만약 성주城主가 배를 갈라 스스로 죽는다면, 내가 마땅히 군사를 파하고 화친을 하겠소.'하였다. 안국사란 사람이 들어가 성주에게 고하니, 성주가 즉시 한 척의 배를 타고 나와 강에서 자결하였다.13)

이 이야기가 앞에서 언급한 조경남의 『난중잡록』에도 실려져 있는 것으로 보아 이 사건은 우리나라에서도 꽤 유명했던 것 같다. 그런데 여기서 알 수 있는 것은 성주가 패전한 책임을 지고 할복자결하면 나머지 사람들은 살려주겠다는 의도로 읽혀진다.

이러한 것이 실제로 있었을까? 강항의 서술로는 어떤 전투이었는지 알 수가 없으나 조경남의 『난중잡록』에는 그것을 알 수 있는 단서가 남아있다. 그것은 다름 아닌 위의 인용 앞 부분에 "휘원의 별장이 별성別城을 굳게 지키며 말하기를, '고송高松이 마땅히 수길의 군사와 부딪쳐 싸우리라.'하였습니다. 수길이 성을 둘러싸고 흙산을 만들어 물을 끌어들여 성을 공격하였는데, 흙산이 점점 높아짐에 따라 물은 점점 깊어져서 성이 침수되지 않은 부분은 겨우 한길 남짓 밖에 안 되었으나 성지기의 뜻은 더욱 굳기만 하였습니다"는 부분의 내용이다.14) 이것으로 보아 도요토미 히데요시豊臣秀吉(1537~1598)가 다카마쓰성高松城을 물로써 공략할 때의 일임을 알 수 있다.

그 전투에 대해 개략을 설명하면 다음과 같다. 1582년 4월 시바 히데

---

13) 해행총재, 간양록, 적중 봉소(賊中封疏), 록(錄). 임진·정유에 침략해 왔던 모든 왜장의 수효.
14) 조경남, 『亂中雜錄』 4, 경자년 상 만력 28년, 선조 33년(1600).

요시羽柴秀吉(훗날 豊臣秀吉)이 군사 4만을 거느리고 시미즈 무네하루清水宗治(1537~1582)가 우두머리로 있는 빗쥬備中의 다카마쓰성을 공략했다. 히데요시는 하치스가 마사카쓰蜂須賀正勝(1526~1586)와 구로다 칸베이黑田官兵衛(1546~1604)를 사자로 보내어 항복하면 빗쥬의 한 지역을 주겠다는 조건을 제시하였지만, 무네하루는 정중하게 거절했다. 다카마쓰성은 3면이 산으로 싸여 있고, 한 면은 아시모리가와足守川강과 접해 있었다. 그 때문에 우기가 되면 자주 침수사태가 벌어지는 평지에 위치해 있었다.

이러한 지형을 파악한 히데요시측은 제방을 쌓아 강물을 가두고, 그 물로써 성을 공격할 계획을 세우고 막대한 자금을 투여하여 단지 12일 만에 제방이 완성했다. 이로써 물로 공격하여 다카마쓰성은 곧 고립 위기에 처했다. 그러자 무네하루의 우두머리인 모리 측은 안코쿠지 에케이安國寺惠瓊(1539~1600)를 히데요시에게 보내어 교섭을 시작했다. 그 때 제시된 모리 측의 조건은 '5국의 할양과 성안의 병사들의 생명보전'이었다. 여기서 5국이란 빗쥬備中, 비고備後, 미마사카美作, 호키伯耆, 이즈모出雲을 지칭하는 것이었다.

이 조건을 히데요시가 거부하고, 그 대신 '5국의 할양과 성주인 무네하루의 할복자결'을 요구했다. 이를 접한 모리 측도 더 이상 무네하루의 성을 구원할 수 없다는 것을 알고 항복을 권했다. 그러자 무네하루는 자신의 목숨을 성과 함께 하겠다 하며 거부한다. 이에 모리 측은 다시 에케이를 다카마쓰성에 보내어 설득을 시도한다. 그러자 무네하루는 "주군인 모리가毛利家와 성안의 병사들의 목숨을 살릴 수 있다면 기꺼이 자신의 목을 내놓겠다."하며 자신과 형인 시미즈 무네토모淸水宗知(?~1582), 아우·난바 무네타다難波宗忠, 가신 시라이 하루요시白井治嘉, 세치카 노부요시末近信賀(?~1582) 4명의 목숨을 내놓을 터이니 성안의 병사들을 살려줄 것을 요구하는 탄원서를 적어 에케이에게 맡겼다. 이것이 히데요시 측에

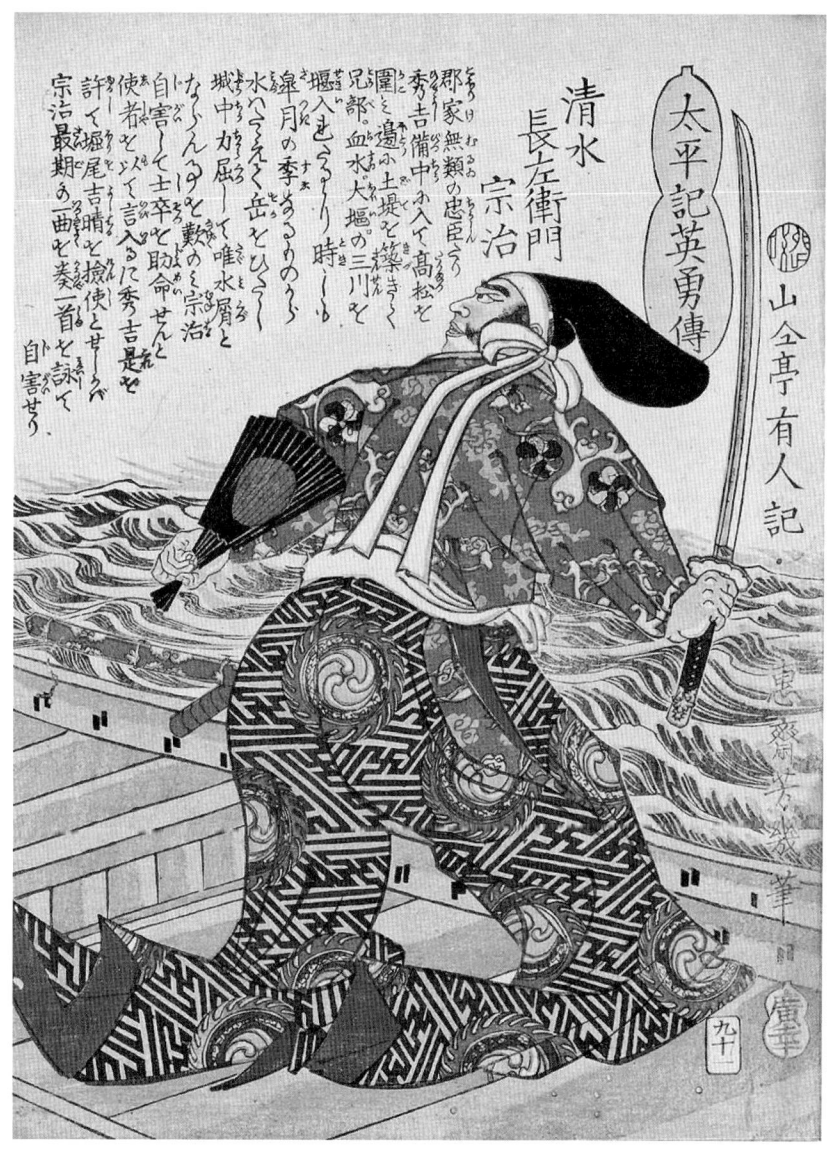

배 위에서 히데요시측을 바라보며 할복하려는 시미즈 무네하루(淸水宗治)의 모습
落合芳幾의 錦繪 『太平記英勇傳 淸水長左衛門宗治』

전달되었을 때 1582년 6월 2일 아케치 미쓰히데明智光秀(?~1582)에 의해 오다 노부나가가 교토의 본능사本能寺에서 암살당했다는 밀서를 접하고 있었다. 그리하여 히데요시는 조속히 교토로 돌아가 미쓰히데를 제거하기 위해 그 제안을 받아들인다. 그러자 무네하루는 노부나가의 암살사건을 모른 채 할복자결하기로 결심하고, 수염을 자르고 약속한 1582년 6월 4일 죽음의 복장을 하고 시미즈 무네토모, 난바 무네타다, 시라이 하루요시, 세치카 노부요시와 함께 작은 배를 타고 성에서 나와 히데요시 군사들이 진을 치고 있는 곳 근처까지 저어 갔다. 그러자 히데요시는 검사檢使로서 스기하라 이에쓰구杉原家次(1530~1584)를 통해 술안주를 그들에게 전했다. 무네하루는 호의에 감사를 드리고, 최후의 주연을 베풀었다. 그리고 일어나 요쿄쿠謠曲「서원사誓願寺」15)를 부르며 춤을 추자 형 무네토모도 화답을 하며 춤췄다. 그리고는 "다카마쓰의 이끼에 무사의 이름을 남기고 지금 이승을 떠나 저승으로 가련다浮世をば 今こそ渡れ 武士の名を高松の苔に残して"라는 사세辭世를 남기고 그 자리에 앉아 할복을 하자 아우인 무네타다가 가이샤쿠介錯를 했다. 그 뒤를 이어 나머지 사람

---

15) 서원사(誓願寺)는 교토의 중심지 신쿄코쿠도오리(新京極通り)에 있는「정토종 니시야마 후카쿠사파(浄土宗西山深草派)」의 총본산이다. 본존은 아미타여래이다. 요쿄쿠(謠曲)의「서원사(誓願寺)」는 제아미(世阿彌)의 작품으로 알려져 있는데, 이즈미시키부(和泉式部)와 잇펜상인(一遍上人)이 주역을 이루고 있는 서원사의 연기영험담(緣起靈驗譚)을 토대로 내용을 하고 있다. 그 내용을 잠시 소개하면 다음과 같다. 잇펜상인의 일행이 서원사에서 염불을 가르치고, 구제를 증명하는 부적을 나누어주고 있는데, 군중 속에 한 여인이 나타나 부적에 적혀있는「육십만인결정왕생(六十万人決定往生)」의 문구를 의심한다. 잇펜은 그 여인에게 "이는 염불의 가르침이 올바르다는 보증하는 구마노콘겐(熊野權現)의 탁선의 말이며, 두루 일체 중생들에게 열린 정토교의 진수라고 일러준다. 그 말을 듣고 진심으로 귀의한 여인은 이윽고 당내(堂內)의 현액을 상인자필(上人自筆)의 명호(名號)로 바꾸어 달라고 요구하고, 자신이 이즈미시키부의 화신(化身)이라고 밝히고, 경내의 묘탑(墓塔)으로 모습을 감추었다. 잇펜이 현액의 글씨를 다 쓰자 그 자리에 가무(歌舞)의 보살로 변신한 이즈미시키부의 영혼이 나타났다. 시키부는 죄와 부정을 저지른 자라 할지라도 구제받을 수 있다는 염불을 찬탄하며 춤을 추자, 상인의 덕을 칭송하며 나타난 성중(聖衆)과 함께 잇펜 자필의 명호에 절하는 것이었다. 특히 에도시대부터 지금에 이르기까지 무용가들 중에는 서원사의 이즈미시키부 신앙이 있다.

들도 차례로 할복하여 목숨을 끊었다. 이를 본 히데요시는 "무네하루는 무사의 귀감이다."고 하며, 그의 시신을 거두어 정중히 장례를 치르게 하고, 석탑을 세워 명복을 빌게 하였다.

이러한 할복 이야기가 일본 측 인사로부터 강항과 조경남에게 전해져 이상과 같은 내용으로 조선에 소개되었다. 그들이 전한 이야기의 주인공은 다름 아닌 모리가의 가신 시미즈 무네하루였고, 무네하루는 패전의 책임을 지고 자신이 할복 자결함으로써 부하들의 목숨을 살리려는 우두머리로서 책임 있는 자세를 취한 무장의 에피소드를 전한 것이었다.

순사와 결백의 할복

조선의 지식인들은 순사로서 행하여지는 할복에 대해서도 관심을 가지고 있었다. 일본 무사들에게 있어서 순사란 주군이 사망하였을 때 따라 죽는 경우를 말한다. 그러한 문화가 약한 조선시대의 상황을 감안하면 이 점이 매우 특이하게 느껴졌을 것이나. 이것에 대해 강항은 "주장主將이 싸움에 패하여 스스로 목숨을 끊는 날이면, 그 아랫사람들은 다 스스로 배를 갈라 죽는다 한다"고 서술했다.16)

전국시대까지만 하더라도 주군이 병사 또는 자연사를 한 경우 순사하는 사례는 거의 없었다. 그러나 에도시대江戶時代(1603~1868)에 접어들면 전사할 기회가 적어짐에 따라 주군에 대한 충성심을 나타낼 수 없었기 때문에 자연사의 경우에도 가신들이 순사로서 할복을 했다. 그러한 사례를 남용익은 다음과 같이 소개했다.

---

16) 해행총재, 간양록, 적중 봉소(賊中封疏), 록(錄). 임진·정유에 침략해 왔던 모든 왜장의 수효.

전 관백의 시절에 집정執政인 아부대마수阿部對馬守와 봉행奉行인 본전가하수本田加賀守가 모두 관백의 사랑을 받았는데, 그 관백이 죽자 두 사람은 손을 잡고 성을 나와 갈림길에 임하여 서로 이별하고서 각기 자기 집으로 가서, 가하수는 곧 스스로 자결하여 죽었고 대마수는 그 아내를 불러 술잔을 들며 이별을 고하니 그 아내가 울면서 말렸으나, 그는 정색正色을 하고 옷자락을 뿌리치며 일어나 자기의 배를 손수 갈라 죽었으며, 가하수의 부하 장관將官도 가하수를 따라 자결하여 죽은 자가 3인이나 되었다. 대마수와 가하수 두 사람은 대유원大猷院 德川家光의 법시法諡에 종사從祀하고 문 밖의 동쪽과 서쪽 행랑에 소상塑像을 세웠으며 그 아들에게는 식읍食邑을 각각 2천 석씩 더 주었다.17)

이상의 내용은 에도막부의 3대 쇼군 도쿠가와 이에미쓰德川家光(1604~1651)가 1651년 4월 20일 사망하였을 때 일어난 할복사건이다. 그 때 순사한 사람으로서 남용익은 아부대마수阿部對馬守와 본전가하수本田加賀守 두 사람을 들었다. 아부대마수란 당시 노중老中 이와쓰키 성주岩槻城主 아베 시게쓰구阿部重次(1598~1651)를, 본전가하수란 노중 사쿠라 성주佐倉城主 홋타 마사모리堀田正盛(1609~1651)를 가리킨다. 그 중 후자를 남용익이 본전가하수라 한 것은 '堀田'을 '본전'으로 잘못 표기하고 있다. 그 밖에도 이에미쓰의 순사자에는 오소바슈도御側出頭 우치다 마사노부內田正信(1613~1651), 고쇼인도御所院頭 사이구사 모리시게三枝守惠(1595~1651), 고쥬닌가시라小十人頭 오쿠야마奧山安重라는 3명의 인물이 더 있었다. 모두 5명이었다.

남용익이 5명을 모두 소개하지 않고, 특별히 2명만을 골라 소개한

---

17) 南龍翼, 『聞見別錄』, 風俗 性習.

것은 5명의 순사자가 있다는 사실을 몰랐을 가능성도 있으나, 다른 면에서는 그 중에서도 아베 시게쓰구, 홋타 마사모리의 할복이 특별한 의미를 가지고 있기 때문일 수도 있다. 왜냐하면 남용익은 '두 사람 모두 관백의 사랑을 받았다皆被寵眷'고 묘사하고 있기 때문이다. 여기서 '총권寵眷'이란 특별히 총애를 받는 것을 말한다.

홋타 마사모리의 목상

여기서 총애란 어떤 의미일까? 그것을 단순히 신하가 주군으로부터 특별히 신뢰를 얻는 행위가 아니다. 그 이유로 이에미쓰가 젊은 시절에 여성에게 전혀 흥미를 느끼지 못했고, 오로지 남색男色에 빠져있었기 때문이다.

특히 홋타 마사노리는 누구나 다 아는 그의 남색 상대역이었다. 그리하여 그의 할복에는 다음과 같은 에피소드가 있다. 일반적으로 할복할 때 배를 가르기 좋게 하기 위해 윗옷을 벗는데, 그는 좀처럼 벗으려고 하지 않았다. 이를 지켜본 사람들은 벗지 않으면 할복하기 어려울 터인데 하며 걱정하거나, 또는 죽기를 꺼려하는 것이 아닌가 하며 속으로 의심할 정도였다. 그러자 그는 "나의 피부는 내가 사랑하는 이에미쓰 이외 어느 누구의 눈에도 보인 적이 없다. 옷을 입은 채로 할복할 터이니, 가이샤쿠는 그대로 진행하라."하였다. 그리하여 그의 할복은 옷을 입은 채로 진행되었다. 그것은 수십 년 간 이에미쓰의 손길이 닿지 않은 곳이 없는 자신의 몸을 다른 사람들에게 절대 보이지 않겠다는 상대에 대한 지극한 사랑의 표현이었다.

그럴 가능성은 위의 이야기에 이어 또 하나의 남색으로 인한 할복

사건을 소개하고 있기 때문이다. 즉, "명호옥名護屋의 주장主將인 사택병고수寺澤兵庫守는 17세 되는 시동侍童을 매우 사랑하였는데, 우연히 조그마한 잘못 때문에 발길로 찼다. 그 시동은 곧 칼을 빼어 사택을 찔러 죽이고 자신도 배를 갈라 죽었다"는 내용이다.[18] 나고야의 성주 데라사와가 17세의 소년을 매우 사랑하였다는 것은 남색의 표현에 다름이 아니며, 그에게 발길로 차인 시동은 자신에 대한 사랑을 배신한 것으로 느껴 주군을 살해하고 자신도 할복 자결하였다는 것을 의미한다.

이를 두고 남용익이 외면상으로는 "그들의 풍습이 삶을 가볍게 여김이 누구나 한가지여서 은혜나 원한을 반드시 갚음이 이러하다."고 하였지만,[19] 사실 그 이면에는 위의 두 할복 사례가 모두 남색으로 인한 할복이었으며, 이는 조선에서는 찾아볼 수 없는 희귀한 사례라고 생각하고 소개한 것으로 이해해도 크게 틀리지 않을 것이다.

앞에서 언급한 바 있는 황신黃愼(1560~1617)의 『일본왕환일기日本往還日記』에는 또 다른 형태의 할복을 소개하고 있는데, 그것은 다름 아닌 "억울한 일이 있으면 칼로 배를 십자十字로 갈라 스스로 해명한다有寃則以刀刺腹。爲十字以自明"라는 내용이다.[20] 이와 유사한 내용이 경섬慶暹(1562~1620)과 김세렴金世濂(1593~1646)의 기록에도 보인다. 즉, 경섬의 경우「작은 혐의가 있으면 스스로 제 배를 갈라 죽어도 후회하지 않는다暫有小嫌。則自刳其腹。死而不悔라고 했고,[21] 김세렴은 "억울한 일이 있으면 칼을 가지고 배를 '십十' 자로 갈라서 스스로 해명한다有寃則以刀刺腹爲十字。以自明"고 했다.[22]

---

18) 南龍翼, 『聞見別錄』, 風俗/ 性習.
19) 南龍翼, 『聞見別錄』, 風俗/ 性習.
20) 황신, 『日本往還日記』, 12월 9일(신미).
21) 慶暹, 『海槎錄』, 정미년 7월 17일조, 『국역 해행총재』 2, 1967, 336쪽.
22) 김세렴, 『海槎錄』, 聞見雜錄.

여기서 보듯이 조선의 지식인들은 일본인들이 억울한 일을 당하거나 혐의를 받는 일이 있을 경우, 자신의 결백을 증명하기 위해 열십자로 할복한다고도 보았다. 열십자로 배를 가르는 것은 특히 전국시대에 유행했다. 열십자 할복은 순서가 있다. 먼저 배를 좌에서 우로 가른 다음, 단도를 뽑아 명치 부분에 다시 찔러 넣어 배꼽 밑까지 내려 가르고, 그래도 생명이 끊어지지 않으면 목을 찔러 절명한다.

도요하라 구니치카(豊原國周, 1835~1900)의 할복그림

이러한 할복은 고통이 너무 클 뿐만 아니라 체력적으로도 무리가 따르기 때문에 실행하기가 매우 힘들다. 만일 그러한 할복을 자신의 결백을 증명하기 위해 행한 것이라면, 그에게는 이루 말할 수 없는 원통함과 억울함이 있고, 이를 표시하고 있음은 두말할 나위가 없다. 그러므로 그것은 원한의 자살이자, 자신을 궁지로 몰아넣은 자들을 향해 격렬하게 항의하는 죽음의 할복이었다.

이같은 할복은 조선사회에서도 있었다. 할복을 거론하고 있는 수많은 상소문에서 확인할 수 있다. 가령 우암 송시열宋時烈(1607~1689)은 이세직李世直이 복법伏法된 뒤 안성安城에 도착하여 대죄待罪하는 상소문에서 "목을 베고 배를 갈라 결백을 나타내지도 못하였으니, 신의 죄는 더욱 큽니다"하였고,23) 추사 김정희金正喜(1786~1856)는 「사직 겸 진정하는 소辭職兼陳情疏」에서 "만약 신에게 조금이라도 지극한 정성이 있다면 결단코

의당 배를 갈라 하늘에 바치고 심장을 쪼개서 태양을 향하여 조금이나마 지극한 원통함을 토로했어야 할 일"이라는 표현이 보인다.24) 그리고 1788년 이재간李在簡의 상소에서도 "신하가 되어 이런 말을 듣고서도 구차하게 목숨을 부지하고 아직도 즉시 할복하여 스스로 밝히지 못하니 참으로 신은 어리석고 무지합니다."라고 했다.25) 이처럼 억울하고 원통한 일을 당하면 자신의 결백을 증명하기 위해 할복한다는 관념이 조선에도 있었다.

그러나 그들 중 어느 누구도 할복하지 않았다. 그들에게 할복은 자신의 결백을 주장할 때 관용적으로 사용하는 단어로만 존재할 뿐 실재하는 것이 아니었다. 그러한 상황에서 본다면 그것을 증명하기 위해 실천으로 옮기는 일본인의 할복은 희귀하게 여겨졌을 것이다. 이러한 점이 조선의 지식인들에게 인상 깊게 다가왔을 것임에 틀림없다.

어떤 할복이 칭송될까?

조선통신사들은 할복 중에서 특히 사람들에게 칭송되는 할복이 있다는 사실도 알고 있었다. 여기에 대해서 조선의 선비들은 두 가지 시점을 가지고 있었다. 하나는 복수를 하고 할복 자결하는 경우이다. 그러한 예를 강항은 "격분하여 분쟁이 일어나 결투하게 되는 경우 그 구적仇敵을 찔러 죽이고 나서 또 자신도 곧 목을

---

23) 『宋子大全』 제13권, 소(疏) 차(箚), 이세직(李世直)이 복법(伏法)된 뒤 안성(安城)에 도착하여 대죄(待罪)하는 소, 경술년 9월 19일.
24) 『완당전집』 제2권, 소(疏), 사직 겸 진정하는 소[辭職兼陳情疏].
25) 『일성록』 정조 12년 무신(1788, 건륭) 6월 1일(임진), "선혜청 당상 이재간(李在簡)을 패초하여 공무를 행하라고 신칙하였다."

찌르거나 배를 가르거나 합니다. 그러자 사람들은 '참다운 대장부이다'라고 감탄하여 애석히 여기지 않는 이가 없고, 그 자손에게 '너는 곧 과감하게 죽은 사람의 후손이다'라고 하여, 지위 높은 사람과 혼인할 수 있습니다"라고 했다.26)

여기서 보듯이 복수를 하고 자신도 죽는 자들을 칭송하여, 그들의 후손들도 사회적으로 좋은 대우를 받는다고 했다. 하지만 강항은 왜 그러한 자를 일본인들은 칭송하는 것인지에 그 이유에 대해서는 설명하지 않고 있다. 그것을 알기 위해서는 일본인의 복수문화를 이해할 필요가 있다.

에도시대의 무사사회에서는 복수가 하나의 문화로서 자리 잡고 있었다. 부모, 형제가 살해당하면 자신의 힘으로 복수하는 것이 당연하다고 여겨졌다. 복수를 하지 않으면 무사의 자격이 없는 치욕적인 것으로 생각되었다. 만일 부모나 형제가 살해당하면, 원수를 갚겠다는 신청을 막부에게 제출하여 허가를 받는다. 막부도 복수의 경우는 대체로 인정했다. 막부로부터 허가가 내려지면 무사의 신분을 버리고 낭인浪人이 되어 원수를 추적한다. 낭인이란 직업을 잃은 무사이기 때문에 본인은 물론 남겨진 가족들도 생계가 막연해질 수밖에 없다. 본인은 원수를 추적하면서 잔일을 하며 근근이 생계를 꾸려가겠지만, 가족들은 혈육으로부터 도움을 얻는 경우가 많았다. 혈육들도 원수를 갚지 못하면 사회적으로 인정을 받지 못하기 때문에 그들을 돕는 것이다.

그러나 복수는 쉽게 이루어지지 않는다. 경우에 따라서는 상대의 얼굴도 모르거니와, 소재 파악도 어렵다. 그리고 상대도 복수에 대한 경계를 늦추지 않고 있고, 설사 서로 마주하였다 하더라도 성공한다는

---

26) 강항, 「看羊錄」, 『국역 해행총재』, 민족문화추진회, 1967, 137쪽.

보장도 없다. 실제로 복수의 확률은 매우 낮다. 그렇다고 도중에 포기하고 고향으로 돌아갈 수도 없다. 이같은 어려운 사정을 극복하고 복수에 성공한다 하더라도 자신은 막부로부터 할복자결의 명이 내려지기 때문에 죽어야 했다. 이러한 사정을 모두 감안하여 사람들은 그를 의로운 무사라고 칭송하였던 것이다.

　일본인들이 칭송하는 또 다른 형태의 할복이 있었다. 조선통신사들은 그것은 절차를 지키며 장렬하게 할복한 경우라고 보았다. 예를 들면 이경직李景稷(1577~1640)은 "목욕하고 이발한 다음 눈을 감고 염불하면서 스스로 배를 가르고, 손으로 오장五臟을 끄집어내어 죽으면, 보는 사람들이 좋은 사람이라 칭해 주고, 그 자손도 또한 세상에 이름이 높아진다"고 했다.27) 그와 유사한 기술이 강홍중과 남용익에게도 보이는데, 가령 강홍중姜弘重(1577~1642)은 "목욕하고 염불念佛하며 스스로 제 배를 갈라 손으로 오장五臟을 꺼내어 죽으면 모두 훌륭한 사람이라 이르고 그 자손도 또한 세상에 현달한다"고 하였고,28) 남용익南龍翼(1628~1692)은 "스스로 원하여 자결自決하게 될 때는, 목욕·이발하고서 눈을 감고 염불하며 스스로 배를 가르고 손으로 오장을 움켜내어 죽는데, 구경하는 사람들이 훌륭한 사람이라고 칭찬을 하고 그 자손도 세상에 이름이 나게 된다"고 한 내용이다.29) 이처럼 이들은 목욕재계하고, 염불하는 절차를 거친 다음 배를 가르고 내장을 드러내어 그것을 움켜지고 장렬하게 죽는 할복이야 말로 칭송된다고 설명하고 있는 것이다. 이러한 할복을 무사에 어울리는 용기의 표현으로 인식되어졌던 것 같다.

　이러한 할복을 이해하기 위해 당시 행하여졌던 할복의 의례 절차에

---

27) 李景稷, 「扶桑錄」, 정사년 10월 18일조, 『국역 해행총재』 3, 144쪽.
28) 강홍중, 『동사록』, 을축년(1625, 인조3), 3월 5일(계축).
29) 南龍翼, 『聞見別錄』, 風俗/ 性習.

대해 이해할 필요가 있다. 경우에 따라 조금씩 다를 수는 있으나, 대체로 다음과 같은 순서에 의해 행해졌다.

(1) 할복의 명령이 떨어지면, 할복자는 목욕재계를 한다.
(2) 머리는 평상시 보다 높게 묶고, 평상시와 다르게 역방향으로 감아올린다.
(3) 흰 천으로 만든 예복(수의)으로 갈아입는다.
(4) 할복의 장소에서는 북쪽을 향해 앉으면, 더운 물에 만 밥과 술을 마지막 식사로 제공된다. 술은 2잔을 4번 나누어 마신다.
(5) 칼끝을 남기고 종이로 감은 단도가 제기三方에 올려져 할복자에게 건네진다.
(6) 가이샤쿠닌介錯人은 할복자에게 자신의 이름을 밝히며 1번 절을 한 다음, 할복자의 배후에 서서 칼을 청결하게 하고 목을 내리칠 준비자세를 취한다.
(7) 할복자는 오른쪽부터 윗옷을 벗고, 왼손으로 배를 누르듯 하여 쓰다듬고, 손에 쥔 단도를 왼쪽 배에 찌르고는 오른쪽으로 가른다. 이 때 가이샤쿠닌이 목을 친다. 이 경우 조심할 사항이 있다. 할복자의 목을 떨어뜨려서는 안된다. 그것은 상대의 존엄성을 떨어뜨리는 것이기 때문에 가장 바람직한 것은「목의 피부 1장 남기고 자른다首の皮一枚を残して斬る」라는 일본의 표현처럼 목이 지면에 떨어지지 않고 붙어있는 상태로 목을 자르는 것이다.
(8) 병풍으로 시신을 가리고 검시역檢視役이 목을 확인하면 할복은 종료가 된다.

이처럼 일본의 할복은 일정한 형식과 절차에 따라 의례를 치르듯이 진행되었다. 여기서 첨부되어야 할 내용은 도중에 칼을 뽑거나 중지해서는 안된다. 그리고 할복한 후 소리를 내어서도 안되며, 뒤로 넘어져서도 안된다. 어디까지나 자신의 의지로 앞으로 엎드리는 것처럼 쓰러져야 한다. 이처럼 할복에는 엄격한 규율이 적용되었던 것은 할복이 무사들에게 있어서 용기의 표현이었기 때문이다. 이러한 점을 조선통신사들이 높게 평가하였을 것이다.

그런데 여기서 중요한 것은 그것이 모두 공개된다는 점이다. 남용익이 '구경하는 사람'이라고 표현한 것도 바로 이러한 상황을 말한 것이다. 그리고 그 절차 가운데 목욕재계를 하고, 머리를 정갈히 묶어 올리고 흰옷으로 갈아입고, 북쪽을 향해 앉아 윗옷을 벗고 할복자세를 취하는 것을 두고 조선통신사들은 "목욕·이발하고서 눈을 감고 염불한 후 할복한다"고 했다.

그러한 할복이 실제로 있었다. 1595년 도요토미 히데쓰구豊臣秀次 (1568~1595)의 할복이다. 그는 히데요시의 누나 즈이류인瑞龍院 닛슈日秀 (1534~1625)의 장남이었다. 히데요시의 아들 쓰루마쓰鶴松가 죽어 후계자가 사라지자, 히데요시는 히데쓰기를 양자로 받아들여 후계자로 삼고, 가독을 상속했다. 그러나 훗날 히데요시에게 히데요리秀賴가 태어남에 따라 히데요시의 마음이 바뀌었고, 또 히데쓰기의 음모설이 제기되자, 히데요시는 그를 강제로 출가시켜 고야산高野山 청암사靑巖寺에 칩거하게 한 후에 할복 자결토록 했다. 그 때 상황을 보면 히데쓰구와 부하 5명은 먼저 목욕재계를 하고 할복 칼(단도) 끝 3촌寸을 종이로 감고, 가이샤쿠닌 介錯人이 배후에 서서 목을 쳐서 떨어뜨리는 형식을 취했다. 따라서 할복자가 할복하기에 앞서 목욕재계하고 염불한다는 것 중 목욕재계 부분은 크게 틀리지 않는다고 할 수 있다.

그러나 드러난 내장을 움켜쥐고 죽는 할복은 조선통신사들이 왕래하던 시기에는 이미 사라지고 없었다. 그럼에도 불구하고 이러한 할복을 소개한 것은 그러한 할복의 이야기를 일본인으로부터 듣고 그에 대한 인상 깊게 각인되어 있었기 때문으로 보인다.

그러나 할복자가 왜 그러한 할복을 해야 했으며, 그것이 무엇 때문에 칭송받는지에 대한 이유에 대해 아무런 설명을 하지 않고 있다. 왜 그들은 이러한 할복을 하였을까? 그것이 장렬한 만큼 그 의미는 다른 것에 비해 훨씬 강렬하다고 인식하였기 때문이다.

그러한 할복은 에도시대 이전 전쟁을 일삼던 전국시대에서는 흔히 있었다. 내장을 드러낸다는 것은 보통사람으로서는 실행하기 어렵다.

豊臣秀次와 그의 죽음에 할복순사한 사람들
(隆西堂, 山本主殿, 不破万作, 山田三十郎, 雀部淡路守) 瑞泉寺 소장

그리하여 만일 그러한 자가 있으면 그는 용기있는 무사로서 존경을 받았다. 오다 노부나가의 중신 시바다 가쓰이에柴田勝家(?~1583)는 시즈가다케賤ヶ岳 전투에서 하시바 히데요시羽柴秀吉에게 패배하였을 때 할복했다. 그 때 그는 열십자로 배를 가르고 내장을 드러낸 다음 가이쿠介錯를 했다. 또 가쓰이에와 뜻을 같이 한 오다 노부다카織田信孝(1558~1583)도 같은 형식으로 할복하였는데, 그는 내장을 드러내어 그것을 도코노마床の間에 걸려 있던 매화 그림에 내던졌다고 전해진다.30) 이들이 단순히

---

30) 高柳光壽; 松平年一, 『戰國人名辭典』, 吉川弘文館, 1981, 53頁.

할복하는 것에 그치지 않고 내장을 드러내고 던지며 죽는 것은 용기의 표현이기도 하지만, 다른 한편으로는 승자인 히데요시에게 퍼붓는 원한과 저주를 표시하는 행위이기도 했다.

그러나 시대가 바뀌어 에도시대가 되고, 할복의 형식이 갖추어지면 내장을 드러내는 할복은 배척하는 대상이 되었다. 오히려 세련되지 못하고 야만스러운 행위로 간주되었다. 그 뿐만 아니라 그러한 행위는 막부가 내린 처분에 대해 수긍하지 않는 저항의 표현으로 받아들여졌다. 그리하여 할복자에게 나무로 만든 목도木刀나 칼 대신 쥘부채가 제공되기도 했다. 이러한 경우에는 할복의 흉내만 내면, 가이샤쿠닌이 뒤에서 목을 쳤다.

그러나 예외가 있었다. 그것은 1868년(慶應4) 사카이堺에서 프랑스 병사와 충돌이 생겨 사상자를 낸 도사번土佐藩의 사무라이 20명이 할복의 명을 받아 할복하는 사건이었다. 사건개요는 다음과 같다.

1868년 2월 15일 새벽 오사카항大阪港을 측량 중에 무단으로 사카이堺에 상륙한 프랑스 함대 수병과 사카이의 경비를 담당하고 있던 도사번土佐藩 사무라이들과 충돌이 벌어져 도사번 사무라이의 발포에 의해 프랑스측이 10여명 사상자가 발생했다. 이에 즉각 프랑스측은 사건에 관여한 자의 처형과 그에 대한 배상을 요구했다.

일본정부는 오사카재판소大阪裁判所의 선고에 의해 사카이의 묘국사妙國寺에서 도사번 사무라이 20명에 대해 할복의 명이 내려졌고, 할복은 프랑스 사관들의 입회하에 진행되었다. 이러한 처참함을 지켜보고 있던 프랑스군함장 듀프티 두아르DuPetit-Thouars는 11명이 할복하였을 때 외국국판사外國局判事 고다이 토모아쓰五代友厚(1836~1885)에 중지요청을 하여 결과적으로 9명이 살아남을 수 있었다.

「堺表土佐藩士攘夷記」에 묘사된 사카이 사건 때 妙國寺에서 할복하는 일본 무사들
縣立歷史民俗資料館編集, 「堺事件 150年の時を經て」 에서

이 사건을 일본의 문호 모리 오가이森鷗外(1862~1922)가 1914년에 발표한 『사카이 사건堺事件』에는 할복장면을 다음과 같이 서술했다.

> 최초로 할복한 미노우라箕浦는 윗옷을 벗고, 단도를 쥐고 왼쪽 배에 깊숙이 찔러 三寸 정도 내려 가르고, 오른쪽으로 돌려 또 三寸 정도 올려 갈랐다. 칼이 깊게 들어있기 때문에 상처부위가 넓게 열렸다. 미노우라는 단도를 버리고, 오른 손을 배안으로 집어넣어 내장을 끄집어 내고 프랑스인들을 노려보았다. (森, 1973 : 191~192)

이처럼 모리 오가이는 배를 가르고 내장을 드러내고 프랑스인들을 노려보았다는 것을 강조하고 있다. 일본 역사가 야마모토 히로부미山本博文는 그 부분에 대해 "6번 대장 미노우라 이노요시箕浦猪之吉(1844~1868)는 프랑스인들을 향해 "내가 죽는 것은 너희들을 위한 것이 아니라, 황국을 위한 것이다. 일본 남자의 할복을 똑똑히 보거라!"하고 외치고는 열십자로 배를 가르고 내장을 손에 쥐고는 프랑스인들을 향해 던졌다. 또

두 번째 할복한 8번 대장 니시무라 사헤이지西村左兵次의 목은 3간間(약5.5 미터)나 날아갔다고 한다. 너무나도 처참한 할복의 광경에 공포를 느낀 프랑스인들은 12번째 하시즈메 아이헤이橋詰愛平의 순서가 왔을 때 자리에서 일어나 나가버렸다. 하시즈메 등 나머지 인원들은 강경하게 할복할 것을 주장하였으나, 제지되어 9명은 살아남을 수 있었다"고 보다 구체적으로 서술했다.31)

물론 이러한 기술은 일본 측 입장에서 묘사한 것이다. 그러나 정작 이를 지켜본 프랑스해군 듀블렉스함의 함장인 베르가스 듀부티 두아르 Bergasse DuPetit-Thouars(1832~1890)는 그 상황을 다르게 묘사했다. 즉, "최초의 할복자는 내장이 튀어나오자, 이윽고 앞으로 쓰러졌다. 수형자가 단도를 손에 쥐면 곧 배후에 서있는 가이샤쿠닌은 양손으로 칼을 잡고 그 때마다 일격을 가해 목을 벤다"고 했다.32) 이처럼 그의 설명에는 내장을 드러내고 프랑스인들을 노려본다는 내용이 없다. 그 뿐만 아니라 칼을 잡고 할복하기 이전에 가이샤쿠를 하고 있다고 지적하고 있다. 다시 말해 그 중에는 배를 가르지 않는 할복도 있었다는 것이다. 그런 한편 이때의 상황을 함장 두아르에게 들은 영국인 외교관 알제논 미드포드Algernon Freeman-Mitford(1837~1916)는 할복자들이 할복을 하고 스스로 내장을 드러내고 지켜보고 있는 프랑스 수병들을 향해 일갈하며 쓰러졌다고 서술했다.33) 그러므로 현재 상황으로서는 어느 것이 옳은 것인지 판단하기 어렵지만, 듀부티 두아르를 제외하고는 할복자들이 내장을 드러내고 프랑스인들을 저주하면서 죽었다고 했다. 만일 그것이 사실이라

---

31) 山本博文, 『切腹 - 日本人の責任の取り方』, 光文社新書, 2003, 200頁.
32) KORNEEVA Svetlana, 「切腹をめぐる一考察：切腹刑と斬首刑との比較を通して」, 『日本文化の解釋：ロシアと日本からの視点』, ロシア・シンポジウム, 2007(International Symposium in Russia, 2007, 212頁에서 재인용).
33) ミットフォード, 『英國外交官の見た幕末維新』, 講談社學術文庫, 1998, 153~154頁.

면 이 경우에 한해서 의도적으로 내장을 드러내는 할복을 허용하였을 가능성도 있다. 상대를 증오하며 죽음으로 공격할 때 가장 적합한 것은 배를 가르고 그 속에 있는 내장을 드러내어 움켜잡고서 저주의 말을 퍼부으며 장렬하게 죽는 것이다. 이러한 이야기가 조선통신사들에게 흘러들어가 배를 가르고 손으로 "오장五臟을 꺼내어 죽으면 훌륭한 사람이라고 칭찬을 하고 그 자손도 세상에 이름이 나게 된다"는 칭송받는 할복의 예로서 거론되었던 것이다. 즉, 그들은 그것을 상대에게 저항감을 나타내는 공격적인 할복이 아니라 무장으로서 취해야 할 용기의 표현으로 해석하였던 것이다.

조선의 선비가 본
일본의 할복

조선통신사들은 일본에서 체재하는 동안 직접 할복을 하는 사람을 본 적이 없다. 그럼에도 불구하고 그것에 관한 기록을 많이 남겼다는 것은 그들도 일본인의 할복에 대해서 관심이 높았다는 것을 증명한다. 그러나 그들이 접한 일본인을 통해 그것이 형벌로서, 그리고 실책(패전)을 책임지는 형태로서, 또 주군의 죽음에 순사하고, 억울한 일을 당하면 자신의 결백을 증명하는데 이용하고 있다는 것을 알았다. 그 뿐만 아니다. 사람들은 수없는 어려운 고비를 넘기고 부모형제의 원수를 갚고 행하는 할복과 내장을 드러내어 그것을 움켜쥐고 장렬하게 죽는 형태의 할복을 의리와 용기의 표상으로서 칭송한다는 사실도 파악했다.

이러한 일본인의 할복을 두고 조선의 선비들은 "일본의 풍속이 자고로 생명을 가볍게 여겨서 성이 나면 반드시 스스로 목을 찌르고 스스로 배를 가른다."고 한 신유한의 표현처럼 생명을 경시하는 일본의 풍토에서 나온 것이라고 보았다. 그러한 시선은 1590년 일본을 다녀온 김성일金誠一(1538~1593), 1596년 일본을 방문한 황신, 그리고 일본에서 포로생활을 하다가 탈출하여 돌아온 노인魯認(1566~1622) 등도 모두 일본인을 '삶을 가볍게 여기는 사람'이라고 한 표현에서도 나타난다. 즉, 생명을 경시하는 사상으로 인해 일어난 결과로서 보았다.

이러한 관점은 "살기를 좋아하고 죽음을 싫어하는 것은 사람의 상정(好生惡死, 人之情也)인데, 일본 사람이라고 유독 그렇겠느냐."34)고 항변하는 아메노모리 호슈의 발언처럼 죽기를 좋아하는 사람은 세계 어디에도 없을 것이다. 그것은 인류 보편적인 가치관이기 때문이다. 그러므로 이러한 표현은 일본인의 할복에 대해 매우 부정적인 시선으로 바라보고 있다는 것에 다름이 아니다.

더구나 그것은 중국의 할복자 홍연弘演, 섭정聶政, 안금장安金藏, 장홍萇弘들을 충정과 의리의 표상으로서 본 것과 너무나 대조를 이룬다. 즉, 조선의 선비들은 중국의 할복자에 대해서는 무한한 긍정적인 태도를 취하는 반면, 일본의 할복자들에 대해서는 매우 부정적인 시점으로 보고 있는 것이다. 그러한 면에 있어서 그들의 일본인에 대한 할복관은 대단히 편향적이라 하지 않을 수 없다.

그 뿐만 아니다. 그들이 보지 못한 것들도 있다. 그들의 기록에는 할복은 무사들만이 가지는 특권이라는 해석은 보이지 않는다. 그리고 뒤에서 목을 쳐주는 가이샤쿠닌의 역할과 특징에 대해서도 소개한 경우도 없었다. 그리고 주군의 그릇된 행위를 멈추게 하기 위해 충정어린 충고를 하며 할복하는 간사諫死로서 할복도 보이지 않는다. 이러한 점들

---

34) 신유한, 『海遊錄』 하, 부 문견잡록(附聞見雜錄).

은 그들의 기록이 가지고 있는 단점이라 할 수 있다.

　유럽인들도 조선의 지식인과 같이 일본인의 할복을 생명을 경시하는 관습이라고 보았다. 1864년 2월 6일부터 8월 23일까지 막부가 이케다 나가오키池田長發(1837~1879)를 정사, 가와즈 스케구니河津祐邦(1821~1873)는 부사로 임명하고 프랑스에 외교사절단을 파견했다. 그들은 개항장이었던 요코하마橫濱를 다시 폐쇄하기 위한 협상을 하는 것이었다. 이들은 2월 6일 프랑스 군함을 타고 일본을 출발하여 상해와 인도 등을 경유하여 수에즈 운하에서 육로로 카이로와 지중해를 거쳐 마르세이유에 도착했다. 그리고 파리에 도착한 그들은 황제 나폴레옹 3세를 알현했다. 그들은 일본의 정장을 입고 칼을 찬 모습이었다.

　이들의 도착을 알리는 기사를 당시 언론『루. 휘가로』가 1864년 5월 1일호에 실었다. 그것에 할복의 내용도 들어있는데, 그것은 편견으로 이루어진 것이었다. 그 중에서 주목할 한 사항은 일본인을 "아주 사소한 일에도 스스로 배를 가르는(s'ouvrir le ventre) 인간"이라고 표현하고 있다는 점이다. 심지어 어떤 언론인을 위한 사전의 '일본인' 항목에서는 "이 민족에게는 스스로 배를 가르는 습관이 있으며, 어릴 때부터 훈련을 받는다"고 했다.

　이러한 인식으로 인하여 프랑스인들 가운데 일본외교사절단 중 한명이 갑자기 윗옷을 벗고 할복하는 장면을 볼 수 있을 것이라고 기대하고 그들을 따라 다녔다는 사람도 있다고 했다.35) 이처럼 유럽인들의 눈에도 일본인의 할복은 기이한 자살행위라는 인식과 함께 생명을 경시하는 습속으로 이해했다.

---

35) 山崎ゆき子,「フランスにおける「日本」のイメージ形成 ―ハラキリを中心に―」,『神奈川縣立國際言語文化アカデミア紀要』, 神奈川縣立國際言語文化アカデミア, 2017, 14頁.

한편 유럽인들은 조선인이 보지 못한 점도 지적하고 있다. 그 중 하나는 가이샤쿠닌의 역할이다. 17세기의 『몬타누스 일본지』에 의하면 일본의 할복에 대해 다음과 같이 서술했다.

> 만일 스스로 처형하는 것을 선택하면 그들은 할복을 한다. 그들은 가끔 보기 드문 용기로 놀랄만한 방법으로 옆으로 배를 가르고 내장을 노출할 때 바로 자기를 참수할 수 있도록 목을 낮추고 집행인의 한사람으로 하여금 자르게 한다. 그들은 이 집행인을 그들에게 대해 최상의 친절한 마음을 가진 자들로 한다.36)

여기서 보듯이 몬타누스는 처형으로서 할복을 보고 있다. 그 때 할복자가 방법으로서 할복을 선택하여 배를 가르고 내장이 드러나면 곧 가이샤쿠닌이 목을 자른다고 했다. 가이샤쿠닌은 우리의 망나니와 같이 사형집행인이 아니라 할복자에게 가장 애정을 가지고 있는 사람을 시킨다고 보았다. 이러한 지적은 조선통신사의 기록에서 찾아 볼 수 없는 것이었다.

또 하나는 할복은 무사들만이 가지는 특권이라는 사실을 지적하고 있다는 점이다. 그 예로 프랑스의 언론사 『일류스트라시온』은 1867년 5월 4일호에 「파리의 일본인」

『몬타누스 일본지』의 일본인 할복 장면

---

36) 山本博文, 『切腹 - 日本人の責任の取り方』, 光文社知惠の森文庫, 2014, 164頁에서 재인용.

이라는 칼럼이다. 이것에는 일본의 할복에 대해 언급하고 있는데, '일본에 간 외국인이 농민들에게 할복을 해달라고 부탁하였더니, 자기들은 고귀한 신분이 아니기 때문에 할 수 없다고 슬픈 듯이 말했다'는 취지의 내용이 있다.37) 그 이후 1875년에 출판된 Francis O. Adams의 『The History of Japan』에서도 일본의 할복을 "관습화된 특권으로서 사무라이에게 부여된 죽음"이라고 했다. 즉, 할복에는 계급적 사고가 있으며, 그것으로 인해 사무라이에게만 내려지는 특권이라는 것이다. 이처럼 프랑스인들은 일본의 할복은 무사들만이 할 수 있는 자결방법이라고 인식하고 있었다. 이 점 또한 조선인들의 기록에는 없던 것이다.

그럼에도 불구하고 조선인들의 할복 기록이 가치를 가질 수 있는 것은 첫째, 세계 최초의 외국인 기록이라는 점이다. 그들의 기록 중 가장 빠른 것은 1596년 황신의 『일본왕환일기』이다. 그에 비해 유럽인들에 의해 일본의 할복이 최초로 묘사된 것은 1669년 네덜란드 목사 몬타누스가 암스텔담에서 간행한 『몬타누스 일본지』이다.38) 그러므로 황신의 『일본왕환일기』가 『몬타누스 일본지』보다 무릇 73년이나 앞선다. 참고로 몬타누스는 일본을 한 번도 방문한 일이 없으며, 16세기말 일본에서 활약했던 바리냐노 선교사가 작성한 일본 보고서를 토대로 저술하였고, 그것이 영어, 독일어, 불어로 출판되어 당시 유럽에서 가장 많이 읽혀진 일본 소개서였다.39) 미국의 페리제독도 일본으로 가기 전에 이것을 읽은 것으로 알려져 있다.

둘째, 유럽에서는 『몬타누스 일본지』 이후 19세기에 이르기까지 일본인의 할복에 대해 제대로 소개된 바가 없었다. 즉, 일본의 할복에 대한 소식이

---

37) 山崎ゆき子, 前揭書, 15頁.
38) 정장식, 「무사도 뒤집어 보기(其三)」, 『일본문화학보』 제52집, 일본문화학회, 2012, 427쪽.
39) 정장식, 앞의 글, 427쪽.

단절되어있었던 것이다. 그에 비해 조선은 그렇지 않았다. 황신 이후 강항, 경섬, 김세렴, 남용익, 이경직, 강홍중, 신유한 등에 의해 계속 이어졌다. 다시 말해 할복에 대한 관심이 단절되지 않고 유지되었던 것이다.

셋째, 유럽인에 비해 조선인들이 본 할복이 훨씬 다양하다는 점이다. 유럽인들은 오로지 형벌로서 할복만을 보았다. 『몬타누스 일본지』의 예도 형벌에 의한 할복이었고, 19세기 유럽에 소개된 1868년 사카이 사건, 같은 해 일어난 고베神戶사건도 그러하다.

고베사건은 비젠번備前藩의 무사가 자신들의 대열을 가로지르고 간 프랑스 해군들을 보고 격분하여 공격을 가하여 부상을 입히고 총격전으로 까지 번져 마침 거류 예정지를 둘러보는 구미 각국 공사들에게까지도 사격을 가한 사건이었다. 이 사건으로 인해 외국군이 고베 중심지를 점거하고 그 책임을 일본정부에게 요구했다. 이것이 명치정부가 처음으로 겪어야 했던 외교문제였다. 이 때 명치정부는 문제를 일으킨 부대의 책임자였던 다키 젠사부로瀧善三郞(1837~1868)의 할복처형으로 문제를 해결했다. 그 때 상황을 지켜본 영국인이 있었다. 그는 1866년 10월부터 1870년 1월까지 영국 외교관 미드포드A.B. Midford이었다. 그는 훗날 일본을 체재한 회상록을 1871년에 출판하였는데, 그것이 바로 『옛날 일본이야기Tales of Old Japan』이다. 그것에는 다키 젠사부로의 할복장면이 자세히 소개되어 있다. 이러한 사건들로 프랑스와 영국을 비롯한 유럽 각국에 일본의 할복이 널리 알려지게 되었다.

이러한 사건들을 유럽인들이 직접 보고 그것에 대해 서술하고 있는 점은 분명히 조선통신사들의 사례들 보다 현장감이 있다고 하지 않을 수 없다. 그러나 그들이 취급하고 있는 것은 어디까지나 처형의 수단으로서 행하여진 할복뿐이다. 그 밖의 것에 대해서는 취급하지 않고 있다. 그에 비하면 조선인의 기록에는 형벌 이외에도 순사, 결백, 책임 등 다양한 할복이 존재한다. 그리고 사회적으로 칭송받는 할복도 묘사하고 있다. 이러한 점에 있어서도 조선통신사들이 남긴 할복에 관한 기록은 역사적 자료적 가치로서도 매우 중요하다.

그럼에도 불구하고 지금까지 국내는 물론 일본에서 조차도 그들이 남긴 기록에 대해 관심을 일체 두지 않았다. 어쩌면 그러한 데는 가장 가까이에 있는 자국과 이웃을 무시하는 경향이 있는지도 모른다. 특히 일본에는 멀리 있는 이웃만을 의식하여 자신의 특징을 찾으려는 편협한 학문적 경향이 작용하였을지도 모른다. 만일 그렇다면 하루 빨리 가장 가까운 이웃에 시선을 돌릴 필요가 있다고 본다. 왜냐하면 자신과 가장 닮은 사람이 자신과 비교하였을 때 가장 섬세하게 바라다 볼 수 있기 때문이다. 그러한 점을 간과하고 있다는 사실을 일깨워주는 중요한 사례 중의 하나가 조선통신사의 기록이라 할 수 있을 것이다.

일본에 있어서 할복 역사

> 살아야 할 때 살고, 죽을 때 죽을 줄 아는 것이 진정한 용기이다.
> – 도쿠가와 미쓰구니 德川光圀(1628~1701)

할복은
일본의 상징

배를 가르고 죽는 자살방법을 우리는 할복이라 하고, 중국에서는 부복剖腹이라고 하지만, 일본에서는 셋푸쿠切腹 또는 하라기리腹切라고 한다. 외국에서 "하라기리"라는 말로 널리 알려져 있는 것도 바로 이러한 일본어에서 유래된 것이다. 할복은 다른 나라에도 전혀 없는 것은 아니지만 일본처럼 하나의 문화적 특징으로 규정될 만큼 일반화되어 있는 경우는 드물다. 따라서 일본문화를 연구하는 외국학자들에게는 할복은 큰 관심거리가 아닐 수 없었다.

많은 일본 연구자들이 높은 관심을 가진 만큼 다양한 시점에서 접근

한 연구가 나옴직 함에도 불구하고, 의외로 그들의 시각은 집단주의의 논리로 좁혀져 있다. 가령 불란서 사회학자 듈켐은 일본인의 할복자살을 개인주의보다도 사회집단의 중요성을 강조함으로써 집단과의 결합이 이상하다 할 만큼 강하기 때문에 일어나는 일종의 집단본위적 자살로서 해석한 바가 있다.1) 이러한 관점은 미국의 인류학자 루드 베네딕트에게도 이어져 그녀는 일본의 할복을 자기가 소속된 사회에서 자신의 명예를 지키고 이름을 깨끗이 하고자 하는 명예스럽고 의도적인 행동이라고 정의하고 있다.2)

그러한 해석은 일본계 미국인 리브라 스기야마Takie Sugiyama Lebra의 연구에서도 보인다. 그는 자살은 커뮤니케이션이 이루어지지 않는 것에 대한 욕구불만에서 생겨나는 것이라고 정의하면서도 일본인의 할복에 대해서는 사회적 신분에 걸 맞는 책임감에서 나온 것인 만큼 죽음을 통하여 사회적 통합을 이루는 면이 있다고 지적하고 있는 것이다.3) 그리고 한국의 민속학자 최길성도 일본인의 할복을 개인이 집단에 매몰된 사회적 표현이라고 해석하고 있다.4)

아마도 그들이 이러한 결론을 도출하는 데는 특히 근세 무사들의 사회적 신분에 걸 맞는 명예와 책임에 따른 할복자살을 대상으로 했던 것 같다. 그 시대에 살았던 무사들은 분명 그런 이유 때문에 할복한 자들이 많았던 것도 사실이며, 또 그렇게 하지 못하는 무사들은 죽어야 할 때 죽지 못한 비겁자라는 누명을 쓰고 평생 불명예로 살아갔던 사람들도 적지 않기 때문이다. "주군을 섬기는 일 이외에 일체 다른 것을

---

1) 듈켐저, 宮島喬譯, 『自殺論』, 中央公論社, 1985, 267頁.
2) 루드 베네딕트 저, 김윤식·오인석 역, 『국화와 칼』, 을유문화사, 1993.
3) Takie Sugiyama Lebra, *Japan Patterns of Behavior*, 1976, pp.190~200.
4) 최길성, 「일본의 무사도와 충효의 죽음」, 『일본학지』 1, 계명대 일본문화연구소, 1980.

생각할 필요가 없다"라고 까지 서술한 당시 무사들의 정신적 지침서 『하가쿠레葉隱』에서 보듯이 근세의 무사들은 지속된 개인적 삶의 영위를 추구하기보다는 자기를 거두어 준 주군 또는 집단의 이익을 위해서 기꺼이 목숨을 바쳤던 것이다.

그러나 위에서 본 일련의 해석이 모든 시대에 일어난 할복에도 적용될 수 있는 것은 아니다. 근세는 근세 나름대로의 사회적 역사적 배경을 지니게 마련이다. 그러므로 그것은 한 시대에 국한된 할복에 대한 해석에 지나지 않는다. 따라서 한 시대에 국한된 할복의 특징을 천착하기보다는 전 시대에 걸쳐 할복의 특징을 살펴볼 필요가 있다. 왜냐하면 일본 특유의 자살문화로서 할복이 자리 잡기까지는 많은 시간의 흐름과 함께 그에 맞는 시대적 요청이 있었을 것이기 때문이다. 그러므로 일본의 할복에 대한 전반적인 이해를 하기 위해서라도 일차적으로 통시론적인 관점으로 정리할 필요가 있다고 보고 본 장에서는 일본의 할복이 언제부터 발생하여 시대의 변천에 따라 어떠한 특징을 가지며 발전하여 왔는지를 각 시대별로 정리하며 살펴보려고 하는 것이다.

고대의 할복

일본에서의 할복은 언제부터 있었을까? 기록으로 찾아볼 수 있는 일본 최초의 할복은 앞에서도 보았듯이 713년경에 성립된 『하리마풍토기播磨風土記』라는 문헌에서 발견된다. 그 내용은 현재 효고兵庫지방인 하리마 지역의 지명유래설화의 형식으로 할복의 이야기가 서술되어 있는 것이다. 그 내용의 전문을 살펴보면 다음과 같다.

옛날 하라사키腹辟라는 저수지가 있었다. 이 연못을 하라사키라고 부르는 사연은 하나나미 신花波神의 아내인 아후미 신淡海神이 남편의 뒤를 쫓아 여기에 왔다가 분에 못 이겨 자신의 칼로 배를 가르고 이 연못에 뛰어 들었다. 그러므로 이 연못을 '하라사키'라고 한다. 지금도 이 연못에 사는 붕어들은 내장이 없다.[5]

이상의 이야기는 내용에서 보아 알 수 있듯이 신들의 이야기이다. 그런 만큼 그 내용이 가지는 신뢰도가 떨어지는 것도 사실이다. 그러나 신화의 주인공들은 비록 가공적일지 몰라도 그렇다고 해서 신화를 만드는 사회까지 부정할 수 없다. 다시 말해 할복하여 죽는 사람이 없는 사회에서는 이러한 신화가 나올 수 없는 것이다. 이 자료를 통하여 우리가 알 수 있는 것은 할복이 언제부터 생겨났는지는 정확히 알 수는 없어도 『하리마풍토기』가 성립되는 713년경 이전 일본사회에서는 이미 할복이 있었다고 보아야 할 것이다.

여신이 할복하게 된 동기는 확실하지는 않지만 "남편의 뒤를 쫓아 왔다가 분에 못 이겨"라는 문장에서 보듯이 어쩌면 극심한 부부싸움을 벌여 격분한 나머지 할복을 했을지도 모른다. 여기에서 한 가지 재미있는 사실은 할복하여 뛰어든 여신으로 말미암아 그 연못에 사는 붕어들이 창자가 없다는 사실이다. 살아있는 붕어가 창자를 지니고 있지 않다는 것은 정작 사실이 아닐 것이다.

그러나 이것은 여신이 어떠한 형태로 할복하였는가를 암시하여주는 부분의 기술이라고 보아도 괜찮을 것이다. 즉, 여신은 자신의 배를 가르고 내장을 끄집어내고 죽음으로써 붕어들도 여신과 같이 내장이 없어졌

---

5) 吉野裕譯, 『風土記』, 平凡社, 1969, 90頁.

다는 전설로 해석되기 때문이다. 이처럼 8세기 초엽의 일본 고대사회에서는 단순히 배를 가르는 것만이 아니라 그것과 함께 내장을 드러내는 자살의 방법이 있었음을 알 수 있다.

한편 신이 아닌 인간으로서 문헌에 나타나는 일본 최초의 할복 자살자는 후지와라 야스노리藤原保輔(?~988)이었다. 『속고사담續古事談』에 의하면 그는 당시 귀족출신의 사나이였다. 그는 낮에는 귀족으로서 우아한 생활을 하지만 밤이 되면 도적의 우두머리가 되어 많은 권세가들의 재산을 약탈하며 살아가는 이중성을 지닌 자이었다. 그러므로 당국은 마땅히 그를 잡는데 혈안이 되어 있었으나 철저히 정체를 드러내지 않고 행동을 했기 때문에 좀처럼 잡을 수가 없었다. 그러던 어느 날 그는 어떤 계기로 출가하여 승려가 되어 생활하다가 옛날 동료의 집에 우연히 들리게 된다. 그런데 그 동료가 야스노리의 신의를 배반하여 자신의 집에 야스노리가 와 있다는 사실을 관가에 밀고를 해 버리는 바람에 관군들이 그를 체포하기 위해 밀어 닥쳤던 것이다. 그 때 그는 병사들이 지켜보는 가운데 들고 있던 칼로 자신의 배를 가르고 창자를 끄집어내어 자기를 잡으려는 군사들을 향해 던졌다. 이렇게 장렬하게 할복을 하였지만 좀처럼 목숨이 끊이지 않아 결국 그는 감옥에 끌려가서는 그 다음날 사망을 하는 것이다.

이 같은 야스노리의 할복은 앞에서 본 여신의 할복동기와 서로 다르다 하더라도 여러 가지 면에서 비슷한 점이 많다. 그 중의 하나는 그들의 할복이 현실을 인정하고 싶지 않아도 어쩔 수 없이 인정해야하는 상황에서 이루어진다는 것이다. 많은 부분의 기록이 생략되어 정확한 사인을 밝혀낼 수는 없지만 여신의 경우 자신과의 사랑을 배반한 남편을 찾아왔건만 끝내 마음을 돌이키지 못하여 격분한 나머지 자살하고 말았다면 그녀의 할복은 남편의 배신에 따른 원망과 저항의 표시이다. 단순한 죽음의 방법으로서 할복을 택한 것이 아닌 것이다.

　야스노리의 할복도 이러한 관점에서 해석이 가능하다. 그는 제일 먼저 자신을 배반한 친구에게 원한을 품었을 것이다. 그리고 두 번째는 자신은 졸개 한 명도 거느리고 있지 않은 무방비 상태에서 체포된다는 사실 자체에 대해 분함을 느꼈을 것이다. 그러한 상황에서 그의 할복이 자행되는 것이다. 특히 귀족출신인 그가 권문세가의 집만 골라 약탈했던 것으로 미루어 보아 그는 당시 사회지배계층에 대해 강한 불만과 저항의식을 가지고 있었음을 알 수 있다. 그러므로 그를 체포하러 오는 병사들은 단순히 경찰의 의무를 수행하는 집단이 아니라 자신이 증오했던 지배계층을 대변하는 세력이었다. 따라서 그가 배를 가르고 내장을 끄집어내어 자신을 체포하려는 병사들을 향하여 던진다는 그 행위는 강력한 반발과 원한의 표시로서 해석이 가능한 것이다. 이처럼 격분하여 배를 가르고 내장을 끄집어내어 던지며 강하게 반발하며 죽는 형태의 할복이 있었다.

쓰키오카 요시토시(月岡芳年, 1839~1892)의
토벌군을 바라보는 타메토모爲朝 그림

　한편 형태가 다른 할복도 있었다. 미나모토 타메토모源爲朝의 할복이 그것이다. 타메토모는 미나모토 타메요시源爲義(1096~1156)의 8남으로 1139년(保延5)에 태어났다. 통칭 그는 친제 하치로鎭西八郞라 불리며 활의 명인으로 알려져 있다. 1156년(保元元) 일본 조정이 고시라가와천황後白河天皇(1127~1192) 측과 스도쿠 상황崇德上皇(1119~1164) 측이 대립하여 충돌을 일으키는 사건이 일어났다. 이를 호겐保元의 난亂이라 하는데, 이 때 타메토모는 부친 타메요시와 함께 스도쿠 상황 측에 가담하여 싸웠으나 패배했다. 스도쿠 상황은 사누키讚岐에 유배되었고, 그의 부친 타메요시는 참수되었으며, 그는 활을 쏠 수 없도록 팔의 힘줄이 잘리고 이즈伊豆 오시마大島로 유배되었다. 그 후 타메토모는 이즈의 여러 섬들을 복종시키고 고쿠시國司에 반항을 하였기 때문에 1170년(嘉應 2)에 구도 시게미쓰工藤茂光(?~1180)에 의해 토벌되었다. 그 때 그는 하치죠코지마八丈小島에서 활을 쏘아 토벌군의 병선을 침몰시킨 다음, 기둥에 기대어 서서 배를 갈랐다. 그래도 죽지 않자 스스로 칼을 목 뒤로 돌려 내린 후 목을 쳐 목숨을 끊었다. 당시 그의 나이 28세였다.[6] 비록 기둥에 기대기는 하였지만 그는 일본 할복의 역사에서 최초로 서서 할복한 사람으로 간주되고 있다.

 타메토모는 배를 가르고 내장을 드러내지 않고 있다. 그 대신 스스로 목을 치는 보조수단을 택하고 있다. 이러한 점이 앞에서 본 아후미 여신과 후지와라 야스노리와 다른 점이다. 그럼에도 불구하고 타메토모의 할복은 야스노리와 공통되는 점이 있다. 그것은 다름 아닌 자신을 잡으러 온 관군의 칩에 도저히 지탱힐 수 없는 상황에서 적군에게 포로가 되어 욕을 보기 전에 장렬하게 무장답게 죽음을 선택한다는 점이다. 이럴 때 격렬한 항의표시의 경우 내장을 드러내어 상대를 향해 던지지만, 그렇지 않을 경우 할복의 보조수단으로 스스로 목을 쳤다. 이러한 할복이 일본 고대에 있었다.

---

6) 中康弘通,『切腹 悲愴美の世界』, 久保書店, 1971, 10頁.

중세의 할복

중세에 접어들면 할복의 동기와 의미는 고대의 것보다 훨씬 더 많이 다양해진다. 그 첫째는 생포되기 직전에 할복하는 경우가 일반화되어 자신들의 성이 함락되기 전에 패전한 무사들이 집단 자결하는 경우가 생겨났다. 이런 경우 자신과 주군 그리고 전우와의 의리의 표현으로 해석이 가능하지만, 다른 한편으로는 주군의 죽음에 따르는 순사의 의미도 포함하고 있었다. 그 예로서『태평기太平記』에 기록된 가마쿠라막부鎌倉幕府의 14대 집권執權이었던 호죠 다카토키北條高時(1304~1333)와 그의 무리들이 행한 집단 할복자결을 들 수 있을 것이다.

당시 최고의 실력자이었던 그가 천황의 힘을 업고 반격을 가해오는 닛타 요시사다新田義貞(1301~1338)에게 패배하자 가신인 다카시게高重(?~1333)가 할복하기를 권했다. 처음에는 다카토키가 주저하자 다카시게는 술잔을 세 번 들이킨 뒤에 칼로 자신의 배를 가르고 창자를 집어내는 할복의 방법을 가르쳐 주고 죽었다. 그러자 도쥰道準과 스와 지키죠諏訪直性(?~1333)도 그를 따라 할복하여 죽었으며, 이를 본 다카토키도 이윽고 할복하여 죽었다. 다카토키가 죽었을 때 순사殉死한 사람이 6천여 명에 이르는데, 그 중 적어도 천여 명이 같은 방법으로 죽었다고 한다.[7]

그런데 이들의 일련의 할복의 행동에서 특이한 사항은 다카토키가 할복에 대해서 주저하자 다카시게가 그 방법에 대해서 가르쳐 주고 있다는 점이다. 이는 다르게 표현하면 일개의 무장인 다카토키가 할복하는 방법을 모르고 있었다는 것을 의미하는 동시에 그가 할복했던 1333년 당시만 하더라도 할복이 무사들에게 있어 일반적인 죽음의 방법이 아니었음을 나타낸다. 즉, 이 시기까지 일본에서 할복은 정형화가 이루어지

---

7) 稲村博,『自殺の原點 - 比較文化的考察』, 新曜社, 1979, 69頁.

지 않았던 것이다.

둘째로 이 시대의 할복은 무장들의 용기와 인내의 표현이기도 했다. 그 예로 당시 소설 『의경기義經記』의 주인공 미나모토 요시쓰네源義經(1159~1189)의 할복자결을 들 수 있을 것이다. 그는 일본 최초의 군사정권인 가마쿠라막부鎌倉幕府를 세우는데 결정적인 역할을 했음에도 불구하고, 그의 이복형 미나모토 요리토모源賴朝(1147~1199)로 부터 미움을 받아 쫓겨 다니다가 최종적으로는 할복하여 생애를 마친 비운의 영웅이다.

『의경기』에 의하면 할복하기 전 그는 자신의 부하인 쥬로 가네후사十郎兼房에게 "자해를 어떻게 하면 사람들이 칭송하겠느냐?"하고 물었다. 그러자 가네후사는 "사토 타다노부佐藤忠信가 교토京都에서 했던 방법을 지금까지 많은 사람들이 칭송하고 있습니다."라고 대답했다. 그러자 요시쓰네는 "알겠네. 그럼 상처가 크면 클수록 좋겠구나."하며 자신의 칼로 먼저 왼쪽 젖가슴 밑을 깊게 찔러 세 가닥으로 갈라 베었다. 그러자 창자가 바깥으로 쏟아져 나왔다. 요시쓰네는 자신의 몸에서 칼을 빼낸 후 거기에 묻은 피를 소매로 닦아내고, 가네후사에게 자신의 아내를 불러줄 것을 명하였다. 이 소식을 듣고 날려온 아내에게 자신의 최후를 알리고, 다시 가네후사에게 자기 아내와 자식의 목숨을 끊어달라고 부탁을 했다. 그리하여 자기의 가족들이 죽고 나서 자신도 그 곁에서 서서히 죽어갔다는 것이다.

어떻게 할복을 하면 무장으로서 칭송을 받을 것인가 하고 묻는 그의 말에서 보듯이 할복은 고통을 견뎌냄으로써 자신의 용기를 표현하는 수단이라는 것을 단적으로 나타내주는 말이다. 이런 경우 되도록이면 다른 사람들 보다 고통스럽고 비참하게 죽어야 그 목적을 달성할 수 있다. 그러므로 가장 많이 사용하는 "한일 자"형으로 배를 갈라서는 무장의 용맹을 과시할 수가 없다. 그리하여 요시쓰네는 열십자형으로 배를 가르고 죽은 사토 타다노부보다 한가닥이 많은 "세 가닥"으로 배를 가르고 서서히 죽어갔던 것이다.

또 『평가물어平家物語』에서도 그러한 예를 찾아 볼 수 있다. 앞에서도 약간 언급한 바 있는 오오에 도오나리大江遠成와 그의 아들 이에나리家成의 할복이 바로 그러한 예일 것이다. 그들의 할복에 대해 『평가물어』는 다음과 같이 서술하고 있다.

오오에는 당시 관백 마쓰도노 모토후사松殿基房(1144~1231)의 가신이었다. 그들은 이전부터 실력자 다이라노 기요모리平淸盛(1118~1181)로부터 미움을 받아왔다. 이들을 체포하라는 기요모리의 명령이 떨어졌다는 소문을 들은 부자는 무작정 도망을 쳐서 교토京都 교외의 이나리산稻荷山으로 올라갔다.

말에서 내린 아버지와 아들이 상의하기를 "간토關東지방으로 빠져나가 겐지源氏의 두령인 미나모토 요리토모源賴朝(1147~1199)에게 의탁하고 싶지만 현재 요리토모는 조정의 대역죄인으로 몰려있는 입장이므로 자기 몸 하나 건사하기가 바쁜 형편이니 그럴 수도 없고, 일본국 그 어디를 가더라도 헤이케平家들의 장원이 아닌 곳이 없다." "또한 오랫동안 살아온 우리 집을 헤이케 군사들에게 짓밟히는 일도 무사로서의 수치이다. 만일 기요모리 군사가 우리들을 체포하러 온다면, 용감하게 배를 갈라 자살하는 것이 상책이겠다."고 결론짓고는 가와라자카瓦坂에 있는 자신의 집으로 되돌아갔다.

이윽고 헤이케 군사 300여기가 이들 부자의 집으로 쳐들어와 함성을 질렀다. 이에 도오나리는 마루로 나가 "잘 보아라. 그리고 돌아가서 너희들 대장에게 이 광경을 똑똑히 보고하라."하며 큰 소리로 외친 다음, 스스로 배를 가르고 집에다가 불을 질러, 불길 속에서 장렬하게 타죽었다.8) 여기에서 보듯이 당시 무사들에게 있어서는 배를 가르고 죽는 할복은 어떠한 죽음보다도 자신의 용맹성을 나타내는 죽음의 방법이라는 인식이 있었던 것이다.

　세 번째로 이 시대의 할복은 주군의 그릇된 행위를 보고 신하로서 충직하게 간하고 죽는 방법으로서도 사용되었다. 그 대표적인 예가 싸움에서 패배하여 황급히 도망가야 함에도 불구하고 애첩의 집에 들어가서 나오지 않는 주군의 행동을 간하기 위해 할복하는 이에미쓰家光의 이야기가 당시 소설『평가물어平家物語』에서 찾을 수 있고, 또 아시카가 우지미쓰足利氏滿(1359~1398)가 반란을 획책할 때, 이를 제지시키기 위하여 그의 부하였던 우에스기 노루하루上杉憲春(?~1379)가 할복하는 역사적 사건 등을 찾을 수 있는 것이다.

　이런 할복으로 일본 역사상 가장 유명한 사람은 히라데 마사히데平手政秀(1492~1553)일 것이다. 마사히데는 오다 노부히데織田信秀(1510~1551)의 가신으로서 그의 아들 노부나가織田信長(1534~1582)의 훈육책임을 맡았다. 즉, 스승이었다. 소년시절의 노부나가는 기행, 난행이 너무 많아 집안에서는 '미친 자'라는 험담이 나왔고, 오다가織田家의 가신들로부터도 폐적廢嫡을 획책할 사람들이 있을 정도였다. 이러한 노부나가를 지켜본 마사히데는 기회가 있을 때마다 간언을 해보지만, 전혀 소용이 없었다. 1552년(天文21) 부친 노부히데가 죽자, 그의 뒤를 노부나가가 계승했다. 그 이듬해 1553년(天文22) 행하여진 1주기 법요식 때 노부나가는 흐트러진 머리에 기이한 복장을 하고, 그것도 늦게 참석하여 피워야 할 향을 집어서 노부히데의 위패에다 던졌다. 이에 참석자들은 놀랐음은 물론 그를 미친 자로 보기에 충분했다. 이를 본 마사히데는 결심했다. 집으로 돌아가 노부나가에게 보내는 자신의 충언을 적은 충간장忠諫狀을 쓰고 할복

---

8)　이원희,『일본인과 죽음』, 영남대출판부, 2000.

자결했다. 그 후 노부나가는 깊게 반성하고 냉철한 이성을 가진 통치자가 되었다는 것이다.[9]

여기에서 보는 것처럼 이 시대의 할복은 패전에 따른 무사들의 의리와 용맹 및 주군에 대한 간언의 수단으로서 이용되었음을 알 수 있다. 그 방법으로서는 앞에서 언급한 요시쓰네와 타다노부 및 다카시게와 같이 할복한 다음 내장을 드러내는 것이 일반적이었다. 그리고 배를 가르는 방법에도 한일 자형과 열 십자형이 있는가 하면, 요시쓰네의 경우처럼 세 가닥으로 가르는 것도 있었다. 무사로서 용맹을 과시하려면 할수록 칼로 배를 가르는 가닥의 수는 그만큼 많아졌던 것이다. 그러므로 뚜렷한 형식이 있었던 것은 아니었다.

『회본태합기(繪本太閤記)』에 그려진 히라테 마사히데(平手政秀)의 할복 직전 모습

또 한 가지 특징적인 사실은 고대와 마찬가지로 이 시대의 할복은 할복자가 배를 가르면 그 옆에서 목을 쳐주는 보조수단이 없었다. 그러므로 그들은 고대의 야스노리와 중세의 요시쓰네처럼 배를 가르고 창자를 드러낸 다음 서서히 죽어 가거나, 아니면 타다노부처럼 배를 가르고 칼을 입에 물고 앞으로 쓰러지거나 오오에의 부자처럼 배를 가르고 불 속에 뛰어들어 목숨을 끊는 방법을 택했다. 또한 할복한 후 자기 스스로

---

9) 中井薫, 『切腹』, ノーベル書房, 1970, 42~43쪽.

목을 끊을 때는 고대의 타메토모와 같이 목 뒤에서 칼의 양쪽 끝을 잡고 앞으로 내리치는 방법도 있었다.

이런 할복의 대표적인 예로는 1338년에 할복 자결한 닛타 요시사다新田義貞(1301~1338), 그리고 1441년 무로마치막부室町幕府의 6대장군 아시카가 요시노리足利義教(1394~1441)를 살해함으로써 자신도 막부의 공격을 받아 멸망하는 아카마쓰 미쓰스케赤松滿祐(1381~1441)의 부장이었던 아사카安積라는 자를 들 수 있다.

특히 닛타 요시사다는 명치유신 이후 일본이 천황제 근대국가를 만들어 갈 때 천황의 추종자들에 의해 일본을 대표하는 충신으로서 교육에 이용된 인물이었다. 그를 신으로 모시는 신사마저 생겨났다. 그를 영웅화시켜나갈 때마다 그의 죽음에 대한 묘사는 조금씩 달라져 나중에는 소설화하여 과학적으로도 불가능한 것까지 첨부되어 묘사되기도 했다. 가령 그가 할복하고 스스로 목을 잘라 떨어뜨리고 난 뒤 적에게 들키지 않게 하기 위하여 진흙 밭을 파고 그곳에 머리를 묻고, 그 위에다 몸을 던져 죽었다는 이야기가 바로 그것이다.[10]

물론 이는 가능한 이야기가 아니다. 실제로 그는 그렇게 죽지도 않았다. 쓰루오카하치만궁鶴岡八幡宮의 궁사인 게히 타로우氣比太郎가 기록으로 남긴 『학강사무소기록鶴岡社務所記錄』에 따르면 닛타 요시사다는 그의 일족 10여명과 그를 따르는 병사 100여명은 가나자키성金崎城이 함락될 때 성 안에서 자결하여 죽은 것으로 묘사되어있다.[11] 이것이 원래의 모습일 것이다. 그러나 그의 죽음을 그렇게 묘사한 것은 황당무계한 기록으로 치부할 수도 있지만, 다른 한편으로는 자기 스스로 할복하고

---

10) 八切止夫, 『切腹の美學』, 秋田書店, 1971, 24頁.
11) 八切止夫, 앞의 책, 1971, 24頁에서 재인용.

나서 목을 자른다는 것이 얼마나 어려운가를 단적으로 나타낸 것으로도 해석할 수 있다.

중세에서도 특히 시대의 말기인 15세기 중반에 접어들면 일본의 전역에는 오다 노부나가織田信長, 도요토미 히데요시豊臣秀吉(1537~1598), 도쿠가와 이에야스德川家康(1543~1616) 등 우리에게도 잘 알려져 있는 군웅들이 천하의 패권을 놓고 치열하게 경쟁을 벌였던 시기이다. 이 시기를 흔히 일본에서는 전국시대라 한다. 이 시대는 잦은 전쟁으로 말미암아 많은 무사들이 죽어갔던 만큼 할복에 있어서도 그 이전 시대와는 다른 형태의 할복이 첨부되어 발전한다. 그 특징을 정리하면 다음과 같다.

그 첫째가 이 시대에는 부하와 동료들의 목숨을 구제하기 위한 패장의 할복이 나타난다는 점이다. 가가加賀의 영주 도가시 마사치카富堅政親(1455~1488)의 할복이 그 좋은 대표적인 예일 것이다.

1488년(長享2) 가가加賀의 영주 도가시 마사치카가 적에게 자신의 성이 함락되게 되었다는 것을 깨닫자 성안의 정원에서 다다미 5,60장을 깔아 놓고 자기와 더불어 할복하기로 약속한 30여명의 부하들과 함께 그 위에서 주연을 베풀었다. 배를 가르려고 하는 자가 술을 먼저 마시고 할복을 한 후에 그 잔을 다음 사람으로 돌렸다. 그 잔을 받은 자가 술을 마시고 할복하게 되어 있었다. 별도로 준비된 술안주는 없었다. 할복하여 고통을 참고 있는 동료들의 모습이 바로 그들에게 술안주이었던 것이다. 이러한 과정을 거쳐 사람들은 차례차례 목숨을 끊어갔다. 맨 마지막으로 남은 자가 우두머리 마사치카와 그의 시동侍童 치요 마쓰마루千代松丸 뿐이었다. 이윽고 마쓰마루가 마사치카에게 단도에 두터운 종이를 감아 건네자 마사치카는 그것을 쥐어 잡고 아랫배 왼쪽을 찔러서 오른쪽으로 돌렸다. 그리고 칼을 빼어 다시 가슴 명치 부분에서 배꼽 밑까지 갈랐다. 피가 바깥으로 흘러 나왔다. 그 피를 손가락에 묻혀 "오온五蘊은 원래 공空이거늘 누가 빌리러 왔다가 다시 돌려주려고 하는가."라는 시를 종이에 적고는 단도의 끝을 입에 물고는 앞으로 엎어져 목숨을 끊었다.12) 이렇게 최후를 맞이한 결과 그의 아내와 부하들은 성이 함락된 후 목숨의 부지는 물론 적으로부터 정중한 대접을 받았던 것이다.

이러한 예는 도요토미 히데요시의 전투에서도 찾아볼 수 있다. 즉, 그가 다카마쓰성高松城을 공략하여 완전 포위하여 적의 항복만을 기다리고 있을 때, 그 성의 성주이었던 시미즈 무네하루清水宗治(1537~1582)가 항복하고 자신이 할복하여 죽는 대신 자기의 부하들의 생명을 보장해줄 것을 요구하자, 히데요시는 이를 수락하고 포위망을 풀어주었던 것이다.13)

패전한 무장들은 그에 대한 책임을 지고 장렬하게 할복하여 죽으면 그의 가족 및 부하들의 생명을 살려주는 것이 당시 무사들이 가졌던

시미즈 무네하루의 할복 장면   오카야마시(岡山市) 妙玄寺 소장

---

12) 千葉德爾, 『切腹の話』, 講談社, 1972, 25~26頁.
13) 千葉德爾, 前揭書, 24頁.

일종의 사회윤리이었다. 이처럼 이 시대의 할복은 자기를 위해 함께 싸웠던 동료 및 부하들의 목숨을 구제하는 수단이기도 했다.

이러한 점을 악용하는 무사들도 없지 않았다. 패전의 기색이 짙어지고 성이 함락되려 할 때 자신의 주군으로 하여금 강제로 할복 자결하게 함으로써 살아남으려는 무사들이 있었던 것이다. 그 예로 1578년 야마나카 로쿠스케山中鹿之助(1545~1578)는 자신의 성이 모리毛利의 군대에게 포위되어 함락되기 직전에 그의 주군인 아마코 가쓰히사尼子勝久(1553~1578)를 자해시켜 살아남으려고 했던 것이다.14) 이처럼 일본의 무사들이 자신의 주군을 위해 목숨을 아끼지 않는 도덕적 신념만 가지고 있었던 것은 결코 아니었다.

둘째는 이미 이 시대에는 할복이 무사의 명예로운 죽음의 방법이라는 인식이 있었다는 점이다. 그 대표적인 예가 가네마키의 할복이다. 오다 노부나가와의 전투에서 패한 가네마키 로쿠자에몬印牧彌六左衛門(?~1573)은 노부나가의 군대에 포로가 되었다. 그를 목을 쳐서 처형을 하려고 하자 가네마키는 "싸움에 져 포로가 되는 것은 어쩔 수 없다. 그러나 잡병들처럼 적의 손에 죽고 싶지는 않다. 원컨대 할복을 하게 해 달라."고 요청했다. 이를 노부나가는 허락하자 가네마키는 스스로 배를 갈라 죽었다.

이 경우에서 보는 것처럼 무사가 비록 싸움에 패해 적으로부터 죽임을 당할지라도 그 죽음은 자기 스스로 목숨을 끊는 할복이 아니면 치욕으로 생각했다. 즉, 할복이야말로 무사들에게 있어서 가장 영예로운 죽음이라는 인식이 이 시기 때부터 있었던 것이다. 이는 할복이 무사들에게 있어서 일반화되어 있지 않았던 중세의 초기에 비교하면 많은 발전을

---

14) 山本博文, 『殉死の構造』, 弘文堂, 1994, 24頁.

보인 것이라고 하지 않을 수 없다.

셋째는 처형의 수단으로서의 할복이 이 시기에 등장하고 있다는 사실이다. 그러한 인물로서 스와 요리시게諏訪賴重(1516~1542)를 들 수 있을 것이다. 그는 1542년 전투에서 패배하여 다케다 하루노부武田晴信에게 체포되어 처형의 수단으로 스스로 할복 자결할 것을 강요당했다. 그러자 그는 "좋다. 그렇다면 먼저 술안주를 다오."라고 요구했다. 이에 다케다의 부하가 "술안주 따위는 없다."라고 하자, 다시 그는 "천하의 다케다 군대가 고사에는 어두운 모양이구나. 내가 말하는 술안주란 할복하는 칼을 말하는 것이다."하며 적군에게서 칼을 받아 할복 자결했다고 한다. 이처럼 처형으로서의 할복이 중세의 말기부터 있었던 것이다.

그리고 처형에 관련시켜 본다면 그 방법적인 면에 있어서도 획기적이라 할만한 '가이샤쿠'가 처음으로 등장한다는 사실도 이 시대의 특징으로서 빼놓을 수 없을 것이다. '가이샤쿠'라 함은 할복자가 할복하면 그 뒤에서 목을 쳐주는 것을 말한다. 그 실제의 사례를 도요토미 히데요시의 양자 히데쓰구豊臣秀次(1568~1595)의 죽음에서 찾을 수 있다. 그는 히데요시의 후계자가 되었으나 의심이 많은 히네요시로 부터 미움을 사 관직을 박탈당하고 고야산高野山으로 유폐되어 있었을 때 히데요시는 그에게 할복을 명했다. 이러한 점에서 그의 할복은 형벌이었다. 바로 그 때 그는 그를 따르는 부하들과 함께 할복하여 죽는데, 그 형식으로서는 '가이샤쿠'라는 보조수단을 사용하고 있는 것이다. 히데쓰구는 자신의 순사자 3명이 할복할 때 스스로 목을 쳐주는 '가이샤쿠'의 역할을 직접 맡았고, 그리고 자신과 고야산의 승려인 호암현융虎岩玄隆(1560~1595)은 모두 열 십자로 배를 갈라 할복했다. 그 때 '가이샤쿠' 역할은 시노베 아와지가미篠部淡路守가 맡았고, 아와지모리의 할복 때 '가이샤쿠'는 핫토리 킷치베이服部吉兵衛가 맡았다고 하는 것이다.15)

지금까지 보는 것처럼 중세의 말기인 전국시대의 할복은 그 이전의 할복에서 보다 발전하여 부하들의 목숨을 구걸하는 수단과 무사들의 명예로운 자결방법으로서의 정착과 함께 처형의 수단으로서 의미가 첨가되어 있음을 알 수 있다. 그 방법으로는 구체적인 서술은 없지만 중세와 마찬가지로 한일 자와 열십 자의 형태로 내장을 드러내면서 죽었을 것으로 생각된다. 그리고 도요토미 히데요시의 시대에 「가이샤쿠」라는 보조수단이 등장하고 있다는 사실은 보조수단이었던 그 이전 시대의 할복과 비교하면 획기적인 발전이라고 하지 않을 수 없다.

근세의 할복

도쿠가와 이에야스가 전국을 평정하고 에도江戸에 군사정권인 막부를 설치하고 약 260여 년 간의 그의 자손들이 통치했던 근세에는 할복이 꽃을 피운 시대였다. 무사들뿐만 아니라 일반인들도 자살방법으로 할복이라는 수단을 택하는 경우가 많았다. 그러나 이 시대의 할복의 특징은 무사들에게서 나타나는데, 대개 그들의 할복은 다음과 같은 두 가지 의미에서 행하여졌다. 즉, 하나는 주군의 죽음에 따라 죽는 순사로서의 할복이고, 또 다른 하나는 특권계급의 무사들에게만 주어지는 형벌로서의 할복이었다.

중세나 전국시대에 있어서 순사는 주로 주군이 전쟁에서 패해 자결하였을 때 따라 죽는 경우가 대부분이었다. 그러나 이 시대에는 달랐다. 전쟁과 관계없이 주군이 병 또는 불의의 사고로 인해 사망하였을 때 많은 무사들은 주군의 죽음과 함께 자신들도 할복 자결하여 죽었던 것이다.

---

15) 千葉德爾, 前揭書, 1994, 59~60頁.

이런 경우 할복의 시간에 따라 선복先腹과 후복後腹이 있다. 선복이란 주군이 죽음이 임박해 졌을 때 저승길을 안내하기 위해 자신이 주군보다 먼저 죽는 경우를 말하고, 후복은 주군이 죽은 후 자신도 따라 죽는 순사형태의 죽음을 말한다. 후복을 다른 말로 추복追腹이라고도 한다. 주로 후복이 많았다.

그런데 당시 무사들의 순사에는 주군의 허락을 받아 실행하는 독특한 풍습이 있었다. 자기 마음대로 충정을 표현하고 싶다 해서 순사해서는 안된다. 만일 그런 경우 그의 죽음은 전쟁터에서 상관의 명령에 불복종한 병사들의 죽음처럼 개죽음과 같은 것이었다. 그러므로 무사들은 사전에 주군으로부터 순사의 허락을 받아 내어 실행에 옮겼다.

주군으로서도 웬만하면 이를 허락하지 않을 수 없었다. 왜냐하면 첫째는 그들이 자신과 함께 죽지 않으면 그들은 죽을 때 죽지 못하는 비겁자로 취급되어 평생 굴욕적인 삶을 살아야 하고, 둘째는 자기의 뒤를 이은 새로운 영주에게 자신의 가신들을 물려준다는 것 자체가 부담으로 느꼈기 때문이다. 다시 말해 "새 술은 새 포대에"라는 말이 있듯이 새 영수도 자기 나름대로 가신을 거느리고 성책을 펴려고 했기 때문에 선대의 가신은 선대의 가신으로서 끝내고 싶은 욕구가 있었다.

전쟁에서 자기의 충성과 무용을 과시할 수 없게 된 무사들은 순사를 통하여 자기표현을 하려고 했다. 곧, 이것은 주군과 함께 자신의 인생을 마감하는 것이 영예롭게 여기는 무사의 윤리로 정착하게 되었다. 그리하여 심한 경우는 한 가정에 4명의 순사자가 나오는 예도 있었다. 사가佐賀의 사이토 사도노가미齊藤佐渡守의 경우가 바로 그것이다.

1616년 6월 사가의 영주 나베시마 나오시게鍋島直茂(1537~1619)가 죽었을 때 사도노가미와 그의 아들이 할복순사를 했다. 그리고 1629년 1월에는 나오시게의 아내가 죽었을 때는 그의 아내마저 순사를 했고,

1657년 4월에는 나오시게의 뒤를 이은 영주가 된 가쓰시게鍋島勝茂(1580~1657)가 죽었을 때, 다시 그의 손자까지 할복하여 순사를 했다.16)

이와 같이 순사는 주군에 대한 충정의 표현이었다. 그러므로 죽음을 받아들이는 주군의 입장에서도 과히 나쁜 것은 아니었다. 순사자가 많이 나온다는 것은 자신의 덕치德治와 가신家臣들의 충성심을 대내외적으로 과시할 수 있는 좋은 수단이 되었기 때문이다. 그러므로 영주 측으로서도 순사자들을 주군의 무덤 곁에다 묘지를 만들어 주었고, 유족들에게도 후한 포상을 줌으로써 은근히 이를 부추기는 풍조까지 있었다. 그리하여 심지어 한 주군이 사망했을 때 20여명 가까이 순사하는 경우도 생겨났던 것이다. 죽지 않으면 주위로부터 "목숨을 아까워하는 비겁한 사무라이"로 낙인이 찍혀버리기 때문에 주군으로부터 총애를 받았던 유능한 무사이면 일수록 주군의 죽음과 함께 자신도 죽어야 했다. 따라서 주군의 죽음과 자신의 삶을 함께 해야 하는 무사들로서는 주군의 총애는 개인으로서는 영예로운 것이지만 다른 한편으로는 불행의 시작일수도 있는 것이다.

이러한 역설은 장래가 촉망되는 유능한 무사가 사랑하는 연인을 찾아 결혼하려고 하였을 때 종종 보이는 사례들이다. 그 대표적인 예가 근세의 소설가이었던 이하라 사이카쿠井原西鶴(1642~1693)의 작품 『무가의리물어武家義理物語』에 보이는 호소다 우메마루細田梅丸의 할복이야기를 들 수 있을 것이다. 그 내용을 간략히 소개하면 다음과 같다.

> 시코쿠西國 사누키讚岐의 영주를 모시는 호소다 우메마루라는 젊은 무사가 있었다. 그는 빼어난 미모를 갖추어 주군으로부터 남다른 총애를

---

16) 井上和夫, 『殘酷の日本史』, 光文社, 1969, 182~183頁.

받았다. 한편 오카오 신로쿠岡尾新六라는 무사에게는 14세 된 예쁜 딸이 있었다. 이 두 사람은 보는 순간 서로 사랑에 빠졌다. 두 사람은 얼마나 사랑을 하였는지 다른 곳에서 혼담이 오더라도 전혀 관심조차 보이지 않았다. 이 두 사람은 드디어 결혼하기로 결심하였다. 그러자 신부의 아버지가 웬일인지 두 사람의 혼인을 주저하는 것이었다. 그 이유는 호소다가 주군으로부터 너무 총애를 받고 있기 때문에 주군이 죽으면 그도 같이 죽어야하는 것을 잘 알고 있었다. 그렇게 되면 자신의 귀여운 딸은 젊었음에도 불구하고 미망인으로서 살아가야 하기 때문이다. 그러나 두 사람의 의지가 너무나 완고하여 드디어 결혼을 허락하고 말았다. 그런데 그가 예상한 바와 같이 호소다의 주군이 심한 병이 들어 죽을 날만을 기다리는 처지가 되고 말았다. 하지만 호소다는 주군과 함께 죽을 각오는 되어 있었지만 아내에 대한 사랑 때문에 좀처럼 실행에 옮기지 못했다. 그러한 그에 비하면 정작 아내는 의외로 냉담했다. "인생은 꿈과 같은 것으로, 무사에 걸 맞는 명예로운 죽음을 맞이하라."고 까지 격려하면서 자신은 재혼하겠다고 의사를 뚜렷하게 밝히는 것이었다. 이에 호소다는 아내에게 크게 실망한 나머지 수군의 죽음과 함께 장렬하게 순사를 했다. 그러자 그의 아내도 남편을 따라 죽었다. 그녀는 자신으로 인해 남편이 무사로서 명예롭게 죽는 것이 방해된다는 것을 알고 일부러 재혼하겠다고 말했던 것이다.17)

이와 같이 늙고 병약한 주군의 총애는 사회적으로는 행운이었으나 가정적으로는 불행이기도 했다. 주군의 죽음은 곧 자기의 목숨과 직결되기 때문이다. 그러므로 그러한 젊은이와 결혼하려고 하였을 때 신부의

---

17) 井原西鶴, 『武家義理物語(5)』의 「人の言葉の末みたがよい」.

아버지는 선뜻 찬성하기 어려운 이유가 바로 여기에 있으며, 또 그와 결혼하려는 신부 자신도 그녀가 겪게 될 불행을 감수할 각오가 요구된다. 이러한 비극은 고전소설의 주인공들처럼 젊고 잘 생긴 절대적인 재능을 가진 사람이면 일수록 증폭되어 나타나는 것이다.

순사의 폐해를 인식한 막부는 이를 나쁜 인습으로 인정하고 1663년 「무가제법도武家諸法度」라는 법령을 제정하여 금지시켰음에도 불구하고 순사자들은 끊이지 않고 속출하기만 했다. 불란서의 사회학자 듈켐은 이러한 일본인들의 자살에 대해 "자살을 강요하는 것은 아니지만, 그것을 찬양하는 것은 사실이기 때문에 사회적 위세를 가진다. 그러므로 격려와 존경을 받기 위해서 자살한다."[18]라고 평한 일본인들의 순사의 이면에는 바로 이러한 슬픈 비극의 구조가 내재되어 있었던 것이다.

그렇다고 해서 모든 순사자들이 충정이라는 순수한 마음으로 할복자결하는 것은 아니다. 그 중에는 불순한 의도로 순사하는 자들도 있었다. 에도시대江戶時代 중엽의 문헌인 『명양홍범明良弘範』이라는 문헌에는 순사의 종류를 죽음의 동기에 따라 다음과 같이 세 가지로 분류하고 있다. 즉, 그 첫째가 의복義腹이라는 것인데, 이는 살아있을 때와 똑같이 저승에 가서도 주군을 끝까지 섬기겠다는 의미에서 행한 순사를 말하며, 둘째는 논복論腹이라 하는데, 이는 동료들이 순사하는 것을 보고 자신도 함께 할복함으로써 체면을 유지하려는 순사를 말하며, 셋째는 상복商腹이라 하는데, 이는 주인의 은혜도 크게 입은 바 없어 죽지 않아도 되는 자가 자손의 번영을 바라는 의미에서 순사하는 계산된 죽음을 말한다.[19] 그러므로 우리가 알고 있듯이 결코 모든 할복이 숭고한 충성심이나 자기

---

18) 듈켐, 앞의 책, 1985.
19) 森田誠一, 『熊本縣の歷史』, 山川出版社, 1972, 206頁.

희생의 정신으로만 행하여진 것은 결코 아니었다.[20]

한편 이 시대에는 전국시대의 말기에서 보였던 형벌로서의 할복이 완전히 정착했다. 무사가 자신의 잘못을 인정하고 그에 따른 책임을 질 경우 최종적으로는 죽음을 선택하지 않을 수 없을 것이다. 이 때 무사들은 자신의 목숨이 다른 사람에 의해서 끊어지는 것을 명예롭지 못한 것으로 생각했다. 그리하여 비록 죄를 지어 형벌을 받을지언정 자신의 목숨을 자기 스스로 끊는 방법이 강구되었던 것이다. 행정관청에서도 이를 인정하여 형으로서 집행되었다. 그러므로 이런 경우의 할복은 우리나라의 사약과 같이 엄격히 말해 자결이 아니라 타살이었던 것이다. 그리고 이 방법은 무사들의 명예와 관련해 생긴 것인 만큼 무사들에게만 허용되었지, 일반인들에게도 적용된 것은 아니었다. 그러므로 처형의 수단으로서 행하여진 할복은 무사계급의 전유물이자 특권이기도 했던 것이다.

형의 집행으로서 할복이 행하여진 만큼 거기에는 일정한 형식의 절차가 있기 마련이다. 도대체 어떤 절차로 할복처형이 거행되었던 것일까? 이러한 의문에 어느 정도 실마리를 제공하는 자료로서는 근세의 말엽 주일 영국공사관의 서기관으로 근무한 적이 있는 영국인 미드포드 Mitford의 기록을 들 수 있을 것이다. 그는 일본에서 보고들은 것을 영국에서 『Tales of Old Japan』라는 저서를 펴내었다. 그 저서에 그가 직접 본 처형으로서의 할복 장면을 상세히 기록하고 있는 것이다.

그가 본 할복사건은 일명 고베 사건神戶事件이라 불리는 일본에서도 유명한 사건이었다. 사건은 1868년 오카야마岡山의 다키 젠자부로瀧善三郎라는 사무라이가 프랑스인 2명과 총격전을 벌임으로써 생겨난 것이었

---

20) 布施豊正, 『自殺と文化』, 新潮社, 1985, 193頁.

다키 젠바부로(瀧善三郞)의 할복도(神戶市 能福寺)

다. 고베가 개항될 때 경비의 책임자로 임명된 젠자부로의 상관이자 오카야마의 가로家老 히키 타다나오日置忠尙(1829~1918)가 탄 가마의 행렬이 외국인 거류지를 통과했다. 그 때 프랑스인 2명이 그 행렬을 뚫고 지나가려고 하고, 그것을 제지하려는 데서 실랑이가 벌어졌다. 당시 포술대장이었던 젠자부로는 상대방이 권총을 끄집어내는 것을 보고, 사격을 가했던 것이다. 이 사건으로 말미암아 외국정부로부터 항의를 받은 일본 측으로서는 히키에게는 근신, 젠자부로에게는 할복이 명해졌던 것이다. 영국 외교관 알제논 베트람 미드포드Algernon Bertram Freeman-Mitford (1837~1916)가 목격한 할복의 장면을 순서에 따라 간단히 정리하면 다음과 같다.

(1) 할복장소는 영복사永福寺의 본당 앞에 설치되었다.
(2) 7명의 일본측 검시관들이 할복장소의 우측에 7인의 외국인 검시관들은 좌측에 착석을 했다.

(3) 할복 당사자인 젠자부로가 '가이샤쿠'역을 맡은 자 1명과 3명의 담당관과 함께 나타났다.

(4) 젠자부로가 일본인 검시관에게 다가가 정중히 절을 하고 나서, 외국인 검시관에게도 같은 방법으로 절을 했다.

(5) 할복의 장소로 되돌아 간 젠자부로는 정면의 불단을 향해 2번 절을 하고 난 뒤 절의 본당을 뒤로하고 할복의 장소에 앉아 채비를 했다.

(6) 목을 치는 '가이샤쿠'는 그의 왼쪽에 무릎 꿇고 앉았다. 그는 젠자부로의 제자이었다.

(7) 3명의 담당관 중 1명이 삼보三方라는 제기祭器위에 흰 종이로 싼 칼을 올려놓고, 그것을 가지고 나와 젠자부로에게 건네고 절을 했다.

(8) 젠자부로는 그 제기를 정중히 받아 자기 앞에 놓았다.

(9) 그리고 젠자부로는 다시 절을 한 후 "소생은 잘못 판단하여 무분별하게 외국인에게 발포 명령을 내렸으며, 도망가는 자를 다시 사격을 가했습니다. 소생은 지금 그 죄로 말미암아 할복을 하려고 합니다. 여러분들에게 심려를 끼쳐 죄송합니다."라고 말하고 1번 절을 했다.

(10) 이윽고 젠자부로는 윗옷을 벗고 뒤로 쓰러지지 않도록 준비를 했다.

(11) 젠자부로는 앞에 놓인 단도를 들어 왼쪽 배 아래를 깊게 찌르고 나서 우측으로 배를 서서히 가른 다음 그 칼을 다시 위쪽으로 향해 갈랐다.

(12) 그리고 그는 칼을 뽑고 앞으로 몸을 굽혀 목을 내밀었다.

(13) 그 순간 옆에서 대기하고 있던 '가이샤쿠'의 역을 맡은 자가 일어서서 칼을 휘둘러 목을 치자 순간적으로 목이 나가 떨어졌다.

(14) 그 일이 끝난 '가이샤쿠'는 절을 하고 준비된 종이로 칼을 닦고 할복의 장소에서 사라졌다.

(15) 정부의 검시관 2명이 일어서서 외국인 검시관측으로 다가와 젠자부

로의 처형이 모두 끝났음을 알렸다. 이로써 사형의 의식은 완전 끝이 났다.21)

이렇게 기록한 미드포드는 "저 처참한 광경에 놀랄 뿐이었는데, 그와 동시에 할복자에게 전혀 동요가 없고, 용기가 있는 태도, 및 자기의 스승에게 최후의 역할을 행하는 가이샤쿠를 하는 사람의 신경에는 감복하지 않을 수 없었다. 이렇게 교육이라는 힘을 강하게 느낀 적이 없었다."고 적었다.

당시 영국의 외교관 어네스트 사토Ernest Mason Satow(1843~1929)도 젠자부로의 할복에 대해서 다음과 같이 적었다.

일본인의 할복 에메 안벨(Aimé Humbert, 1819~1900), 『幕末日本圖繪』(1870)에서

---

21) 新渡戶稻造著, 矢內原忠譯, 『武士道』, 岩波文庫, 2001, 101~103頁.

다키는 불단佛壇 앞에 깔린 붉은 융단 위에 앉았다. 극히 평정한 마음으로 앞으로 엎드리기 좋은 위치를 선택했다. 흰나무 선반 위에 단도를 집어들자 마자 약간 흔들리는 소리는 있었다. 이윽고 "2월 4일 고베神戶에서 도망치려는 외국인에 대해 불법적으로 발포명령령을 내린 것은 나 자신이다. 그 죄로 할복하니 잘 지켜보라."고 말한 뒤 가능한 한 깊게 찔러 왼쪽 옆구리 배까지 칼을 끌어올렸다.22)

당시 다키 젠자부로는 32세였고, 고향에는 아내와 4살 된 아들과 2살된 딸이 있었다. 그의 할복은 일본정부 대표로는 이토 히로부미伊藤博文(1841~1909), 나카지마 노부유키中島信行(1846~1899)가 입회를 하였고, 열강제국측은 미국, 영국, 프랑스, 네델란드, 이탈리아. 프로이센의 사관士官, 공사관 서기 7명이 참석했다.

이를 지켜본 서양인들의 기록에 의하면 다키 젠자부로의 할복은 전통 작법에 의해 실시된 것으로 보인다. 그러나 당시 일본의 할복은 그렇지 않았다. 할복자가 단도를 집었을 그 시점에서 '가이샤쿠'가 이루어졌고, 또 단도 대신에 쥘부채를 사용하는 이른바 '선복扇腹'이 유행하였는데, 다키 젠자부로의 할복을 할복의 작법에 따라 실행에 옮긴 것은 외국인들에게 일본인의 사무라이 정신을 보여주기 위한 의도가 작용하였을 가능성이 매우 크다. 이같은 할복이 근세 일본 할복의 표본이었다.

이같은 할복의 과정을 눈여겨 살펴보면 그 이전 시대와는 사뭇 다른 형식적인 특징을 발견할 수 있다. 그 첫째가 '가이샤쿠'가 형식화되어 등장한다는 점이다. 중세의 말기 때 히데쓰구의 경우처럼 '가이샤쿠'가 등장한다 하더라도 이 시대처럼 철저히 제도화되어 있지는 않았다. 위에

---

22) アーネスト・サトウ, 『一外交官の見た明治維新(A Diplomat in Japan)』, 岩波文庫, 1960.

서 보듯이 할복자의 옆에서 무릎 꿇고 앉아서 기다리고 있다가 할복자가 할복하면 일어서서 단 칼에 목을 쳐 날리는 것이다.

'가이샤쿠'는 처형의 수단으로서 뿐만 아니라 주군으로 허락을 받아 순사의 경우에도 마찬가지로 등장했다. 그 단적인 예로 1641년 3월 17일 구마모토의 영주 호소가와 타다토시細川忠利(1586~1641)가 56세의 나이로 세상을 떠났을 때 자그만치 그의 밑에 있던 19명의 사무라이들이 순사를 했다.

그 때 순사하는 장면을 근세 소설가 모리 오가이森鷗外는 그의 작품 「아베일족阿部一族」에서 "쵸주로는 동광원東光院이라는 절에서 할복했다. 그 때 가이샤쿠는 세키 쇼헤이지가 맡았다. 테라모토는 안양사安養寺에서 할복했다. 그 때 가이샤쿠는 후지모토가 맡았다. 그리고 오호다는 춘일사春日寺에서 할복을 했고, 그 때 가이샤쿠는 겐베이가 맡아서 했다. 그 밖의 사람들도 연정사蓮政寺, 서안사西按寺, 원각사源覺寺 등지에서 할복을 했으며, 각자 가이샤쿠에 의해 자신의 목을 과감하게 날렸다."라고 서술하고 있다. 이처럼 순사의 경우에도 가이샤쿠를 통해 목숨을 끊었던 것이다.

특히 '가이샤쿠'는 할복자와 아무런 관련이 없는 자가 아니라 아주 절친한 관계에 있는 자가 맡는 것도 아주 특징적이다. 위의 젠자부로도 그가 할복했을 때 그의 목을 쳐 준 자는 다름 아닌 바로 그의 제자였다. 따라서 '가이샤쿠'를 맡은 자는 할복자의 고통을 최소화하기 위하여 단칼에 목을 날릴 수 있는 검술을 지니고 있지 않으면 안되었다. 여하튼 우리나라의 '망나니'처럼 단순한 사형집행자가 아니었던 것이다.

두 번째의 특징은 할복한 뒤 내장을 드러내는 행위가 없어졌다는 점이다. 위의 경우에서 보는 것처럼 할복자가 배를 가르고 나서 앞으로 몸을 굽혀 목을 내밀자 말자 바로 그 옆에서 대기하던 '가이샤쿠'를 맡은 자가 목을 쳐 목숨을 끊게 했던 것이다.

여기에는 이유가 있었다. 이 시대에는 내장을 표출하는 할복을 집행인에 대한 불만을 갖고 강력한 반발의 표현으로 보는 인식이 있었기 때문이다. 따라서 만일 그것을 거역하고 창자를 드러내고 죽는 할복자가 있다면 '자신의 과오를 솔직히 인정하지 못하는 비겁자의 행위'라는 비난을 받기도 했던 것이다.[23]

세 번째로는 위의 기록에는 나타나지 않지만 배를 가르지 않는 할복의 처형도 있었다는 점도 이 시대 할복의 특징으로서 빼놓을 수 없다. 그 예로서 1682년 나카가와 하치로자에몬中川八郞左衛門의 할복을 들 수 있을 것이다. 그의 할복에 대해『관중비책官中秘策』및『헌교유전憲敎類典』등에서 기록으로 남아 있는데, 그것에 의하면 "할복자가 상의를 벗고 준비한 다음 할복의 칼을 잡기 위해 손을 내밀어 목이 앞으로 내밀어졌을 때 바로 그 순간 뒤에서 대기하고 있던 '가이샤쿠'를 맡은 자가 목을 쳤다."고 되어있다.[24]

이처럼 할복자가 배도 가르기 전에 '가이샤쿠'를 해버리는 경우도 있었던 것이다. 일반적으로 장렬하게 할복하여 죽은 것으로 알려져 있는 47명의 '충신장忠臣藏'의 주인공들도 실제는 그와 달리 바로 이 예에 따라 할복했다 한다.

그렇게 한 이유는 일본의 민속학자 치바 토쿠지千葉德爾에 의하면 사형집행에 따른 할복을 할 경우 만일 처형자가 할복할 때 반발하여 난동을 부릴 위험성을 배제하기 위해서라고 해석했다.[25] 만일 47명 충신장의 주인공들처럼 집단 처형 시 할복자들이 집단적으로 난동을 부리게

---

23) 千葉德爾, 前揭書, 1972, 105~108頁.
24) 千葉德爾, 前揭書, 1972, 104頁.
25) 千葉德爾, 前揭書, 1972, 107頁.

47명 무사(충신장)의 우두머리 오이시 구라노스키(大石內藏助義雄)의 할복도 兵庫縣立歷史博物館藏

되는 경우라도 있게 되면 상하 수직적인 봉건질서에 일대 혼란을 가져올 수도 있다. 이를 우려한 나머지 1784년 다누마 오키토모田沼意知(1749~1784)를 암살한 사노 마사고토佐野政言(1757~1784)를 처형 할 때처럼 아예 할복자에게 칼 대신 목도를 주어 할복의 흉내만 내도록 한 경우까지도 생겨났던 것이다.26)

이처럼 중세까지는 무사의 진정한 용기와 인내의 표현으로 여겨졌던 내장노출의 할복이 이 시대에 있어서는 그 가치가 역전되어 고대의 할복에서처럼 강력한 반발의 표현으로 전환되어 내장표출의 금지와 할복도 하기 전에 '가이샤쿠'를 하는 경우도 생겨났다는 것이 형식상 크나큰 특징으로서 지적할 수 있을 것이다.

이상에서 보듯이 근세의 할복은 순사와 형벌로서의 할복이 많았고, 이를 실행에 옮길 때 '가이샤쿠'가 등장하는 등 방법적인 면에서는 완전

---

26) 千葉德爾, 前揭書, 1972, 104~105頁.

히 정형화가 이루어져 있었다. 그리고 배를 가르는 형태는 한일자형이 보통이지만 경우에 따라서는 열 십자형도 있었던 반면, 전혀 배를 가르지 않는 경우도 있었음을 알 수 있다. 특히 이 시대의 내장표출의 할복에 대한 인식의 변화는 근세 할복의 크나큰 특징의 하나로서 기록되어질 것 인만은 틀림없다.

근현대의 할복

서구문명이 정착하고 칼 대신 총과 대포가 발달한 근현대에도 여전히 칼로 자결하는 할복자는 생겨났다. 매우 특이한 현상이 일본인의 할복이 한국에서 일어났다. 그는 니시자카 유타카西坂豊(1879~1906)라는 일본인으로 황현黃玹(1855~1910)의 『매천야록梅泉野錄』(5) 1906년(광무10) 조에 다음과 같이 서술되어있다.

> 일본인 니시자카 유타카西坂豊가 자결했다. 그는 일본의 유사儒士로서 평화를 주장해 우리 농양을 문수하게 놀아나니면서 세상 사람들에게 평화를 권고하고 한·청·일의 순치관계를 더욱 강조했다. 그리고 그는 또 서울에 온 지 약간 긴 세월을 보냈지만, 이토 히로부미伊藤博文와 하세가와 요시미쓰長谷川好道 등의 전횡을 보고 여러 차례 그들을 간하였다. 그러나 그들이 들어주지 않자, 그는 죽음으로써 자신의 뜻을 밝히고자 높은 다락에서 뛰어 내렸지만 죽지 않았다. 그는 많은 군중의 앞에서 연설을 한 후 결국 자결했다.27)

---

27) 『국역 梅泉野錄』 제5권, 光武 10년 丙午(1906년), 15. 일본인 西坂豊의 자결.

이상의 기록에서 보듯이 그가 어떻게 자살하였는지 나타내지 않았다. 그러나 당시 박주대朴周大는『저상일월渚上日月』(下卷)에서 그의 자살에 대해 할복이라고 다음과 같이 기사를 썼다.

> 을미순국 중에서 이색적인 사건은 중국인 반종례潘宗禮와 일본인 니시자카 유타카라고 하는 사람이 자결한 사건이다. 반종례(43)는 일본 유학을 마치고 돌아오는 길에 배가 인천항에 도착했을 때, 을미조약의 통지를 듣고 한·중은 순치의 관계이며 한국이 멸망하면 중국도 또한 위험해진다고 하여 황해에 투신자살했고, 일본인 니시자카 유타카는 평화주의자로서 이토 히로부미에 침략 행위를 단념하게 하는 서신을 보냈지만 들어주지 않자 자결로써 항의했다.
> 「丙牛 光武 10年12月條」일본인 니시자카 유타카가 다시 나왔는데, 이번은 그가 천황에게 한일조광지책韓日調匡之策을 상주했지만 들어주지 않자 울분을 견디지 않고 할복 자결했다.28)

이같이 박주대는 그의 죽음을 할복이라고 보았다. 여기에 대해 약간의 의견을 달리하는 기술도 있다. 독립운동가들의 잡지『오수불망吾讐不忘』에서는「5조약을 보면 한국의 위해 뿐 아니라 동양 평화의 일대 불행이 되기에 이토 히로부미에게 서한을 보냈음에도 드디어 여의치 않자 통한痛恨하여 니동泥洞에서 추락사하였다.」고 했다.

이러한 기록을 종합하여 보았을 때 그는 먼저 할복한 후 고통에 못이겨 여관의 건물에서 뛰어내려 추락하여 사망한 것으로 보인다.

니시자카의 죽음에 대해 신운용의 자세한 연구가 있다. 그에 따르면

---

28) 박성수 주해,『渚上日月』下卷, 民俗院, 2003, 47~48頁.

니시자카는 1879년 아이치현愛知縣에서 출생하였으며, 와세다대학早稻田大學과 마사노리영어학교正則英語學校를 졸업한 자라 한다. 그리고 그는 동양의 평화를 주장하고 당시 한국에 대한 일본의 침략정책에 대한 반대의사를 전달하기 위한 수단으로서 1906년 12월 6일 니현泥峴(현재 운니동)의 불지화여관不知火旅館에서 할복자결했다고 했다.29)

이러한 그의 죽음이 『대한매일신보』, 『공립신문公立新聞』, 『대한자강회월보大韓自强會月報』 등에 의해 보도되었고, 또 일제히 그를 의사義士로서 칭송했다.30) 근대 일본인의 할복자결이 일본이 아닌 한국에서 벌어졌다는 것도 매우 이례적이지만, 그것을 통해 일본인의 할복이 한국에 알려지게 되는 계기가 된 것만은 사실인 것 같다.

사실 근대에 접어들어 할복하는 일본인들은 그 이전에 비해 급격하게 줄어들었다. 그러나 천황이 죽었거나, 전쟁에 패했을 때 할복자들은 어김없이 등장했다. 그 대표적인 인물로 노기 마레스케와 아나미 고레치카를 들 수가 있을 것이다.

노기 마레스케乃木希典(1849~1912)는 당시 천황이었던 메이지明治가 죽자 할복자결한 자이다. 그는 러일전쟁에서 승리를 이끈 무장이며 육군대장을 역임한 바 있는 인물이었다.

그런 그가 메이지가 사망하자 할복자결한 데에는 그만한 이유가 있었다. 그는 러시아와의 전쟁에서 이겼지만, 그 전투에서 수많은 부하들을 전사시켜 그 죄책감으로 자결을 결심한 적이 있다. 그 때 명치가 "노기여. 만일 그대가 죽음을 원한다면, 내가 죽고 난 후에 하라."라고 하며 그의

---

29) 申雲龍, 「日韓平和主義者たちのモデル - 安重根と西坂豊」
 (http://www11.ocn.ne.jp/~reksimin/ronbun_1.htm: 검색일: 2022.08.11)
30) 申雲龍, 「日韓平和主義者たちのモデル - 安重根と西坂豊」
 (http://www11.ocn.ne.jp/~reksimin/ronbun_1.htm: 검색일: 2022.08.11)

노기 마레스케(乃木希典, 1849~1912)

행동을 말린 적이 있다고 한다.31) 메이지가 1912년 요독증尿毒症으로 사망하자, 정말로 그는 부인과 함께 할복자결하고 만 것이다.

그는 할복하기에 앞서 먼저 메이지천황의 사진과 러일전쟁에서 전사한 두 명의 아들 사진과 양부모 사진을 가지런히 놓았다. 그리고 그는 육군대장의 군복으로 갈아입고, 그의 부인은 가문의 문양이 새겨진 전통의상을 입었다. 메이지천황의 영구가 발인하는 조포가 쏟아지고, 그 소리가 울려 퍼지자 노기는 정좌하여 상의를 벗고 군도軍刀를 칼집에서 뽑아 들었다. 바지의 단추를 풀고 샤쓰를 위로 올리고 날카로운 칼끝으로 세 번 하복부를 찔렀다. 그리고 바지의 단추를 잠그고 무릎사이에 칼을 세우고 칼끝으로 목을 찔러 목숨을 끊었다.32)

그의 할복은 명치가 자신이 죽거든 하라는 말에서 보듯이 주군의 허락을 받고 순사하는 근세 무사의 할복과 같다. 그러나 '가이샤쿠'라는 보조수단을 택하지 않는다는 점에서는 중세 할복의 성격에 가깝다고 할 수 있다.

한편 그가 죽자 그에 대해 비판하는 여론도 일부 언론사와 소수 지식인들 사이에서 일어났으나,33) 대부분의 여론은 그렇지 않았다. 그의 죽음

---

31) 邦光史郎, 『情死の歷史』, 廣濟堂出版, 1989, 65頁.
32) 加藤周一外 3人, 『日本人の死生觀』 上, 岩波書店, 1977, 41頁.
33) 당시 유명한 소설가였던 시가 나오야(志賀直哉)는 노기의 죽음을 직면한 다음날 그의 일기에서 "노기씨가 자살했다는 소식을 들었을 때 미친 녀석이라는 기분이 들었다. 그 기분은 마치 하녀가 무분별하게 무언가를 했을 때 느끼는 기분과 같았다고 적고 있으며, 또한 시사신보(時

을 천황에 대한 충정을 나타내는 숭고한 죽음으로서 높게 평가했던 것이다.34) 그리하여 노기에게는 죽음의 대가로 충분한 보상이 주어졌다.

그 예로써 도쿄의 자신의 저택에는 그를 신으로 모시는 노기신사乃木神社가 건립되었으며, 그 때 황실로부터도 거금 5천 엔이 기증되었다. 그 뿐만 아니라 전국 각지에서도 노기신사가 생겨났다. 간사이關西지방의 후시미모모야마伏見桃山와 노기의 향리인 야마구치현山口縣 초후長府에도 노기신사가 생겨났으며, 도치기현栃木縣의 나스那須에도 그의 신사가 건립되었다. 심지어 자신의 집안에 노기신사를 세우는 사람도 있었다. 이처럼 노기는 죽어서 일본인들로부터 숭상을 받는 신이 되었다.

이러한 보상이 이루어진다는 것은 근세의 순사 할복자들과 비슷하다. 단지 차이가 있다면 근세의 무사들이 받았던 보상은 지역적인 차원에서 이루어진데 반하여, 노기의 순사는 천황을 정점으로 하는 전국가적인 차원에서 이루어지고 있다는 것뿐이다.

제2차 대전에서 일본이 연합군 측에게 패하자, 위로는 최고의 대신에서 아래로는 일반 백성에 이르기까지 할복하여 자결하는 사람이 적지 않았다. 당시 육군대신이었던 이니미 고레치가阿南惟幾(1887~1945) 대징도 전쟁의 패배의 책임을 지고 할복을 했던 상징적인 인물이다. 아나미는 단도로 배를 가르고 다시 목구멍을 찔렀는데, 그래도 숨이 끊어지지 않아서 두 시간 가까이 고통에 신음하다가 의식을 잃을 무렵 「가이샤쿠」를 했다. '가이샤쿠'가 늦어진 것은 아나미 자신이 거절했기 때문이었다.35)

事新報)와 같은 신문은 사설을 통하여 노기의 죽음은 사사로운 개인의 감정과 이성을 혼동함으로써 생겨난 처신이라고 혹독한 비판을 했었다.
34) 가령 『日本及日本人』이라는 노기의 사후에 생겨난 잡지는 권두언에서 노기의 죽음을 "논의를 초월한 숭고한 대장의 죽음은 명치시대의 최후를 화려하게 장식하고, 그야말로 선제에 이룩된 위업을 마무리한 것이다. 그러므로 대장의 죽음은 오히려 기뻐해야 하고 슬퍼해서는 아니 될 것이다."라고 평가였다. 자세한 것은 利根川裕의 『日本人の死に方』, 朝日新聞社, 1988, 208頁 참조.

아나미 고레치카(阿南惟幾, 1887~1945)

아나미의 할복은 방법이나 동기에 있어서 근세 이전의 무사들의 할복과 통하는 점이 많다. 첫째는 비록 그가 '가이샤쿠'를 통해 목숨을 끊었지만 되도록이면 자신의 힘으로 죽으려고 했다는 점이고, 둘째는 전쟁에서 패배하여 적에게 포로가 되어 수모를 당하기 전에 죽는다는 점이다. 이는 앞에서 본 노기의 할복과 다른 점이라 할 수 있다.

이들 두 사람은 장렬하게 군인답게 할복을 했다. 그러나 실제로는 이렇게 할복하기란 무척 어렵다. 야기리 토메오八切止夫씨는 일본이 패전한 후 봉천에서 자신이 경험한 사례를 아주 담담하게 다음과 같이 서술하고 있다.

　　나는 1945년 여름 만주 봉천에 있었다. …(중략)… 크라프첸코 적군사령관의 진주가 시작되자 봉천역전부터 가스가초春日町에 걸쳐 일제히 만주인들의 폭동이 시작되었다. 재류일본인은 나니하 거리浪速通의 뒤에 있는 기타카스가 소학교北春日小學校로 피난했다. 긴 칼을 허리에 찬 남자들도 뒤섞여 함께 들어왔다. 그리고 그들은 "우리들은 할복을 한다."고 말하기 시작했다. 처음 그들은 5명이었으나, 한명이 도중에 술을 사러간다고 나가서 돌아오지 않자, "그렇다면"하고 4명 가운데 연장자가 먼저

---
35) 김양기, 『가면 속의 일본인』, 한나라, 1994, 227~228쪽.

칼을 뽑아서 수건으로 감은 다음 "만세"를 부른 다음 가스가 신사春日神社가 있는 쪽으로 향해 배례拜禮하고 "야-합"하고 기합을 넣고 배를 찔렀다. 그러나 복부의 지방이 강했던지 고무의 축구공을 짓누른 것 같이 칼끝이 복부에 움푹 들어가게 눌렀을 뿐 칼을 튕겨져 나와 버렸다. "찌르는 것이 아니다. 힘이 두 배나 든다. 배에 갖다 대고 앞쪽으로 몸을 누른다." 견장은 떼어내었지만 관록이 있어 보이는 자가 이를 보다가 기합을 걸었다. 그러나 그 때쯤이 되자 찔린 자국에서 피가 흘러나왔기 때문에 첫 번째 남자가 그곳에 침을 바르며 "아프다."하며 미간을 찌푸렸다. "너희들은 꾸물꾸물 대느냐. 살아서 포로가 되는 치욕을 받게 되면 어쩔 셈이냐?" 하고 관록이 있는 자가 선 채로 칼을 배에 갖다 대고 앞으로 쓰러졌다. 이번에는 피같은 검붉은 것이 나왔다. 작은 그릇 3개 분량의 피가 '퓨-웃' 소리를 내며 튀어 나왔다. 그러자 다른 남자가 넘어진 남자를 옆으로 앉히더니 칼이 어느 정도까지 들어갔는지 손바닥으로 재어보는 것이었다. 물론 본인은 눈을 뻔히 뜬 채로 정신을 잃고 있었다. "정신 차려"하며 죽으려고 할복을 하고 있는 인간의 등을 문지르며 소리를 쳤다. 지금 정신 차리면 줄혈 다량으로 숙기까지는 7전 8기의 매우 고통스러울 것이다. 지금이라면 장을 자른 것인지 어떤 것인지 알 수 없지만, 봉합하면 살 것이다..... 의사를 불러와야겠다." 턱수염이 검은 남자가 말했다. 그리하여 나도 찔린 칼에서 흘러나오는 검은 피에 흥분되어 의사를 데리러 달려갔다. 그러나 돌아왔을 때는 3명의 남자는 물론 그곳에 어느 누구도 없었다. 응당 조치를 받고 붕대를 배에 감은 할복한 남자도 4일 후에는 나에게도 알리지 않고 어디론가 가버렸다.36)

---

36) 八切止夫, 『切服論考』, 作品社, 2003, 6~7頁.

여기에서 보듯이 할복만으로 죽기란 무척 힘이 든다. 그리고 할복문화가 사라진 근대 일본인들에게 쉽게 하기도 어렵거니와 만일 했다 하더라도 그것을 행하는 방법도 서툴 뿐만 아니라 엄청난 고통을 동반하기 마련이다. 그러므로 보조수단인 '가이샤쿠'가 일찍부터 발달하였을 것이다.

그러나 칼을 사용하지 않는 전쟁 시대에서는 '가이샤쿠'가 그렇게 간단한 것이 아니다. 일본이 패전 직후 천황이 무조건 항복 방송이 나간 이후 8월 22일 아타고산愛宕山에서 존왕의군尊王義軍이라 자칭하는 10명이 수류탄으로 자결하였고, 또 그 다음날 23일에는 명랑회明朗會 회원 12명이 천황성 앞에서 권총, 단도로 집단 자결하였다.37) 또 할복은 하되, 가이샤쿠를 대신하여 권총을 사용하여 목숨을 끊는 군인들도 있었다. 바로 이러한 점은 '가이샤쿠'가 얼마나 어려운지를 잘 나타내주고 있다고 하겠다. 근대의 말기 일본이 전쟁에 패전함으로써 일어나는 일본인들의 할복에서는 종래의 할복에서 볼 수 있는 절도와 장렬함은 이미 상실하였는지도 모른다.

현대의 할복자로서는 소설가 미시마 유키오三島由紀夫(1925~1970)를 빼놓을 수 없다. 그가 할복한 1970년 11월 25일 그는 그의 추종자 4명과 함께 육상자위대 동부방면총감부에 찾아가 총감을 일본도로 위협하여 대원들의 소집을 요구했다. 통감실 발코니에 나타난 미시마는 소집된 1천여명의 대원들에게 "자위대여 일어나라! 헌법을 개정하라! 천황폐하 만세!"라는 구호와 함께 15분간 연설하고는 통감실로 들어가 윗옷을 벗고 단도를 끄집어 내어 복부를 찌르자 그 옆에 있던 자신의 심복인 모리다 마사카쓰森田必勝(1945~1970)가 미시마의 목을 힘껏 내리쳤다.38)

---

37) 大隅三好, 『切腹の歷史』, 雄山閣, 1995, 260頁.
38) 山崎國紀, 『自殺者の近代文學』, 1986, 207~208頁.

이러한 미시마의 할복은 "자위대여 일어나라." "헌법을 개정하라."는 등의 구호에서 보듯이 사회개혁을 주장하는데서 발생되고 있음을 알 수 있다. 자기주장을 관철시키고자한다는 점에서는 주군의 그릇된 행위를 자신의 의지로 관철시키려는 중세의 간사諫死와도 비슷하다. 그러나 할복한 다음 창자를 드러내지 않고, 또 자신의 목숨도 '가이샤쿠'라는 보조수단을 통하여 끊고 있다는 점에서 그의 방법은 오히려 중세보다는 근세의 할복과 가깝다고 해야 할 것이다.

미시마의 이후 현대 일본에서는 할복자결했다는 이야기는 좀처럼 들을 수 없다. '가이샤쿠'를 해주는 사람들의 법적처리는 고사하더라도 무사들처럼 숙련되지 못한 일반인이 배를 크게 가른다는 것이 여간 힘드는게 아닐 것이다. 장렬하게 할복한 것으로 알려진 미시마도 실제로 자기가 벤 상처의 길이는 불과 10센티 정도밖에 되지 않았다.39) 그만큼 할복은 어려운 것이다.

한편 할복자의 목을 쳐주는 '가이샤쿠'의 칼솜씨도 중요하다. 특히 검을 평소 사용하는 일이 없는 일반인들이 행하는 할복에서는 더욱 그러하다. 이러한 점에 있어서 미시마는 불행했다. 그의 목을 쳤던 모리나의 가이샤쿠의 솜씨가 매우 서툴러 미시마의 목을 단칼에 자르지 못하고 3번이나 거듭 내려친 끝에야 겨우 잘랐던 것으로 전하여 지기 때문이다.40)

현대에 접어들어 미시마 유키오의 이후에도 할복은 간간히 있었다. 그러나 이들의 할복은 지금까지 우리가 생각했던 할복과는 거리가 먼 것이었다. 일본의 유력한 일간지 아사히신문朝日新聞을 대상으로 1960년

---

39) 千葉德爾, 前揭書, 1972, 212頁.
40) Maurice Pinguet, 『自死の日本史』, 1986, 425頁.

부터 1980년까지 보도된 할복의 사례를 조사하였다. 그 결과 13건이 있었다. 그 중에서 개인적 감정, 노이로제, 사회적 비관과 같은 일반적인 자살법으로 사용한 예가 무릇 12건으로 약간의 전통적인 할복을 한 것이 단지 1건에 불과했다. 그 한건도 내용이 다음과 같았다.

> 61년 5월 21일 오후 2시경 도쿄도 치요다구千代田區 나가다초永田町1-3 앞 전차 미야케자카三宅坂 정류장 옆 사쿠라다보리櫻田堀에서 와이샤쓰에 샌들을 신은 남자가 버드나무 아래에서 부엌칼로 배를 가르고 제방을 넘어서 해자에 뛰어내렸다. 우연히 맞은편에 있었던 황궁 호위관이 쌍안경으로 이를 발견하고 고지마치麴町 경찰서로 연락하여 경찰관이 달려가 본즉, 남자는 허리까지 물에 빠져 있었으며, 피를 흘리면서 봉을 잡았다. 그리하여 밧줄을 사용하여 구조하여 가와세川瀨 외과병원으로 수용했다. 그러나 세로로 13센티, 가로로 4센티 정도로 열쇠모양으로 잘려져 있어서 중태이기는 하나 생명에는 지장이 없을 것 같다. 동서의 조사에 의하면 그는 이바라키현茨城縣 쓰쿠바군筑波郡 출신으로 주소가 불명한 잡화행상 히로세 시로오廣瀨四郎(34세)씨였다. 그는 5년 전에 상경하여 신주쿠 등지의 간이여관에 머물면서 돌아다니며 고무줄을 파는 등 행상을 하고 있었으나 최근 노이로제 증세가 심해져서 P경찰관에게도 "닭꼬지집 주인이 나를 노리고 있다. 어차피 죽는 것이라면 황거 앞에서 죽고 싶다."고 말했다 한다. 친지들의 말을 빌리면 그는 예과豫科출신으로, 특히 황실에 대한 존경심이 강하여 수술 중에도 "천황폐하 만세"라고 불렀다 한다. 신경쇠약에서 자살의 장소를 황거 앞을 택한 것 같다.41)

---

41) 『朝日新聞』, 1961年 5月 22日字.

이 기사에서 표현하고 있듯이 그는 정신적 노이로제로 인하여 자살을 도모한 것이라고 볼 수 있다. 그러나 그러한 요소를 제거한다면 그는 군국주의의 교육을 철저히 받은 전전 예과 출신의 군인이었다. 그러므로 그는 천황에 대한 존경심이 누구보다도 강했고, 그런 만큼 자신이 죽는 장소로 천황성 앞을 택하였던 것이다. 그는 비록 신경쇠약으로 고생하는 한갓 중년남자일지 모르지만 자신의 목숨을 천황에게 바치고자 했던 충성심이 강한 패전군인이었다. 다시 말해 그의 할복은 시대착오에서 생겨난 자살행위였던 것이다.

그는 죽지 않았다. 그의 목을 쳐주는 '가이샤쿠닌'이 없었기 때문에 배를 가르는 것만으로 죽을 수가 없었다. 이는 할복의 성공여부에는 '가이샤쿠'가 얼마나 중요한가를 알 수 있다.

오늘날 일본에서는 할복자살했다는 말은 거의 듣기가 힘든다. '가이샤쿠'를 통해 할복했다는 말은 이미 죽은 말이 된지가 오래되었다. 왜냐하면 오늘날 현실적으로 '가이샤쿠'를 해주는 사람들의 법적 처리는 고사하더라도 앞의 예에서 보았듯이 무사들처럼 숙련되지 못한 일반인이 배를 크게 가른다는 섯소자노 어렵기 때문이나. 어느 한쪽이라도 실패하는 경우 '가이샤쿠'를 하는 자도 할복하는 자 또한 더욱 견디기 어렵다. 칼의 시대가 지나간 오늘날 보다 효과적인 할복이 성공적으로 이루어지기 위해서는 할복자와 목을 치는 '가이샤쿠'의 기술이 상호조화가 잘 이루어져야 하는 것이다.

그럼에도 불구하고 현재에도 간혹 할복으로 목숨을 끊는 자가 있다. 2011년 12월 8일 아침 이시가와현石川縣 가나자와시金澤市 호국신사護國神社에서 할복 자결한 남성이 있었다. 경찰조사에 의하면 그는 22세의 가나자와대학 4학년 학생으로 일본의 안전보장정책에 대해 실망하여 자결한 것으로 알려져 있다. 그가 할복을 택한 장소는 신사의 경내에 있는

'시미즈 도오루박사 현창지비淸水澄博士顯彰之碑' 앞이었다.

시미즈 도오루淸水澄(1868~1947)는 가나자와시 출신으로 도쿄제국대東京帝大를 졸업한 헌법학자로 마지막 추밀원의장樞密院議長을 역임한 인물이다. 패전 이후 미군정이 만든 새로운 헌법시행에 반대하였으며, 1947년 9월 25일 "유계幽界에서 국체호지國體護持와 황실안태皇室安泰, 현재 폐하今上陛下의 재위御在位를 기원한다"는 유서를 남기고 시즈오카현靜岡縣 아타미熱海의 해안에서 투신자살한 인물이다. 그러한 인물을 현창하는 현창비 앞에서 비가 내리는 밤 청년은 신발을 벗고 무릎을 꿇고 똑바로 앉아 열십자로 배를 가르고 경동맥을 끊어 목숨을 끊었다. 이를 두고 오노 도시아키大野敏明는 그의 할복은 미시마 유키오처럼 국가, 정부, 국민에 대한 간사諫死이며, 분사憤死이기도 하다고 평가했다.[42]

이러한 평가와 함께 할복의 그가 선택한 할복장소에서 보듯이 그의 할복은 다분히 정치적이다. 이와 유사한 할복이 2019년 5월 13일에도 있었다. 일본 '군국주의의 상징' 야스쿠니신사靖國神社 인근에서 50대 일본인이 스스로 목숨을 끊는 사건이 발생했다. 숨진 남성의 신원은 극우단체 '야스쿠니회會' 사무국장으로 활동해온 누마야마 미쓰히로沼山光洋 (50세)로 확인됐으며, 발견 당시 복부엔 흉기가 꽂혀 있었고 주변엔 유서로 보이는 문서도 놓여 있었던 것으로 알려졌다. '야스쿠니회'는 야스쿠니 신사에 합사돼 있는 도조 히데키東條英機(1884~1948) 제2차 세계대전 전범들의 명예 회복을 요구하며 국가 차원에서 신사를 보호하고, 천황이 직접 신사를 참배해야 한다고 주장하는 단체다. 그와 친분이 있는 도모가미 도시오田母神俊雄 전 자위대 항공막료장은 "그는 '일본 국민의 애국심이 부족해 천황 폐하가 신사를 친히 참배할 환경이 갖춰지지 못하고

---

42) 大野敏明, 「切腹した大學生」, 産經新聞, 2012年 12月 8日字.

있다'며 폐하께 늘 죄송하다고 말해왔다"고 밝혔다. 43)

여기서 보는 것처럼 그도 가나자와 호국신사에서 할복 자결한 22세의 청년과 같이 국가정책에 대한 불만에서 나온 것이었다.

그 뿐만 아니다. 그들에게는 '가이샤쿠'가 없었다는 공통점도 있다. 이처럼 칼로 목을 친다는 것이 미시마 이후 현대사회에서 할복이 좀처럼 보이지 않는 것은 고통 없이 죽기를 바라는 일본인들의 심성의 변화에도 기인한 것이지만, 할복자와 '가이샤쿠'의 기술이 서로 조화가 되기 어려운 사회에 살고 있기 때문일지도 모른다.

과거의 역사가 된
일본의 할복

지금까지 간략하나마 고대로부터 현대에 이르기까지 일본 할복의 역사를 살펴보았다. 그 결과 일본에서 할복이 얼마나 오랜 역사를 두고 독자적으로 발전해온 것임을 알 수 있었다. 그리고 그에 따라 방법과 의미도 조금씩 바뀌며 오늘날까지 년년히 이어져 오고 있는 것이다.

고대의 할복은 강한 반발과 원한의 표시로 배를 가르고 내장을 끄집어내어 던지며 죽는 경우가 많았다. 이러한 할복이 중세에 접어들면 무사들에게는 적에게 포로가 되어 수모를 당하기 전에 할복하는 것으로 바뀌게 된다. 그리고 무장의 용맹과 조직에 대한 의리와 주군에 대한 직언의 표현으로도 할복이 이용되었다. 그 방법으로는 한일자 또는 열십

---

43) 뉴스1(2012), 「日「야스쿠니신사 인근서 50대 일본인 할복자살」, 2019.05.13.
(https://www.donga.com/news/Inter/article/all/20190513/95496500/1: 검색일, 2021.04.19.)

자형 등으로 다양하게 배를 갈랐고, 또 내장을 드러내며 '가이샤쿠'라는 보조수단을 통하지 않고 스스로 목숨을 끊는 것이 일반적이었다.

　이러한 전통은 군웅들이 할거했던 전국시대(중세의 말기)에도 그대로 이어졌다. 다만 이 시대에 첨가된 것은 패전한 장수가 자신의 부하와 그 가족들의 목숨을 구걸하기 위해 할복하였으며, 또 처형의 수단으로서 할복이 택하여 졌다는 사실이다. 그리고 이 시대에는 할복이 무사들에게는 명예로운 죽음의 방법으로 정착했다. 또한 방법적인 면에서 한 가지 특이할 만한 사항은 이 시대의 말기에 '가이샤쿠'라는 보조수단이 약간 보여진다는 것이다. 배를 한일자와 열십자형으로 가르고 내장을 드러내는 면에서는 중세와 같다.

　근세에 접어들면 할복은 무사들에게 있어서 주군이 죽었을 때 순사하는 수단과 형벌의 수단으로서 처형하는 방법으로서 정착했다. 특히 순사의 경우 주군의 허가를 받아 하도록 되어 있었다. 그리고 방법적인 면에 있어서도 의례절차가 갖추어져 있어 지극히 형식화되어 나타났다. 그리고 목숨을 끊는 보조수단인 '가이샤쿠'가 등장했으며, 특히 할복한 다음 창자를 드러내는 것이 반항의 표현으로 해석되어 이 방법이 금지되었다. 그로 말미암아 배를 가르는 흉내만 내고 '가이샤쿠'를 통하여 목숨을 끊는 할복이 많았던 것도 이 시대의 특징으로서 규정지을 수 있을 것이다.

　근대와 현대에 접어들어서도 순사와 패전책임에 따른 할복이 있었다. 그러나 현대에 접어들어서 70년대에 미시마 유키오의 할복만 있을뿐 그 이후 오늘날에 이르기 까지 할복은 좀처럼 보이지 않는다. 그것은 칼을 가까이하지 않는 일반인들이 할복하기도 어렵거니와 '가이샤쿠'하기도 어렵기 때문일 것이다.

　최근 일본에서는 죽음에 대한 서적이 잘 팔리고 있다 한다. 그 중에는 고통 없이 죽음에 이르는 방법을 제시하고 있는 책도 있다 한다. 이는 한 때 가장 고통스럽게 죽는 할복의 방법을 선호했던 일본인들이 지금은 가장 편하게 죽는 방법을 추구한다는 뜻일 것이다. 이와 같이 일본인의 죽음의 방법이 변하다면 앞으로 고대로 부터 면면히 이어져 왔던 배를 가르고 죽는 할복은 박물관 속에 전시된 특이한 과거의 유물로서 정리될 것임에 틀림없다.

06

센노리큐千利休의 할복 이야기

> 머리를 숙여 지켜내는 것이 있다면, 머리를 숙여 지켜 낼 수 없는 것도 있다.
>
> — 센노리큐千利休(1522~1591)

센노리큐가 할복하다

　　　　　　　　　　센노리큐千利休(1522~1591)는 일본 다도茶道를 완성한 사람으로 일본에서는 다성茶聖이라고 일컬어지는 인물이다. 그러한 관계로 그는 일본 국내뿐만 아니라 해외에도 널리 알려져 있다. 특히 2004년 KBS가「불멸의 이순신」이라는 대하사극을 제작하여 방영하였을 때 "언제나 지키려는 자는 빼앗으려 하는 자보다 강한 법입니다"고 조선을 침략하려는 도요토미 히데요시豊臣秀吉(1537~1598)에게 반대의견을 제시하는 센노리큐가 등장한다.

이처럼 우리나라에서는 그를 우호적으로 바라보고 있으며 그것이 널리 알려지게 되는 계기가 되기도 했다. 그러한 관계로 인해 일본 다도에 관심이 있는 사람은 그의 이름 정도는 들어서 알고 있다. 특히 2013년 일본에서 그를 주인공으로 한 영화가 만들어졌다. 「리큐에게 물어라利休にたずねよ」가 바로 그것이다. 원작은 야마모토 겐이치山本兼一의 소설이었는데, 그것을 영화감독 다나카 미츠토시田中光敏가 영화화한 것이다.

이것이 상영되었을 때 우리나라의 다인들도 높은 관심을 보였다. 내용의 전체 흐름은 센노리큐(이하 리큐로 함)의 할복에 초점이 맞추어져 있으면서 그가 가지고 있는 다도의 미학을 아낌없이 잘 묘사된 작품이었다. 그러한 가운데 특히 한국인들의 눈길을 끄는 부분은 그가 평생 가슴에 간직해 온 여인이 조선에서 납치되어온 조선여인이었다는 점이다.

사실 언제부터인지 알 수 없으나, 그와 한국과의 관계는 일찍부터 지적되고 있었다. 가령 일본에서는 그가 만든 초암다실이 한국의 민가에서 영향을 받은 것이며, 그 결과 다실로 들어가는 좁은 출입구인 '니지리구치'가 생겨난 것이라는 견해도 생겨났다.

지금까지 우리나라에서 리큐를 바라보는 견해는 대략 두 가지 갈래가 있다. 하나는 그의 가계가 한국에 기원을 둔다는 것이고, 또 다른 하나는 그의 다도 사상을 밝히는 것이었다. 그의 가계가 한국과 관련이 있다는 설은 한국 다도계에서는 일찍부터 있었다. 그 대표적인 예로 이원홍의 글인데, 그것에 의하면 리큐의 본래 성씨는 다나카田中이며, 그 성씨는 『신찬성씨록新撰姓氏錄』에 의하면 한반도에서 건너간 이주인의 성씨라 하며 고대한국계 후손임을 주장했다.[1] 그에 비해 역사학자 홍윤기는 일본인 연구자 미요시 사타지三善貞司가 쓴 「다성 천리휴茶聖千

---

1) 이원홍, 「千利休의 다실」, 2009. http://m.blog.naver.com > and002(검색일: 2022.08.08.)

利休』(2007)의 글을 인용해 "리큐의 조부 센 아미千阿彌는 조선에서 일본으로 이주한 풍부한 교양을 갖춘 문화인"이었다고 하며, 리큐의 조부 도일 시기가 1400년대 안팎이라고 추정했다.2) 심지어 그를 우리나라 천씨 가문의 후예로 보는 시각도 언론에서 심심찮게 발견되기도 한다.3) 이처럼 리큐를 자랑스러운 한국계 후손으로 보는 시각이 있다.

그에 비해 일본 다도의 전문가들은 그의 혈연적 뿌리를 밝히는 것보다 그가 이룩한 다도사상에 주목을 했다. 가령 조용란4)과 정영희5)는 『남방록南方錄』을 통해 리큐의 다도사상을 파악하는데 힘을 기울였고, 고연미는 연구를 좀 더 이를 세부화하여 『남방록』과 『리큐백회기利休百會記』를 중심으로 리큐가 다회에서 선호했던 차과자茶菓子를 고찰한 바 있다.6) 그리고 박전열은 리큐의 사후 자손들에 의해 성립된 센케류 다도의 성립과정을 분석했다.7) 이처럼 한국에 있어서 리큐는 일본 다인을 대표하는 인물이었다.

필자가 이러한 리큐에 대해 새삼스럽게 주목하고자 하는 것은 그의 가계의 기원이나 다도사상에 있지 않다. 그의 할복에 있다. 국내에서는 그의 할복에 대해 거의 관심을 보이지 않으나, 일본에서는 그것에 대한 관심이 높아 연구도 어느 정도 축적되어있다. 그런데 이들의 연구 대부

---

2) 홍윤기, 「홍윤기의 역사기행 일본 속의 한류를 찾아서] 〈72〉일본 차문화의 명인 센노 리큐는 조선인 후손」, 『세계일보』, 2008.07.23. http://m.segye.com/view(검색일: 2021.01.05.)
3) 이윤옥, 「교토 대덕사, 임진왜란 때 훔친 고려문화재의 보고(寶庫)」, 『우리문화신문』, 2015. 02.15, https://www.koya-culture.com/mobile/article(검색일: 2022.01.02)
4) 趙容蘭, 「다도의 정신 일고찰 - 와비를 중심으로」, 『日本學報』 Vol.74, 한국일본학회, 2008, 275~288쪽.
5) 정영희, 「『南方錄』을 통해 본 日本 草庵茶의 修行 고찰」, 『일본불교사연구』 Vol.1, 일본불교사연구소, 2009, 141~175쪽.
6) 고연미, 「茶會記를 통해 본 千利休 茶菓子의 전개 양상」, 『일본불교문화연구』 Vol.7, 한국일본불교문화학회, 2012, 117~150쪽.
7) 박전열, 「일본다도 센케류의 성립과정과 의의」, 『일본사상』 Vol.10, 한국일본사상사학회, 2006, 63~90쪽.

분은 그의 할복의 원인을 밝히는데 초점이 맞추어져 있다. 다시 말해 그들의 목적은 실증주의 역사학적 관점으로 그것에 대한 진상 규명에 있는 것이다. 가령 구와다 타다치카桑田忠親은 리큐의 할복을 히데요시秀吉의 측근들의 대립과 반목, 즉, 친리큐파와 반리큐파들의 암투에서 빚어진 사건이라 보았다.8) 그리고 후쿠이 유키오福井幸男는 그의 할복에 관해 기록한 자료가 많이 남아있는데, 그것에는 여러 특이성이 발견되는데, 그것이야말로 그의 할복의 진상을 규명하는데 핵심적인 요소라고 하면서도 정작 자신의 결론은 뒤로 미루었다.9) 그만큼 그의 할복 원인 규명은 어려우며, 그것에 대해 의문을 품고 있는 사람들이 많다는 것을 방증하는 것이기도 하다.

지금까지 일본에서 그것을 둘러싸고 다양한 언설과 전승들이 발생했다. 물론 이러한 것들 중에는 리큐를 영웅화하고 신비화하기 위해 역사적 사실과 다르게 과대 포장된 부분도 없지 않다. 그렇다 하더라도 그것들은 리큐의 죽음에 대한 당시 및 후세의 일본인들의 인식이 반영된 중요한 자료임에는 누구도 부인할 수 없다. 그러한 자료들을 필자는 민속학적 관점에서 접근하여 그것을 생성하는 논리를 찾아냄으로써 리큐의 할복 죽음을 바라보는 일본인들의 인식에 대해 살펴보고자 하는 것이다.

---

8) 桑田忠親, 『千利休』, 中公新書, 1989, 117頁.
9) 福井幸男, 「千利休の切腹の狀況および原因に關する一考察:關係史料の分析·檢討および切腹原因に關する諸說の批判的檢討」, 『桃山學院大學人間科學』 40, 桃山學院大學, 2011, 37頁.

죽음의 원인과 열십자 할복

지금까지 히데요시가 리큐에게 할복 명령을 내린 원인에 대해 다양한 설이 제시되어 있다. 그 중에서 일반적으로 가장 많이 알려져 있고 거의 정설화되어있는 것은 대덕사大德寺의 산문山門 금모각金毛閣 위에 자신의 목상을 안치한 것에 대한 불경죄의 적용이다.

대덕사와 깊은 관계를 맺었던 리큐는 대덕사 산문을 개보수할 때 자금을 지원했다. 그것에 대한 고마움의 표시로 대덕사 주지 고케이 소친古溪宗陳(1532~1597)은 리큐의 목상을 만들어 산문 위에 안치했다. 이것에 대해 히데요시가 격노했다. 그 이유는 그곳에 리큐의 목상이 있다는 것은 귀인들이 산문을 지나다닐 때 마치 리큐가 귀인의 머리를 밟는 것과 마찬가지이므로 이는 대단히 무례한 행위이자 불경죄에 해당된다고 보았기 때문이다. 이러한 주장에 대해 리큐는 일체 변명도 하지 않아 할복을 명하였다고 하는 것이다.

그러나 그것을 그대로 믿는 연구자는 거의 없었다. 그 목상은 리큐가 할복하기 2년 전의 일이며, 앞에서도 언급하였듯이 그것을 자신이 안치한 것이 아니라, 대덕사 측이 그에게 감사의 표시로 만들어 안치한 것이다. 아무리 폭군이라 하더라도 이를 모를 리 없는 히데요시가 그것을 이유로 리큐의 목

센리큐의 초상화(長谷川等伯畵, 春屋宗園贊)

숨을 빼앗는 어리석은 사람이 아니기 때문이다. 이러한 부자연스러움이 내재되어있는 것이다.

이로 인해 실로 많은 이유들이 제시되었다. 예를 들면 히데요시가 그의 딸을 측실로 받아들이겠다고 요청하였지만 거절하여 히데요시가 격노한 결과라는 해석이 있는가 하면,[10] 리큐의 싸구려 다구를 비싸게 팔아 재산을 축적하였다는 의견도 있다.[11] 또 권력자인 히데요시와 예술가인 리큐의 자부심이 충돌하였기 때문이라는 해석도 있다.[12] 이는 다도 사상에 대한 히데요시와 극한 대립을 벌인 결과가 리큐 죽음의 원인이 되었다는 것과도 같다.[13] 니조천황릉二條天皇陵의 돌을 함부로 가져가 다실의 정원석으로 사용하여 히데요시의 분노를 샀다는 의견도 있다.[14] 그리고 앞에서 언급한 바 있듯이 히데요시 측근의 대립으로 인한 정치적으로 희생당하였다는 의견도 있으며, 리큐의 개인 자산과 권위가 점점 커져가는 것을 히데요시가 두려워했기 때문이라는 의견이 있다. 그리고 리큐가 사카이 상인의 권익을 지키려고 하였기 때문이라는 해석이 있는가 하면,[15] 리큐가 도쿠가와 이에야스德川家康의 간자間者로

---

10) 桑田忠親, 『茶道の歷史』, 講談社, 1979, 103頁.
11) 『多聞院日記』 卷三十七, 天正19年2月28日條(1591年4月21日)
12) 다도의 상징 센노리큐(千利休)와 권력자의 상징인 도요토미 히데요시(豊臣秀吉)는 결코 맞을 수 없는 가치관의 차이가 극한 대립까지 발전하여 리큐는 죽음을 맞이하게 되었다는 것이다.
13) 센노리큐와 히데요시는 결코 맞을 수 없는 가치관의 차이가 극한 대립까지 발전하여 리큐는 죽음을 맞이하게 되었다는 것이다. 다도에 관한 대립적인 사고를 가진 두 사람이 결국 그것으로 인한 갈등이 일어나 최종적으로는 센노리큐의 할복에 처한 이유가 되었다고 보는 해석이다.
吉田孫四郎雄翟 口述, 千代女 書留, 『先祖等武功夜話拾遺』 卷七, 寬永15年(1638年).
14) 平直方, 『夏山雜談』 卷之五, 寬保元年(1741年)/ 이를 「舟岡山佛台石不敬事件」라는 표현도 쓴다. 이 이야기는 에도시대(江戶時代)에 쓰여진 小野高尙의 『하산잡담(夏山雜談)』에 나오는 것인데, 그것에 의하면 리큐가 니조천황릉(二條天皇陵)의 묘석(墓石)을 대덕사의 聚光院에 가져가 手水鉢를 만들기도 하고, 자신의 묘석을 만들었으며, 또 光孝天皇陵의 석탑(石塔)을 가지고 가서 정원의 석등롱(石燈籠)으로서 사용했다는 이야기가 있다.
15) 히데요시는 리큐의 고향 사카이의 국제무역을 독점하기 위해 그들에게 세금을 과하게 매기는 정책을 펴자, 이것에 대해 반대했다는 것이다. 리큐 또한 다인이면서 사카이의 무역상인이기도 하였기 때문에 나온 설로 추정된다.

서 히데요시를 독살하려고 한 것이 발각되었기 때문이라는 해석도 있다.16) 또 서두에서 언급한 KBS의 드라마와 같이 히데요시의 조선침략을 반대하였기 때문이라는 해석이 있으며,17) 히데요시가 싫어하는 흑색 다완을 사용하였으며,18) 더구나 다실에서 히데요시에게 차를 쏟았기 때문이라는 해석도 있다.19) 심지어 최근에는 당시 히데요시가 금지령을 내린 천주교를 믿는 천주교 신자였기 때문에 할복의 죽음을 맞이하게 되었다는 설까지 나와 있다.20) 이처럼 다양한 설이 제시될 정도로 아직도 그의 할복 원인은 정확하게 밝혀져 있지 않다.

그러나 다양한 의견들 가운데 한 가지 공통된 견해는 히데요시가 보낸 군사들의 엄중한 경계 속에 그의 할복이 이루어졌다는 점이다. 리큐의 제자로 추정되는 난보 소케이南坊宗啓21)가 쓴 『남방록南方錄』에는

---

16) 桑田忠親, 前揭書, 1979, 103頁.
17) 桑田忠親, 前揭書, 1979, 103頁.
18) 히데요시가 리큐의 애제자인 다카야마 우곤(高山右近, 1522~1615)에게 기독교를 버리라고 명하기도 하고, 야마노우에 소지(山上宗二, 1544~1590)를 참수하자 리큐는 히데요시가 검은색(黑)을 싫어한다는 것을 알면서도 1591년(天正19) 정월의 다회에서 검은색의 라쿠다완(黑樂茶碗)으로 점다하여 히데요시의 자존심을 상하게 했다는 것이다.
19) 笠原一男編集(1984), 『學習漫畵 人物日本の歷史〈12〉織田信長・豊臣秀吉・千利休 - 安土・桃山時代』, 集英社, 1984, 99頁.
20) 리큐의 다도에 기독교의 영향을 처음으로 주장한 사람은 무샤노코지 센케(武者小路千家)의 1대 당주 센 소슈(千宗守)이다. 그는 (1) 사발 하나로 돌려 마시는 농차음다법은 미사 때 예수의 피를 상징하는 와인을 나누어 마시는 것과 같고, (2) 차통을 닦을 때 후쿠사 사바키(袱紗さばき)와 차건(茶巾)의 취급방법은 성배(聖杯)를 닦는 것과 유사하다고 지적했다. 이것이 기반이 되어 앞에서 든 두 가지 유사점 이외에도 (1) 리큐의 주변에 기독교도들이 많았다(제자로 蒲生氏鄕, 高山右近, 牧村兵部, 細川忠興의 부인 호소가와 가라샤(細川ガラシヤ) 등을 꼽고 있다.) (2) 리큐의 평등사상은 신 앞에 인간은 모두 평등하다는 기독교 사상이며, (3) 다실의 「니지리구치(にじり口)」는 예수의 말인 '좁은 문으로 들어가라'를 상징적으로 표현한 것이고, (4) 센노리큐의 이름은 기독교의 「누가복음서」에 나오는 '성누가'와 유사하고, (5) 리큐 목상의 셋타(雪駄:눈 올 때 신는 신발)는 당시 예수회 선교사들의 신발과 유사하다는 점 등을 들어 리큐는 천주교도이었으며, 이로 인해 죽지 않을 수 없다는 주장까지 전개되었다.
21) 모모야마시대(桃山時代)의 선승이자 다인. 생몰년 미상. 리큐의 제자라고 하며, 또 다서(茶書) 『남방록(南方錄)』의 저자로도 알려져 있다. 센슈(泉州) 사카이(堺)의 남종사(南宗寺)의 탑두 집운암(塔頭集雲庵) 제2대 주지라고 스스로 일컫기도 한다. 또 사카이의 富商 아와지야(淡路屋)의 출신이라고도 한다. 1593년(文祿2) 2월 28일 리큐의 3주기때 영전(靈前)에 향화(香華),

리큐의 할복을 천정 19년 2월 28일에 일어난 「불려不慮의 재난」이라고 표현하며 자기가 죽은 후에도 리큐에 대한 차를 바치는 회향回向을 잊지 말고 계속하기를 부탁했다.[22] 여기서 '불려의 재난'이란 리큐의 할복을 말한다. 즉, 그것으로 인해 죽음을 당했다는 의미이다. 그러나 그것에 대해 너무나 간략하게 서술하여 그것만으로 리큐의 할복이 어떤 상황에서 어떻게 진행되었는지를 구체적으로 파악하는 데는 무리가 따른다. 그에 비해 「천리휴유서서千利休由緖書」에 다음과 같이 비교적 상세하게 묘사하고 있다.

> 리큐가 대덕사 산문 위에 자신의 목상을 두었다. 이를 참언한 무리들이 있어서 히데요시의 심기를 건드렸다. 그리하여 1590년 11월에 히데요시로부터 의절당하다. 1591년 정월 13일 사카이堺로 추방당하여 유폐를 당하였고, 2월 26일에 히데요시의 명령에 의해 귀경帰京하여 아시야초葭屋町의 자택으로 들어갔다. 그러한 가운데 리큐 제자의 많은 영주들이 신병을 탈취한다는 소문이 났다. 히데요시는 우에스기 가게카쓰上杉景勝(1556~1623)에게 명하여 사무라이다이쇼侍大將 3명, 아시가루 다이쇼足輕大將 3명에 통솔된 6組, 총 3천명의 군세를 보내어 리큐 저택을 양일간 포위하여 엄중 경호하게 했다고 전해진다. 같은 달 28일 아마고 사부로자에몬尼子三郎左衛門, 아이세쓰노가미安威攝津守, 마이다 아와지노가미蒔田淡路守 3명을 검사檢使로 파견했다. 제자 마이다蒔田가 가이샤쿠介錯를

다과를 올리고, 독경과 회향을 한 후 홀연히 자취를 감추었다고 한다. 그에 대한 정체가 명확하지 않음에도 불구하고, 난보 소케이(南坊宗啓)만큼 유명한 다인도 없다. 그것은 오로지 다도의 비전서(秘傳書)로서 전래된 『남방록』의 필자이기 때문이다. 그러나 『남방록』도 후세의 다인의 가탁에 의한 부분이 많아 진위의 논란에 휩싸여 있다. 그것과 관련하여 남종사의 승려이며, 리큐의 차숫가락(茶杓)을 만들었다는 케이(慶) 수좌와 동일인이라는 주장도 나와 있다.

22) 筒井紘一, 『南方錄(覺書, 滅後)』, 淡交社, 2012, 56頁.

말았고, 리큐가 할복을 했다. 그의 목은 히데요시에게 마이다, 아마고가 가지고 갔으나, 확인도 거들 떠 보지도 않고 이치조모도리바시一條戾橋의 옥문獄門에 효수했다. 그 때 준비된 선반 위에 기둥을 세워 대덕사의 산문 위에 두었던 리큐의 목상을 그것에 묶어 세우고, 리큐의 목을 밧줄에 묶어 목상이 밟게 하여 매일 군중들이 보게 했다.23)

「천리휴유서서」는 리큐의 사후 60년 후인 1653년에 오모테센케表千家의 4대 당주 센 소사千宗佐(1671~1613)가 막부의 요청에 의해 작성하여 제출한 것이다. 당시만 하더라도 리큐의 손자 센 소탄千宗旦(1578~1658)이 살아있었고, 또 리큐를 기억하고 있는 사람들에게 이야기를 들어 작성한 것이기 때문에 그 서술이 신빙성이 매우 높은 것으로 평가되고 있다.

그것에 의하면 리큐를 영주 세자들이 탈출시킬 우려가 있다고 생각한 히데요시가 군사 3천명이나 보내어 엄중 경호하게 하였으며, 2월 28일 할복을 하였는데, 그 때 뒤에서 목을 치는 가이샤쿠 역할은 제자 마이다 아와지가미가 맡아서 진행했다.

할복 직전 점다한 후 정원으로 다완을 던지는 센노리큐
일본국회도서관 소장 『繪本太閤記』에서

---

23) 千宗左・千宗室・千宗守監修, 「千利休由緖書」, 『利休大事典』, 淡交社, 1981, 656頁.

『회본태합기繪本太閤記』에 의하면 그날 3명의 검사가 히데요시의 명을 전하자 리큐는 조용히 "차실에 차가 준비되어있습니다."하며 그들에게 마지막으로 접다하여 차를 내었으며, 그리고는 그 다완을 정원에 던져버리고는 심호흡을 한번 길게 한 다음 단도로 배를 찔러 할복하였다고 한다. 그 장소는 그의 다실 불심암不審庵이었고, 당시 그의 나이는 70세였다.24)

제자 마이다가 가이샤쿠를 잘린 목을 아마고 사부로자에몬과 아이세쓰노가미가 확인한 후 히데요시에게 가져갔다. 그러나 히데요시는 이를 보지도 않고 그것을 이치조모도리바시의 옥문에서 효수를 시켰다. 그 효수 방법이 매우 특이하였는데, 리큐의 목상을 기둥에 묶어서 세운 다음, 리큐의 목을 목상의 발밑에 둠으로써 마치 밟고 서 있는 것처럼 하였다. 이를 지나다니는 군중들이 볼 수 있게 하였던 것이다.

이처럼 그의 목은 사후에도 비참하게 처리 당하였다. 이것이 확실한 것은 기타노텐만구北野天滿宮의 궁사宮司의 일지『북야사가일기北野社家日記』의 2월 29일자에도 그의 목이 목상과 함께 효수된 것으로 기록되어 있다.25) 그리고 후대의 아사히 타이시旭岱子가 쓴『흑해산필墨海山筆』에 수록된『리휴전利休傳』(성립년 미상)에도 이상의「천리휴유서서」와 크게 다를 바 없이 리큐의 목이 목상에 짓밟힌 모습으로 효수되었다고 되어있다.26)

이러한 일련의 할복과정을 보면 히데요시의 특이성을 발견할 수 있다. 우선 리큐의 목을 취급하는 점이다. 그는 아마고 사부로자에몬 등이

---

24) 村井康彦,『千利休』, 日本放送出版協會, 1980, 254頁. http://kajipon.sakura.ne.jp/kt/haka-topic21.html(검색일: 2022.01.10.)
25) 竹內秀雄校訂,『北野社家日記』第四, 續群書類從完成會, 1973, 278~283頁.
26) 熊倉功夫,『現代語譯茶道四祖傳書 利休傳・織部傳・三齋傳・宗甫傳』, 中央公論新社, 39頁.

할복한 리큐의 목을 가져갔음에도 불구하고 거들 떠 보지도 않은 채 선반 위에 기둥을 세워 리큐의 목상 발밑에 리큐의 목을 두었다는 것은 리큐에게 최대의 굴욕을 주었다고 해도 과언이 아니다. 그만큼 그에 대한 증오심이 강했던 것으로 볼 수 있는 처사였다.

그리고 리큐의 사인 중에서도 가장 치욕적인 죄목은 싸구려 차 도구를 비싸게 팔아 부당한 이익을 챙겼다는 것이다. 그러한 소문이 나돌았던 것은 사실이다.

『북야사가일기』에는 "소에키가 다기의 매매로 부당한 이익을 얻었다 하였고, 나라奈良 홍복사興福寺의 승려 다몬인 에이슌多門院英俊(1518~1596)의 일기 『다문원일기多門院日記』에도 근년 새로운 차도구를 터무니 없는 가격으로 팔아 부당한 이익을 올린 매승賣僧이라고 했다. 여기서 '매승'이란 타락한 승려를 지칭하는 말이다. 즉, 리큐를 금욕에 눈이 먼 탐욕스러운 인간이라고 했다. 그리고 다케나가 시게하루竹中重治(1544~1579)의 아들 다케나가 시게카도竹中重門(1573~1631)가 쓴 『풍감豊鑑』에서는 그것에 대해 비교적 상세히 서술하고 있는데, 그 내용을 소개하면 다음과 같다.

> 그 때 히데요시는 다성이 되어있었던 센노리큐를 처형했다. 그는 사카이의 상인이었으나 히데요시의 다도 스승이 되었다. 세간에 유명인이 되어 차도구茶道具의 좋고 나쁨은 「리큐의 마음대로」 가격을 올렸으며, 재산축적이 히데요시 보다 못지않다는 소문이 나돌 정도가 되었다. 그러자 점점 거만해져 자기가 좋다고 여기는 것은 품질이 나빠도 좋은 물건이라 하며 가격을 올리는 지경까지 되었다. 이를 들은 히데요시는 나라의 적國賊이라고 하며, 리큐를 교토에서 사카이로 돌아가게 하여, 그곳에서 참수형에 처했다. 뽐내는 자는 지금도 과거에도 이같은 말로를 걷게 된다. 오늘날 사람들은 이를 보고 교훈을 삼아야 할 것이다.[27]

리큐의 할복 장면

여기서는 그의 죄목은 차도구를 고가로 팔아 부당한 이익을 챙긴 것으로 되어있다. 그러나 앞의 것들과 조금 다른 것은 그 축적된 재산이 히데요시가 위협을 느낄 정도로 많았으며, 그것으로 인해 사람이 오만해져 있었다고 설명하는 부분이다. 이처럼 리큐의 할복 죽음에 대해 부정적인 시각을 가진 사람들에게는 그의 죄목이 대덕사 산문의 목상으로 인한 불경죄 보다는 부당한 가격으로 차도구를 판매하여 재산을 축적한 탐욕스러운 인물이라는 것에 초점이 맞추어져 있는 것이다.

이는 세인들로부터 다성으로까지 추앙되었던 리큐에게 엄청난 충격을 주는 치욕이 아닐 수 없다. 이처럼 그의 할복처형은 리큐에 대한 히데요시의 증오와 경멸로 최대의 치욕을 주는 것이었다고 볼 수 있다.

그러나 이것은 어디까지나 겉으로 드러난 것에 지나지 않는다. 그 내면은 정반대의 논리가 작동하고 있었다. 그것을 뒷받침할 수 있는 가장 큰 증거는 히데요시는 리큐에게 참수斬首가 아닌 할복을 명하였다는 점이다. 할복은 무사들에게만 주어진 명예로운 죽음의 방법이었다. 다시 말해 다른 신분의 사람에게는 할복할 수 없었다. 리큐는 무사가 아니라 상인이자 승려이다. 그러므로 할복은 어울리지 않는 죽음의 방법이었다. 그럼에도 불구하고 그에게 할복을 명하였다는 것은 히데요시가

---

27) 我部山民樹,「利休切腹の謎」, 2020. https://www.ozoz.jp > kabeyama > koki > rikyu(검색일: 2022.09.18)에서 재인용.

신분의 벽을 넘어 리큐를 무사와 같은 동등한 대우를 한 것으로 보인다.

그러한 배려는 그의 집을 엄중히 경계하는 점에서도 찾을 수 있다. 대의명분은 제자의 영주들이 리큐를 탈환하는 우려가 있다고 하여 군사 3천을 보내어 엄중히 경계한 것으로 되어있지만 이는 너무나 과분한 처사이다. 왜냐하면 리큐는 도망갈 의사도 전혀 없었을 뿐만 아니라, 그의 제자들이 도주를 방조한다는 것은 반란과 같은 것이므로 불가능에 가깝기 때문이다. 그럼에도 불구하고 그의 할복에 3천명의 군사를 보냈다는 것은 봉건 영주급에서도 가장 높은 지위에 있는 자와 동등하게 취급한 것과 마찬가지이다. 일본다도 연구가 구와다 타다치카桑田忠親은 이를 두고 가로家老 및 하타모토旗本라는 최고위 관직의 무사와 같은 대우라고 했다.28) 상인으로서 이같은 할복을 한 것은 일본 할복사에서 리큐가 처음이자 마지막이다.29) 그만큼 히데요시는 리큐의 할복을 무사로서 최고의 예우를 갖추었던 것이다. 히데요시는 겉으로는 효수하여 리큐에게 최대의 굴욕을 표시하면서도 안으로는 그에게 무사 이상의 자격을 부여하여 무사들에게만 주어지는 할복이라는 명예로운 죽음을 맞이하게 하였던 것이다.

실제로 리큐는 다인이면서 무사 이상의 대우를 받고 있었다. 히데요시는 그를 통해 정치, 경제적 효과를 포함해 문화적으로도 최고의 지위를 누렸다. 그리하여 리큐는 히데요시로부터 3천석이라는 녹을 받고 있었고, 다도를 통하여 도쿠가와 이에야스를 비롯한 유력한 봉건영주들을 제자로 두고 있었다. 그리고 히데요시 및 그의 동생인 도요토미 히데나가豊臣秀長(1540~1591)의 정치적 참모역할도 했다. 그러므로 그가 차지

---

28) 桑田忠親, 前揭書, 1979, 106頁.
29) 橋山英二·三上祥弘, 「千利休」, 『なにわ大坂をつくった100人』, 關西·大阪21世紀協會, 2017. https://www.osaka21.or.jp/ (검색일: 2022.01.08.)

하는 정치적 위치는 봉건영주 이상이었다. 그러한 그의 위상을 분고豊後의 영주 오토모 소린大友宗麟(1530~1587)이 "리큐 이외에 관백關白(=히데요시)에게 말할 사람은 없다."고 할 정도였다.30) 이처럼 그는 신분은 상인이며 다인에 불과하였지만 도요토미 정권의 핵심 중의 핵심이자 실세 중의 실세이었다. 히데요시는 이러한 그를 마지막 생애를 마감할 때 최대한 예우를 갖추는 배려를 한 것이다.

리큐의 최후 모습은 후대에 이르면 점점 과장되어간다. 그 대표적인 예가 『삼재공전서三齋公傳書』와 『리휴거사전서利休居士傳書』이다. 이 둘은 모두 1652년 마쓰야 히사시게松屋久重(1567~1652)가 편찬한 것으로 리큐의 할복에 대해 자세히 묘사되어있다. 그 중에서 『삼제공전서』의 내용을 소개하면 다음과 같다.

> 사카이堺에서 대기하고 있었던 리큐가 다다미 4장 반의 작은 방小座敷에서 차솥에서 물이 끓어올랐을 때 도코床에 앉아서 배를 가르려고 하였을 때 팔꿈치가 방해가 되었다. 그리하여 "아. 배치가 좋지 않다"하며 다시 가다듬어 도코의 중앙에 앉았다. 그리고는 "아. 가이샤쿠닌은 목을 잘라 달라 할 때 내가 말하거나, 아니면 말을 할 수 없을 때는 손을 들겠다"고 하며 치과의사가 아플 때와 같이 말을 했다. 그리고 허리에 차는 단도를 배에다 찔렀으나, 들어가지 않아 한 번 더 찔러 내장을 끄집어내어 화로 위의 개구리 모양의 갈고리蛭鈎에 걸었다. 이때 가이샤쿠를 했다. 이러한 할복은 본 적이 없다.31)

---

30) 谷口克廣, 『信長·秀吉と家臣たち』, 學研 プラス, 2011, 241頁에서 재인용.
31) 松山吟松庵校訂, 『茶道四祖傳書』, 思文閣, 1974, 205~206頁.

위에서 보듯이 그의 할복은 다실의 도코노마의 중앙에 앉아서 배를 찌르고 갈라 내장을 드러낸 후 화로 위의 갈고리에 걸쳤다 했다. 『리휴거사전서』에서도 이 부분을 대동소이하게 서술하였는데, 다만 차이가 있다면 리큐의 할복이 열십자형이었다고 했다. 즉, 도코노마床間에서 열십자로 배를 갈라 창자를 끄집어내어 화로 위 갈고리에 걸쳤다는 것이다. 1738년 마쓰야 모토스케松屋元亮가 편찬한 『다탕비초茶湯秘抄』(卷五)에서도 도코노마에서 열십자로 배를 가르는 할복을 한 후 가이샤쿠가 있었는데, 이는 고금에도 없던 일이라 하며 감탄했다.[32]

이러한 내용에서도 부자연스러움이 발견된다. 그 첫째는 그가 도코노마에서 할복하였다는 것이다. 다실은 다인들에게 있어서 신성공간이다. 그러므로 그곳에서 할복한다는 것은 납득이 가지 않는다. 리큐의 초암다실은 넓이도 좁고, 천정도 낮아 뒤에서 복을 치는 가이샤쿠를 하기가 여간 어려운 것이 아니기 때문이다. 더구나 도코노마는 그곳에서도 가장 신성한 곳이다. 그러한 곳에서 할복했다는 것은 너무나도 부자연스럽다. 리큐가 아무리 다성이라 해도 그곳의 정중앙에 앉아서 할복을 하여 피로 붉들여 더럽힌다는 것은 부자연스러울 뿐 아니라, 모순이라 하지 않을 수 없다. 그러므로 이는 사실이 아니라 과장된 표현이었을 가능성이 높다.

둘째는 그의 할복이 열십자로 배를 갈라 내장을 끄집어내어 화로 위의 갈고리에 걸쳤다는 것이다. 이러한 할복은 형벌로서 실행된 것도 있을 수 없다. 왜냐하면 그것은 할복자가 억울함, 원통함을 표시이자, 할복의 결정을 내린 당국에 대한 반발의 표시이기 때문이다. 그러므로 형 집행으로서 할복을 실행될 때 열십자형 할복과 내장을 드러내는 행위

---

[32] 千宗左·千宗室·千宗守監修, 『利休大事典』, 淡交社, 1989, 666~667頁.

는 당연히 금지된다. 그러므로 이를 리큐가 행하였다고 볼 수 없다. 이것 또한 다도계의 거두이자 무사 이상의 대우를 받은 리큐를 영웅화 또는 신비화하기 위해 만든 과장된 표현이라 할 수 있을 것이다.

히데요시 앞에 나타난 리큐의 원귀

리큐가 죽기 전에 지었다는 노래가 「천리휴유서서」에 실려 있다. 일설에는 그가 교토에서 추방되어 고향인 사카이堺에서 칩거하고 있었을 때, 마침 그와 같이 살고 있었던 딸 오카메御龜에게 건네 준 것으로 알려져 있다. 그 내용은 다음과 같다.

> 리큐는 과보를 받는 것이 기쁘도다. 스가 승상菅丞相이 된다고 생각하면
> 利休めが果報のほどぞ嬉しけれ 菅丞相にならんと思へば[33]

흔히 이 노래를 광가狂歌라 한다. 이는 일본의 전통적인 노래인 와카和歌 가운데 골계와 해학, 사회풍자 등을 넣어 지은 짧은 노래이다. 그러므로 실제로 이를 리큐가 지었는지 알 수 없으나, 만일 그것이 사실이라면 그 내용은 매우 흥미롭다. 왜냐하면 그것에는 일본의 원령신앙이 그대로 드러나 있기 때문이다.

그러한 의미에서 이 노래가 가지는 의미를 다시 되새겨 보자. 이 노래에서 과보를 받는다는 것은 죽어서 스가 승상이 된다는 것을 뜻한다. 그러한 과보를 받아서 다행한 일이라는 것이다. 여기서 스가 승상이

---

33) 福井幸男, 前揭書, 2011, 7頁; 千宗左・千宗室・千宗守監修, 『利休大辭典』, 淡交社, 1989.

란 스가하라 미치자네菅原道眞(845~903)를 말한다. 왜 그는 죽어서 스가하라 미치자네와 같은 과보를 받는 것을 좋다고 하였을까? 여기에는 스가라하 미치자네의 원령신앙이 있다.

스가하라 미치자네는 우다천황宇多天皇(867~931)의 총애를 받아 우대신右大臣으로까지 출세한 인물이다. 그러나 그를 시기 질투하는 귀족들이 모함하기 시작했다. 특히 귀족 후지와라 도키히라藤原時平(871~909)는 "미치자네가 현 천황을 폐위하고 사위인 도키요시신노齊世親王(제호의 아우)를 즉위시키려는 음모를 꾸미고 있다"고 다이고 천황醍醐天皇(885~930)에게 참언讒言을 했다. 이것으로 인해 그는 901년 다자이후大宰府에 좌천되었다. 이에 우다천황은 다이고 천황을 만나려고 하였으나 위사衛士들에게 저지당했고, 또 미치자네의 제자인 구로도노토藏人頭인 후지와라 스가네藤原菅根(856~908)가 연결시키지 않았다. 그로부터 2년 뒤인 903년 미치자네는 원한을 간직한 채 사망을 했다.

그 이후 일본에서는 스가하라 미치자네의 죽음과 관련된 사람들에게 불행이 연속적으로 발생하기 시작했다. 908년에 후지와라 스가네가 벼락 맞아 죽었다. 앞에서 보았듯이 그는 스승인 미치자네를 배신하여 스승의 실각에 가담했던 인물이었다. 그 이듬해 909년에는 미치자네를 모함했던 장본인 도키히라가 39세의 나이로 급사했다. 그리고 홍수, 장마, 가뭄, 전염병 등 천재이변이 매년 일어났다. 그러자 사람들은 '미치자네가 원령이 되어 저주를 내리는 것'이라는 소문이 나돌기 시작했다. 일본의 민중들은 이같은 불행은 미치자네가 원령이 되어 복수를 감행하는 것이라고 보았던 것이다. 불행은 여기서 그치지 않았다.

923년(延喜23) 다이고천황의 황태자인 야스아키라신노保明親王(903~923)가 21세의 나이로 사망했다. 그는 도키히라의 여동생 야스코穩子(885~954)가 낳은 자식이었다. 그는 불과 2세의 나이로 황태자가 되었으나, 즉위도 하지 못하고 죽었던 것이다. 이러한 사건을 당하자 다이고천황도 미치자네의 저주라고 생각하고 미치자네의 다자이후 좌천의 칙서를 파기하고, 그 지위를 우대신으로 복권, 정2위正二位라는 관직을 추증했다.

이러한 유화정책에도 미치자네의 저주는 계속되었다. 새롭게 황태자가 된 야스아키保明의 아들 요시요리오慶賴王(921~925)가 5살의 나이로 요절했다. 요시요리의 어머니인 니제코仁善子(?~946)는 도키히라의 장녀이었다. 그리고 930년(延長8)에는 궁궐의 청량전淸涼殿에 벼락이 떨어져 다이나곤大納言 후지와라 기요쓰라藤原淸貫(867~930)와 우츄벤右中弁 다이라노 마레요平希世(?~930)가 사망했다. 이에 충격을 받은 다이고천황은 그만 병을 얻었고, 황태자 유다아키라신노寬明親王(야스아키의 동생이자 훗날 스쟈쿠천황)에게 양위를 하고, 그 해 사망했다. 이처럼 미치자네는 죽어서 원귀가 되어 자기를 불행으로 몰아넣은 사람들에게 철저히 복수를 한 셈이다.

이같은 불행이 연속되는 것을 막기 위해 사람들은 그를 위해 사당을 짓고 신으로 모셨다. 다시 말해 그는 죽어서 신이 된 것이다. 이러한 민속신앙을 일본에서는 원령신앙이라고 한다. 이러한 사실을 잘 알고 있었던 리큐는 스가하라 미치자네의 과보를 받게 되어 기쁘다고 노래한 것이다. 이러한 의미에서 본다면 위의 노래는 '나. 리큐는 참으로 행복한 인물이다. 스가하라 미치자네와 같이 원령이 되어 히데요시에게 복수를 할 수 있고, 사람들에게 존경을 받을 수 있기 때문이다'는 저주와 복수의 의미를 깃든 노래라 할 수 있을 것이다.

그렇다면 리큐는 미치자네와 같이 원귀가 되어 복수를 감행하였을까? 일본의 민중들은 그렇게 보았다. 그 대표적인 예로 그의 사후 유령이 되어 히데요시 앞에 나타났다는 이야기를 들 수가 있을 것이다. 1681년 구니에다 세이켄國枝淸軒이 쓴 『무변부문서武辺附聞書』이다. 이 책의 제80화에 다음과 같은 이야기가 실려져 있다.

호리 나오요리堀直寄(1577~1639)가 15살 때의 일이다. 도요토미 히데요시가 여자 하인 4,5명을 데리고 다실로 들어갔을 때 리큐의 망혼이 나타났다. 그 모습은 그림자와 같았고, 검은 두건을 쓰고 눈에서 빛이 났고 입에서는 불을 토하고 있었다. 여자들은 무서워 히데요시보다 먼저 다실에서 도망쳤다. 그러나 히데요시는 숯을 정돈한 다음 다실에서 나갔다. 히데요시는 호리 나오요리에게 명하여 리큐의 망혼을 물리치라고 했다. 이에 나오요리가 다실로 들어갔으나 리큐의 망혼은 사라지고 없었다.[34]

이처럼 리큐가 사후에 유령이 되어 히데요시 앞에 나타났다는 이야기가 17세기말에 만들어지고 있었다. 여기서 실망스러운 것은 그의 유령이 미치자네와 같이 공포의 존재가 아니라는 점이다. 눈에서 빛이 나고, 입에서는 불을 토하였지만, 직접적으로 히데요시에게 해를 끼치지 않았다. 그리고 모습을 보여준 다음 스스로 사라져 버렸다. 이처럼 그의 유령은 어떤 해를 끼치지도 않았던 것이다. 오히려 그의 유령을 보고도 두려워하지 않는 히데요시의 담력을 나타내는 이야기라 하지 않을 수 없다.

이러한 점은 다른 문헌에서도 비슷하게 나타난다. 1797년(寬政9)에 간행된 다케우치 카쿠사이武內確齋(1770~1827)의 『회본태합기繪本太閤記』에 실린 이야기를 소개하면 다음과 같다.

리큐가 죽은지 얼마 안되어 슈라쿠테이聚樂第에서 히데요시가 점다하려고 하였을 때 한 가닥의 바람이 불더니 등불이 흔들거렸다. 그 때 흰옷을 입고, 그 위에다 검은 색의 법의法衣를 걸치고 머리에는 흑두건을 쓴 환상과 같은 남자가 나타나 눈은 번쩍번쩍 빛났고, 숨을 거칠게 내쉬면

---

[34] 菊池眞一編, 『武辺咄聞書』, 和泉書院, 1990, 59頁.

서 숯불을 노려보았다. 시녀들은 놀라서 쓰러졌다. 히데요시가 숯을 넣고서는 "두건을 쓴 채로 내가 숯을 넣는 것을 보는 것은 무례하다."고 질책하자 이 요상한 남자는 말석으로 물러났다.

여기에서도 리큐의 유령은 아무 것도 하지 않는다. 다만 모습만 보여주고 있을 뿐이다. 더구

히데요시의 다실에 나타난 리큐의 유령
豊國神社의 보물전 소장

나 히데요시가 그를 향해 무례하다고 소리치자 말석으로 물러나는 모습까지 보인다. 이같이 연약한 모습으로 유령이 되어 히데요시 앞에 나타났던 것이다. 비단 그러한 내용이 이상의 두 가지 자료에서만 보이는 것이 아니다. 이러한 이야기는 유아사 죠잔湯淺常山(1708~1781)의 『상산기담常山紀談』(1770), 간자와 토고神澤杜口(1710~1795)의 『옹초翁草』(1784), 야마자키 요시시게山崎美成(1796~1856)의 『제성기담提醒紀談』(1850), 오카노야 시게자네岡谷繁實(1835~1920)의 『명장언행록名將言行錄』(1869) 그리고 오가와라 겐킨大河原獻芹의 『의용장렬체림義勇壯烈諦林』(1891) 등에도 실려 있다. 이같이 에도시대 전기부터 명치明治 이후까지도 리큐의 유령 이야기가 확대 재생산되었음을 알 수 있다.

유령이 된 리큐가 히데요시의 다실에 나타나 히데요시 및 주변사람들을 놀라게 했다는 것은 그의 죽음이 온당치 못한 이유로 죽어서 원귀가 되었다는 것까지는 일본의 민중들은 동의를 했다고 볼 수 있다. 이렇게 끝나면 그는 미치자네와 같은 복수하는 원령이 될 수 없으며, 그의 노래와 같이 그가 바라는 것도 아니다.

여기에 대해 민중들은 이상의 이야기로 만족하지 않았다. 그의 복수는 시작되었던 것으로 보았다. 리큐가 할복하여 죽자 도요토미 가문에게 불행이 닥쳤다. 리큐가 죽은 그 해 8월 5일 히데요시가 애지중지하던 아들 도요토미 쓰루마쓰豊臣鶴松(1589~1591)가 병으로 죽었다. 불과 그의 나이 3살이었다. 그것에 이어 그 달 29일에는 그의 어머니 오만도코로大政所(1516~1592)가 사망한다.

이같이 가족을 잃은 것에 충격을 받은 히데요시는 미치광이처럼 일본을 통치하기 시작했다. 1592년에는 일본의 비극이자 조선의 비극인 임진왜란을 일으키고, 전쟁을 수행하던 중에 그도 사망해버리고 만다. 그러자 자신의 유일한 아들 도요토미 히데요리豊臣秀賴(1593~1615)도 애첩인 요도기미淀君(1569~1615)도 함께 도쿠가와 이에야스에 위기에 몰려 자진하여야 했다. 그리하여 히데요시 가문은 완전 몰락했다. 이러한 역사적 사실을 두고 많은 사람들은 리큐의 저주로 해석했다.35)

이러한 점에서 리큐는 그의 노래에서 바랐던 것처럼 미치자네와 같이 원귀가 되어 자신을 사지로 몰아넣은 히데요시에게도 철저히 복수하였다 할 수 있다. 그의 유령 이야기와 그의 사후 펼쳐진 도요토미 가문의 불행이 무관한 것이 아니라 원령신앙을 통해 이어지고 있다 하겠다. 아직 그에게는 미치자네와 같이 신으로 모시는 신사는 없다. 원령신앙이

---

35) 이러한 인식은 지금까지도 이어지고 있다. 가령 2016년 방영된 『NHK大河ドラマ 眞田丸』에서 쓰루마쓰가 위독할 때 「리큐의 저주라고 몰래 소문을 퍼뜨리는 사람도 있는 모양이다. 리큐가 그렇게 최후를 맞이하였기 때문에 그 원한인가」하는 히라노 나가야스(平野長泰, 1559~1628)가 이시다 미나리(石田三成, 1560~1600)와 오타니 요시쓰구(大谷吉繼, 1565~1600)에게 말하는 장면이 나온다. 이시다와 오타니는 리큐를 죽게 만든 장본인들이다. 그러한 말을 들은 오타니가 이시다에게 "리큐의 일은 잊어버려라. 저주 따위는 있을 리 없다. 만일 있다면 제일 먼저 내가 받을 것이다"는 대화가 나온다. 이처럼 당시 도요토미 가문의 멸망은 리큐의 저주라는 소문이 만연되어 있었던 것 같다. 그 이후 요시쓰구는 한센병이 걸렸고, 안질로 인해 실명하였으며, 세키가하라 전투에서 패배하여 할복하여 죽었다. 그리고 이시다 미나리 또한 세키가하라 전투에 패배하여 교토에서 처형당했다.

라는 점에서 미치자네와 동일한 자격을 가진 인물로 평가될 수 있을 것이다.

할복하지 않은 리큐

한편 리큐가 사후에 원령이 되어 히데요시에게 철저히 복수하였다는 견해가 있는가 하면 그와 정반대되는 언설도 나오기 시작했다. 최근 일본 연구자 나카무라 슈야中村修也가 그러한 언설의 중심에 서 있다. 그의 말을 따르면 리큐는 결코 할복하여 죽지 않았으며, 그의 만년은 규슈에서 보냈다고 한다. 또 그는 리큐가 할복하던 당시 기록 중 리큐가 죽었다고 한 것은『북야사가일기』에 "소에키宗易(=리큐)가 다기茶器의 매매로 부당한 이익을 얻었다 하여 할복하였고, 히데요시가 목을 잘라 목상과 함께 효수하게 했다."고 되어있을 뿐이며, 다른 어떤 자료에서는 리큐의 죽음을 직접 확인할 수 있는 자료가 없다고 잘라 말했다.36) 그렇게 서술한『북야사가일기』도 직접 목격한 것이 아니고, 다른 사람으로부터 들은 이야기라는 것이다.37)

이러한 그의 주장도 상당히 일리가 있어 보인다. 예를 들면 앞에서 본『풍감豊鑑』의 2월 29일자 기록에는 "최근 히데요시공秀吉公은 다성茶聖이 된 센노리큐를 처형했다. …(중략)… 리큐를 교토에서 사카이로 돌아가게 하여 참수형을 처했다."고 했다.38) 리큐의 할복한 곳은 교토의 자택

---

36) 中村修也,『利體切腹 豊臣政權と茶の湯』, 洋泉社, 2015.
37) 竹內秀雄校訂,『北野社家日記』第四, 續群書類從完成會, 1973, 283頁.
38) 我部山民樹,「利休切腹の謎」, 2020. https://www.ozoz.jp ＞ kabeyama ＞ koki ＞ rikyu(검색일: 2022.09.18)에서 재인용.

이었음에도 불구하고 그는 리큐의 고향 사카이라고 생각했다. 이처럼 잘못된 정보를 기록한 경우도 종종 있었다.

만일 사카이에서 할복하였다면 야마시나 토키쓰구山科言繼(1507~1579)가 모를 리 없다. 그는 당시 도요토미 정권과 가까웠던 인물이다. 그리고 많은 봉건 영주들과도 두터운 인간관계를 가지고 있었던 인물이기에 어느 누구 보다도 히데요시의 주변에서 일어나는 정보를 빨리 들을 수 있는 위치에 있었다. 더구나 리큐의 할복사건이 벌어졌던 당시 그는 사카이에 있었다. 그러므로 어느 누구보다도 리큐에 관한 정보를 빨리 파악하고 있었을 것이다. 그럼에도 불구하고 그의 일기에 일체 리큐의 할복사건이 전혀 나오지 않는다. 그러므로 과연 리큐가 할복하였을까 하는데 의문이 들지 않을 수 없는 것이다.

이를 대변하듯이 혼재된 기록도 엿보인다. 가령『다문원일기多門院日記』의 2월 29일자에 "2월 28일 새벽에 다인 리큐가 할복했다는 이야기를 들었다."는 기록이 있는가 하면 그와 정반대인 "소에키宗易(=리큐)로부터 변명과 사죄하는 일이 있었고, 목상을 책형에 처했다. 본인은 집을 매각하고 고야산高野山으로 올라갔다. 참으로 이상한 일이다."는 기록이 혼재되어있다.39) 이처럼 리큐의 할복일인 2월 28일 이후 당시 리큐에 관한 무성한 소문이 나돌고 있었음을『다문원일기』에 잘 나타나 있다.

한편 리큐가 죽지 않았다는 기록들도 보인다. 니시노도인 토키요시西洞院時慶(1552~1640)의 일기인『시경기時慶記』가 그 중의 하나이다. 그것의 2월 25일자에는 "리큐宗易가 축전逐電되었다. 같은 날에 나라奈良에서 도적이 붙잡혔으며, 교토에서 처형되어 효시되었다."라고 적혀있다.40) 여

---

39) 辻善之助編,『多聞院日記』第四卷, 角川書店, 1967, 287~288頁. "スキ者の宗益(易)今日腹切了ト … 主は高野へ上ト, ヲカシキ事也, 誠惡行故也"
40) 時慶記硏究會編,『時慶記』, 本願寺出版社, 2001, 102頁.

기서 사용한 '축전'이란 재빠르게 도망 또는 추방되어 행방을 감춘다는 뜻이다. 즉, 리큐는 할복하지 않고 도망쳤다는 것이다. 그리고 교토에서 참수되어 머리가 효수되었던 것은 나라에서 붙잡힌 도적이라고 했다. 이것이 사실이라면 이치조모도리바시에 효수된 것은 리큐가 아닌 도적의 머리이었을 가능성도 있다.

또 하나의 기록은 귀족 가쥬지 하레도요勸修寺晴豊(1544~1603)의 일기 『청풍기晴豊記』이다. 그것의 2월 26일자 일기에는 다음과 같이 서술되어 있다.

> 26일. 맑음. 소에키宗易, 리큐를 말하는데, 우여곡절이 있어 축전逐電되었다. 대덕사 산문에 리큐의 목상을 만들어 '셋타'라는 신발을 신기고, 지팡이를 쥔 상을 둔 것이 문제가 된 것이다. 그리고 자세한 사정은 차도구에 관해 새로운 것을 불합리하게 판매한 것이 원인이라고도 한다. 그 목상은 주라쿠다이聚樂第[41] 다리 밑에서 효수되었다. 주군의 명에 의해 마시다 우에몬노죠增田右衛門丞이 사카이로 향했을 때의 일이다. 목상을 본 사람들에게도 이러한 사실들이 전해졌다. 여러 가지 소문 나돌았다.[42]

---

[41] 아즈치모모야마 시대에 도요토미 히데요시가 교토의 나이야에 지은 대저택. 금박을 입힌 기와를 사용하는 등 모습이 호화로웠다. 그 안에는 리큐의 집도 지어졌으며, 1587년 10월에는 기타노 신사 앞에서 다도회인 기타노 오차노유가 열렸다. 예수회 신부 루이스 프로이스는 그의 저서 《일본사》에서 건물에 대해 다음과 같이 묘사했다. 즉, "건물은 주변이 반리나 되었고 석벽의 돌은 촘촘하지는 않았지만 회반죽으로 접합되었고, 기술이 뛰어나고 벽이 두꺼웠기 때문에 멀리서 보면 석조건물로 착각할 정도였다고 한다. 이 건물에 쓰였던 돌의 대부분은 드물게 볼 정도 크기로 먼 지방에서 사람이 메고 운반해온 것인데, 때로 돌 하나 옮기는데 3000~4000명의 일손이 필요하기도 하였다. 방과 객실 그 밖의 공간에는 최량의 목재가 쓰였고 대부분은 삼나무의 향기를 내뿜고 있었다. 내부는 모두 황금색으로 빛나고 갖가지 그림으로 장식 되었으며 너무나도 청결하고 완벽하며 또한 조화가 이루어져 있는 점에 사람들은 경탄을 금치 못하였다." 했다.

[42] 中村修也, 『千利休-切腹과 晚年의 眞實』, 朝日新聞出版, 2019, 128頁에서 재인용.

여기서 리큐의 행방을 '축전'이라 표현했다. 따라서 이것도 리큐가 할복하여 죽지 않고 도망쳤음을 보여주는 자료라 할 수 있다.

그 중에서도 결정적인 기록은 다테 마사무네伊達政宗(1567~1636)의 가신 스즈키 신베이鈴木新兵衛가 센다이번仙台의 가로家老 이시모다 가게요리石母田景頼(1559~1625)에게 보낸 서신이다. 그는 다테 마사무네를 수행하여 교토에 와 있다가 리큐의 효수된 모습을 직접 본 인물이다. 그리고 그 서신은 그것을 보고 리큐의 할복이 있은 그 다음 날인 29일에 쓴 것이어서 그야말로 신빙성도 매우 높다. 그의 서신에 리큐의 할복에 대한 내용이 들어있는데, 그것을 소개하면 다음과 같다.

> 천하 제일의 다인인 센노리큐에 의한 무도의 세월을 깨끗하게 청산하기 위해 추방이라는 결정이 내려져 그의 행방은 알 수 없습니다. 더구나 리큐가 자신의 모습을 목상으로 만들어 대덕사에 봉납한 것을 관백(히데요시)에게 압수되어 주라쿠테이聚樂第의 대문 앞에 있는 이치조모도리바시라는 곳에서 책형磔刑(기둥에 묶어두고 창을 찔러 죽이는 형벌)을 당했습니다. 목상을 책형에 처한다는 것은 진대미문의 일이라고 교토사람들은 이야기를 합니다. 구경하는 사람은 나뿐만 아니라 부지기수로 많습니다. 그 옆에는 리큐의 죄과가 적힌 팻말이 세워져 있습니다. (아무리) 재미있는 히데요시의 말이라도 이것에 이길 수 없습니다.[43]

여기에서 보듯이 리큐는 할복한 것이 아니다. 그는 추방되어 어디론가 사라졌다. 정작 책형을 당한 것은 리큐가 아니라 그의 목상이었다. 그러므로 목상을 책형에 가한다는 것은 전대미문이라고 교토사람들은

---

43) 鈴木省三編, 『仙台叢書仙台金石志』下, 仙台叢書刊行會, 1927, 188頁.

수근거렸던 것이다. 그러므로 이러한 사건은 아무리 히데요시가 재미있는 말을 한다 하더라도 이것보다 더 재미있는 일이 없다고 한 것이다. 더구나 그의 서신은 지극히 개인적인 것이어서 일부러 있지도 않은 일을 있다고 하고, 보지도 않은 것을 보았다고 할 이유가 없다. 그러므로 내용은 신빙성이 높다. 그가 잘못 본 것이 아니라면 목상이 책형당한 그 자리에 리큐의 목은 없었다. 그러므로 그는 현재 리큐는 추방 결정에 의해 행방을 알 수 없다고 한 것이다. 그렇다면 리큐는 할복하지 않고 추방되어 어디론가 사라진 것이 된다.

그렇다면 할복하지 않은 리큐는 어디로 사라졌을까? 이를 추정할 수 있는 자료가 히데요시의 서신이다. 히데요시는 리큐가 할복했다고 전해지는 그 다음해인 1592년(文祿元) 규슈九州에 체재하고 있었다. 그 해 5월에 자신의 어머니 오만도코로大政所(1516~1592)의 시녀에게 보낸 편지에 다음과 같은 내용이 적혀있다.

　　…… 반복되지만, 저는 일단 건강하게 잘 지내고 있습니다. 어제도
　　리큐의 차를 마시고 식사도 제대로 하여 매우 유쾌하며 기분 좋게 지내고
　　있으니 안심하시기를 바랍니다.44)

이 서신의 내용대로라면 히데요시는 규슈에서 전년도 할복하여 죽었을 리큐가 점다하여 내는 차를 마시고 있는 것이다. 종래의 연구에서는 이 부분을 '리큐류利休流의 차'로 해석되었다. 그러나 당시는 '리큐류의 차'는 유파로서 확립되어있지 않았다. 리큐류의 차는 양자이자 사위인 센 소안千少庵(1546~1614)이 1594년(文祿3) 센케千家(=京千家)를 일으키는 것

---

44) 中村修也, 前揭書, 2019, 171頁에서 재인용.

에서 시작된다. 따라서 히데요시가 규슈의 나고야성에서 리큐류의 차를 마셨다는 것은 성립되지 않는다. 그는 리큐와 차를 마셨던 것이다.

또 리큐가 죽지 않았다는 또 하나의 증거로 1592년 12월에 마에다 겐이前田玄以(1539~1602) 앞으로 낸 히데요시의 서신이다. 그 서신에서 히데요시는 다음과 같은 내용을 적었다.

> 정식으로 알린다. 조선으로 출병하기 전에 명령을 내리는 일이 많이 있다. 정월 5일을 지나면 10일까지 그곳을 출발하여 이곳으로 오라. 여기서는 5일간 체재를 한다고 생각하고 서둘러 오라. 또 후시미성伏見城 축성 설계도를 가지고 오라. 그 때 사정을 잘 아는 목수 한명을 데리고 올 것. 후시미성의 건설에 관한 것인데, 지진대책도 중요하므로 기술자들이 어떻게 생각하고 있는지 그 대답도 듣고 싶다. 빨리 설계담당 기술자 1명을 데리고 오너라. 선물 등을 준비하는 일은 번거롭고, 시간이 걸리므로 아무 것도 가지고 오지 않아도 된다. 기마 사무라이를 2명 정도 동행하여 혹여 도중에 문제가 발생되지 않도록 하라. 관백 히데쓰구秀次가 설날 때 문안인사차 사람을 보낼 터이니, 가능하면 요시다 가네미吉田兼見를 데리고 왔으면 좋겠다. 후시미성의 건설은 리큐에게 설계를 맡기고 정성을 기울여 부탁하려고 한다. 이상 12월11일.45)

여기에서 문제는 '리큐에게 설계를 맡긴다'는 부분이다. 종전에는 이 부분에 대해서도 '리큐풍에 맞추어 다른 사람에게 설계를 하게 하여 축성한다'는 것으로 해석되었다. 그러나 나카무라 슈야는 그 부분을 '리큐가 좋아하도록 마음대로 설계하여 축성한다'는 뜻으로 해석했다.46) 즉, 리

---

45) 中村修也, 前揭書, 2019, 207~208頁에서 재인용.

큐가 그것을 직접 설계하는 것으로 본 것이다. 만일 그의 새로운 해석이 맞다면 리큐는 죽지 않고 후시미성의 설계를 맡아서 행한 것이 된다.

이처럼 리큐의 할복에 대해서 여전히 풀리지 않는 숙제가 많이 남아 있다. 만일 리큐가 죽지 않았다면 어디에 있었던 것일까? 여기에 대해서도 나카무라 슈야는 92년 5월의 편지가 작성된 장소가 히젠肥前의 나고야성名護屋城이었다는 점, 그리고 리큐의 제자이자 훗날 부젠豊前 고쿠라小倉 영주가 되는 호소가와 산사이細川三齋(1563~1646)가 리큐의 아들 센 도안千道安(1546~1607)에게 부젠에 300석 봉록을 부여하고 있는 점 등으로 보아 '적어도 일시적으로 규슈九州에 체재하고 있었다'고 추측했다.[47]

그의 주장처럼 리큐가 죽지 않았다면 도요토미 정권에서 리큐에 대한 반리큐파의 불만을 제압할 수 없었던 히데요시가 리큐를 할복시켰다는 것으로 하고, 정권에서 추방시켜 규슈로 피신시켜 만년을 보내게 된 것이 된다.

그러나 이것 또한 언설에 지나지 않을 수 있다. 왜냐하면 위대한 인물이 죽었다는 것을 믿지 않고 싶을 때 생겨나는 전설과 너무나 닮아 있기 때문이다. 가령 가마쿠라鎌倉 막부를 세우는데 결정적인 역할을 한 요시쓰네源義經(1159~1189)가 그의 이복형이자 초대 가마쿠라 막부 쇼군인 미나모토 요리토모源賴朝(1147~1199)에 쫓겨 결국 고로모가와衣川에서 가족들과 함께 할복자살하였음에도 불구하고, 후세인들이 그를 되살려 홋카이도北海道로 도망쳐 아이누족의 우두머리가 되었다는 전설을 만들었는가 하면, 북해도를 거쳐 금나라로 도망쳐 황제로부터 우대를 받고, 자손들도 번창했다는 설도 생겨났으며, 달탄韃靼을 거쳐 몽고로

---

46) 中村修也, 前揭書, 2019, 208頁.
47) 中村修也, 前揭書, 2019, 199頁.

들어가 징기스칸이 되었다는 전설까지 만들어냈다.

대마도에는 '안덕천황어릉묘참고지安德天皇御陵墓參考地'가 있다. 겐페이源平 대립 때 단노우라壇ノ浦 전투에서 헤이케平家의 군사들과 함께 바다에 익사한 안토쿠천황安德天皇(1178~1185)도 되살려 대마도에 와서 살다가 죽었다는 전설을 만들어낸 것이다. 그 증거로 그의 무덤으로 추정되는 안덕천황릉참고지를 들고 있는 것이다.

또 오다 노부나가織田信長(1534~1582)의 가신이자 노부나가를 죽인 아케치 미쓰히데明智光秀(1516~1582)가 히데요시에 의해 죽임을 당한 것은 역사적 사실이다. 그러나 일본 민중들은 그도 되살려 도쿠가와 이에야스의 정치적 참모 난코보 텐가이南光坊天海(1536~1643)가 바로 그였다는 이야기를 만들어 냈다.

히데요시의 아들 도요토미 히데요리豊臣秀賴(1593~1615)가 오사카성大坂城에서 위기에 몰려 1615년(慶長20) 5월 8일 천수각天守閣의 북쪽 야마자토마루山里丸의 창고 안에서 그의 모친 요도기미淀殿와 함께 할복 자진하였다는 것이 통설로 되어있다.

1980년 오사카성 산노마루三の丸의 발굴조사에서 3냉의 두개골과 1마리 말의 머리 뼈가 발견되었다. 그 중에서 히데요리의 것으로 추정되는 두개골이 있었다. 그것은 ① 20대 남성의 것이었고, ② 턱에 가이샤쿠를 한 자국이 있었으며, ③ 왼쪽 귀에 장애가 있었을 가능성이 있었고, ④ 뼈로 유추하여 체격이 히데요리와 흡사했다. 이러한 사실을 두고 , 그 두개골이 히데요리의 것으로 추정했다. 그러나 히데요리가 할복 자진하던 그 때는 오사카성이 화염 속에 휩싸여 있었고, 화재가 진압된 이후 새카맣게 탄 시신들은 사실상 남녀의 구분도 할 수 없었다.

이러한 상황에서 그가 죽지 않았다는 소문이 퍼졌던 것 같다. 당시 영국의 상관장이었던 리처드 쿡스도 일기에 "히데요리秀賴는 사쓰마薩摩

혹은 유구琉球에 도망쳤다는 소문이 있다."고 했다.

그 뿐만 아니다. 그 사건이 있었던 직후 관서關西 지역에서는 "꽃과 같은 히데요리님을 오니와 같은 사나다가 데리고 가고시마로 도망쳤네 花のようなる秀賴樣を 鬼のようなる眞田が連れて 退きも退いたり加護島へ"라는 구절이 들어가 있는 동요가 유행했다.48)

여기서 사나다眞田는 사나다 노부시게眞田信繁(=眞田幸村, 1567~1615)를 가리킨다. 그는 덴노지天王寺 전투에서 패배하여 상처를 입고 현재 야스이신사安居神社 경내에서 나무에 기대어 앉아있었던 것을 이를 적군 니시오 무네쓰구西尾宗次(?~1635)에게 발각되자, "나의 목으로 공을 세워라"는 마지막 말을 남기고, 죽임을 당했다. 그의 49세였다. 이것이 역사적 사실이다. 그러나 일본의 민중들은 그를 살려 사나다와 함께 사쓰마薩摩(현재 鹿兒島縣)으로 피신시켰다. 그리고 그곳에서 살다가 사망했다는 이야기까지 만들어 냈다. 그 결과 『진전삼대기眞田三代記』에도 사나다 유키무라와 함께 히데요리秀賴가 사쓰마薩摩로 갔다고 기록하였고, 가고시마에는 '전 히데요리傳秀賴의 묘와 묘석墓石'이 가고시마시鹿兒島市 다니야마谷山에, '전 노부시게傳信繁의 묘와 묘석'은 미나미규슈시南九州市 유키마루雪丸지구에 있게 된 것이다. 그리고 유키마루라는 지명도 사나다의 또 하나의 이름인 유키무라幸村에서 유래한다는 지역 전승도 생겨났다.49)

이처럼 일본의 민속사회에서는 역사적 사실과 관계없이 고귀한 신분의 자가 비운의 죽음으로 생애를 마감한 역사적 영웅들을 되살리는 전설이 자주 만들어진다. 이러한 유형 이야기를 일본에서는 '생존전설生存傳說'이라 할 만큼 많이 존재한다. 그러므로 리큐의 생존설 또한 그러한

---

48) 松本壯平(2018)/城に眠る傳說と謎/ https://shirobito.jp/article/335(검색일: 2022.01.06.)
49) 히데요리가 생존했다는 기록은 「日田郡志」와 사쓰마(薩摩)의 사찰문서에도 있다고 한다. https://kagoshimawalk.com/historic-site/(검색일: 2022.01.06.)

전승 중의 하나일 가능성도 배제할 수 없다. 이처럼 리큐의 할복은 민속 사회에서 사후 원귀가 되어 철저히 복수하는 원령신앙으로서, 또 그의 죽음을 믿고 싶지 않은 민중들의 심리에 의해 만들어지는 역사적 영웅의 생존전설로서 자리 잡고 있다. 그만큼 그의 할복 죽음은 시대적 화제이었음을 의미하는 것이었다.

리큐 죽음의
이중성

지금까지 살펴보았듯이 리큐의 할복 죽음은 매우 복잡하다. 아직도 그 원인이 규명이 제대로 되지 않은 채 그것에 관한 언설과 전승이 난무하다. 그 내용에는 항상 두 가지 상반된 견해가 존재하고 있다.

하나는 히데요시가 리큐를 경멸하고 증오했다는 인식이다. 이러한 인식에 서면 히데요시는 부하가 가져온 리큐의 목도 거들떠보지 않았고, 다성에 걸맞지 않는 차도구 판매를 통한 부당이익 취득과 자기 우상화라는 죄목을 내세워 리큐의 목을 리큐의 목상 발밑에 넣어 효수를 하게하여 지나다니는 사람들로 하여금 보게 했다. 이러한 행위는 히데요시가 리큐에게 최대의 굴욕을 준 셈이다. 다시 말해 극도의 경멸과 증오가 없이는 나올 수 없는 처사였다.

이러한 기반 위에 서면 리큐는 복수하는 원귀가 될 수밖에 없다. 그리하여 유령이 되어 히데요시 앞에 나타났다는 이야기가 만들어졌다. 그러나 그것만으로 복수담을 만들 수 없었다. 그의 복수는 리큐의 사후 히데요시 가문에 연속적인 불행으로 인해 끝내 멸망한 역사적 사실로서 언설을 만들었다. 그 결과 리큐는 스가하라 미치자네와 같이 원령신앙의 중심에 서서 철저히 복수하는 원귀가 되었다.

또 다른 하나는 이상의 것과 정반대로 히데요시의 리큐에 대한 무한한 총애와 존경으로 일관했다는 인식이다. 이러한 인식에 서면 히데요시는 리큐가 무사가 아님에도 불구하고 무사에게만 주어진 할복을 명하였고, 또 군사 3천을 보내어 엄중 경호하게 하였다. 이같이 무사 이상의 대우를 함으로써 어느 무장에 못지않은 명예로운 할복의 기회를 부여했다. 따라서 리큐는 당시 금기사항인 열십자형으로 배를 갈라 창자를 끄집어내는 장렬한 할복이 가능했다는 이야기들이 생성된 것이다.

이러한 인식이 있기에 히데요시는 리큐를 죽이지 않고 피신시켰다는 생존전설과 같은 언설이 생겼다. 이를 뒷받침해주는 것이 효수된 장소에 리큐의 목은 없고, 목상만 있었고, 히데요시의 서신 속에 등장하는 리큐의 이름을 리큐풍으로 보지 않고, 리큐의 개인을 지칭하는 것으로 해석하여, 리큐는 만년에는 나고야성에서 히데요시와 차를 즐기며, 후시미성을 설계했다는 언설까지 등장한 것이다.

이처럼 리큐의 할복에 관한 언설과 전승에는 두 개의 모순된 인식이 혼재되어있다. 이러한 견해는 결국 만년의 리큐와 히데요시의 애증관계에 귀착된다. 이러한 것들이 토대가 되어 리큐의 사후로부터 오늘날에 이르기까지 리큐의 죽음에 대한 언설과 전승이 생성되고 있는 것이다. 이것이야 말로 리큐의 할복을 바라보는 일본 민중들의 해석이라 하지 않을 수 없다.

참고
문헌

姜沆, 「看羊錄」, 『국역 해행총재』 2, 민족문화추진회, 1967.
강홍중, 「동사록」, 『국역 해행총재』 3, 민족문화추진회, 1989.
慶暹, 「海槎錄」, 『국역 해행총재』 2, 민족문화추진회, 1967.
고연미, 「茶會記를 통해 본 千利休 茶菓子의 전개 양상」, 『일본불교문화연구』 Vol.7, 한국일본불교문화학회, 2012.
國史編纂委員會, 『韓國獨立運動史1』, 국사편찬위원회, 1965.
권오순 주해, 『춘추좌전』, 교육출판공사, 1986.
김세렴, 「海槎錄」, 『국역 해행총재』 4, 민족문화추진회, 1989.
김승욱, 「이준열사 할복 진상은?」, 『연합뉴스』, 2007.06.23.
김양기, 『가면속의 일본인』, 한나라, 1994.
김학은, 「승자의 선택」, 『경향신문』, 1998년 3월22일자.
金厚卿·申載洪, 『大韓民國獨立運動功勳史』, 韓國民族運動研究所, 1971.
南龍翼, 「聞見別錄」, 『국역 해행총재』 4, 민족문화추진회, 1967.
_____, 「扶桑錄(상)」, 『국역 해행총재』 5, 민족문화추진회, 1989.
남용익, 「聞見別錄」 『국역 해행총재』 6, 민족문화추진회, 1989.
남윤호, 「분수대 할복」, 『중앙일보』, 2003.09.18.
노성환, 「백제왕족전설을 통하여 본 한일관계의 과거와 현재」, 『어문연구』 38, 한국어문학회, 2002.
_____, 『조선통신사가 본 일본의 세시민속』, 민속원, 2019.
_____, 「한국분신과 일본의 할복」, 『한국일본어문학회』 9, 한국일본어문학회, 2002.
_____, 「할복의 비교연구」, 『비교민속학』 23, 비교민속학회, 2002.

루드 베네딕트, 김윤식·오인석 역, 『국화와 칼』, 을유문화사, 1993.
李德懋, 『청장관전서』 제54권, 제69권.
박영수, 『마음은 인체의 어디에 담겨 있을까』, 을유문화사, 1997.
박전열, 「일본다도 센케류의 성립과정과 의의」, 『일본사상』 Vol.10, 한국일본사상사학회, 2006.
송우혜, 「'北민둥산 사진' 참혹상 웅변」, 『동아일보』, 1999년 8월15일.
신유한, 「海遊錄(하)」, 『국역 해행총재』 2, 민족문화추진회, 1989.
이경직, 「扶桑錄」, 『국역 해행총재』 3, 민족문화추진회, 1967.
李光庭, 『동계집』 연보/문간공 동계 선생 연보(文簡公桐溪先生年譜).
이규태, 『한국인의 생활구조』, 조선일보사, 1984.
이선준, 『일성 이준열사』, 을지서적, 1994.
정영희, 「『南方錄』을 통해 본 日本 草庵茶의 修行 고찰」, 『일본불교사연구』 Vol.1, 일본불교사연구소, 2009.
정장식, 「무사도 뒤집어 보기(其三)」, 『일본문화학보』 제52집, 일본문화학회, 2012.
趙素昻, 『유방집(遺芳集)』.
趙容蘭, 「다도의 정신 일고찰 - 와비를 중심으로」, 『日本學報』 Vol.74, 한국일본학회, 2008.
池圭植, 『하재일기』 9권.
최길성, 「일본무사도와 충효의 죽음」, 『일본학지』 1, 계명대 일본문화연구소, 1980.
_____, 「일본작가의 자살」, 『비교문학총서』, 계명대출판부, 1988.
_____, 「한일의 자살을 통해 본 생명관」, 『일본학지』 8, 계명대 일본문화연구소, 1988.
_____, 『한국인의 한』, 예전사, 1991.
_____, 「자살과 사생관」, 『월간조선 별책부록 일본의 실력』, 조선일보사, 1992.
한형조, 「남명, 칼을 찬 유학자」, 『남명 조식』, 청계출판사, 2001.
홍석보 역, 『사기열전』, 삼성출판사, 1990.
黃愼, 「日本往還日記」, 『국역 해행총재』 8, 민족문화추진회, 1967.
황현, 『매천야록』.

デュルケーム 著, 宮島喬 譯, 『自殺論』, 中央公論社, 1985.
ミットフォード, 『英國外交官の見た幕末維新』, 講談社學術文庫, 1998.
加藤周一外 3人, 『日本人の死生觀』(上)(下), 岩波書店, 1977.
高柳光壽; 松平年一, 『戰國人名辭典』 吉川弘文館, 1981.
菊池眞一編, 『武辺咄聞書』 和泉書院, 1990.
吉野裕譯, 『風土記』, 平凡社 東洋文庫, 1969.
大隅三好, 『切腹の歷史』, 雄山閣, 1995.
稻村博, 『自殺の原點 - 比較文化的 考察』, 新曜社, 1979.

名古屋市博物館編, 『豊臣秀吉文書集(五) 4345 前田みんふほうゐん宛自筆書状』, 吉川弘文館, 2019.
邦光史郎, 『情死の歴史』, 廣濟堂出版, 1989.
福井幸男, 「千利休の切腹の狀況および原因に關する一考察：關係史料の分析・檢討および切腹原因に關する諸說の批判的檢討」, 『桃山學院大學人間科學』 40, 桃山學院大學, 2011.
山崎ゆき子, 「フランスにおける「日本」のイメージ形成 ―ハラキリを中心に―」, 『神奈川縣立國際言語文化アカデミア紀要』, 神奈川縣立國際言語文化アカデミア, 2017.
山崎國紀, 『自殺者の近代文學』, 世界思想社, 1986.
山本博文, 『殉死の構造』, 弘文堂, 1994.
_____, 『切腹 - 日本人の責任の取り方』, 光文社新書, 2003.
山本常朝, 松永義弘譯, 『葉隱』(上・中・下), 教育社, 1980.
森鷗外, 『堺事件』, 岩波書店, 1973.
森田誠一, 『熊本縣の歷史』, 山川出版社, 1972.
森川哲郎, 『日本武士道史』, 日本文藝社, 1978.
桑田忠親, 『千利休』, 中公新書, 1989.
_____, 『茶道の歷史』, 講談社, 1979.
松山吟松庵校訂, 『茶道四祖傳書』, 思文閣, 1974.
時慶記研究會編, 『時慶記』, 本願寺出版社, 2001.
新渡戸稻造, 『武士道』, 岩波書店, 1974.
辻善之助編, 『多聞院日記』 第四卷, 角川書店, 1967.
井上和夫, 『殘酷の日本史』, 光文社, 1969.
利根川裕, 『日本人の死にかた』, 朝日新聞社, 1988.
竹内秀雄校訂, 『北野社家日記』 第四, 續群書類從完成會, 1973.
中村修也, 『利體切腹 豊臣政權と茶の湯』, 洋泉社, 2015.
進士慶幹編, 『江戸時代 武士の生活』, 雄山閣, 1984.
千葉德爾, 『日本人はなぜ切腹するのか』, 東京堂出版, 1994.
_____, 『切腹の話』, 講談社, 1972.
_____, 『日本人はなぜ切腹するのか』, 東京堂出版, 1994.
千宗左・千宗室・千宗守監修, 「千利休由緒書」, 『利休大事典』, 淡交社, 1981.
村井康彦, 『千利休』, 日本放送出版協會, 1980.
布施豊正, 『自殺と文化』, 新潮社, 1985.
荒木精之, 『加藤淸正』, 葦書房, 1988.
Emile Durkheim, 髙島喬譯, 『自殺論』, 中央公論社, 1985.
KORNEEVA Svetlana, 「切腹をめぐる一考察：切腹刑と斬首刑との比較を通して」, 『日本文化の解釋：ロシアと日本からの視点』, ロシア・シンポジウム 2009(International

Symposium in Russia 2007)
Martin Monestier, 大塚宏子譯, 『SUICIDES(自殺全書)』, 原書房, 1997.
Maurice Pinguet, 竹內信夫譯, 『自死の日本死』, 筑摩書房, 1986.
Takie Sukiyama Lebra, *Japanese Patterns of Behavior*, 1976.

공훈전자사료관, 국가보훈처, 공훈전자사료관 관리번호 : 1942
 http://e-gonghun.mpva.go.kr
김병구, 「임경업 쌍성각」, 디지털충주문화대전
 http://chungju.grandculture.net/chungju/toc/GC01900747(검색일: 2021.02.03.)
김병남, 「李蘭香」, 디지털진안문화대전
 http://jinan.grandculture.net/jinan/toc/GC05800997(검색일: 2021.02.03.)
성씨뉴스닷컴, 「浙江片氏, 片碣頌, 절강편씨 조상인물」, 작성일: 2017.05.28. 11:22, 수정일: 2019.10.31. 11:35
 http://www.sungssi.co.kr/news/12653(검색일: 2021.02.02.)
여홍민씨 인명사전 https://blog.daum.net/mbk9198/15516623(검색일: 2021.02.02.)
이윤옥, 「교토 대덕사, 임진왜란 때 훔친 고려문화재의 보고(寶庫)」, 우리문화신문 2015.02.15, https://www.koya-culture.com/mobile/article(검색일: 2022.01.02.)
한국사데이터베이스, 『한국사 19 근대 - 대한제국의 종말과 의병항쟁』, 국사편찬위원회
 http://db.history.go.kr/item(검색일: 2021.02.18.)
홍윤기, 「[홍윤기의 역사기행 일본 속의 한류를 찾아서] <72>일본 차문화의 명인 센노 리큐는 조선인 후손」, 『세계일보』, 2008.07.23.
 http://m.segye.com/view(검색일: 2021.01.05.)

찾아보기

가

가네마키 로쿠자에몬印牧彌六左衛門	192
가와즈 스케구니河津祐邦	171
가쥬지 하레도요勸修寺晴豊	246
가토 기요마사加藤淸正	150
각운스님	95
『간양록看羊錄』	150
간자와 토고神澤杜口	242
강동균	114
강항姜沆	55, 150, 151, 160, 174
강홍중姜弘重	56, 162, 174
게히 타로우氣比太郎	189
경병희	108
경섬慶暹	55, 147, 174
『계원필경집桂苑筆耕集』	54
고니시 유키나가小西行長	148
고다이 토모아쓰五代友厚	166
고만석高萬石	30
고연미	225
고케이 소친古溪宗陳	227
『관중비책官中秘策』	205
『교린제성交隣提醒』	144
구니에다 세이켄國枝淸軒	240
『구당서舊唐書』	54
구도 시게미쓰工藤茂光	183
구로다 칸베이黑田官兵衛	152
구와다 타다치카桑田忠親	226, 235
궁예弓裔	18
권노갑	61, 128
권영해	75

금모각金毛閣	227
기노시타 준안木下順庵	144
김경민	85, 91
김광석	128, 129
김구金九	70, 71
김국권	109, 133, 134
김국빈	85, 91
김남주	107
김두한金斗漢	76, 91
김명섭	83
김병조金炳朝	69
김복선	86
김봉수	115
김상진	83, 84, 91, 96
김성일金誠一	170
김세렴金世濂	55, 148, 158, 174
김영삼	125
김영호金永浩	69
김용원	124
김인기	119
김자점金自點	27
김정희金正喜	159
김종성金鍾聲	68
김좌진金佐鎭	76
김창근	88, 91
김창협金昌協	55
김태명	105, 134
김관태	88, 91
김학순	120
김학은	16
김현정	100

나

나베시마 나오시게鍋島直茂	195
나카가와 하치로자에몬中川八郎左衛門	205
나카무라 슈야中村修也	244, 249
나카지마 노부유키中島信行	203
난고손南鄕村	20
난바 무네타다難波宗忠	152
난보 소케이南坊宗啓	229
『난중잡록亂中雜錄』	150, 151
난코보 텐가이南光坊天海	251
난향蘭香	25
『남방록南方錄』	225, 229
남용익南龍翼	56, 142, 143, 155, 156, 162, 174
남윤호	17
남재준	78
노기 마레스케乃木希典	209
노기신사乃木神社	211
노인魯認	170

노태우	84
노환규	126
누마야마 미쓰히로沼山光洋	218
누카가 후쿠시로額賀福志郎	88
니도베 이나조오新渡戶稻造	57
니시노도인 토키요시西洞院時慶	245
니시무라 사헤이지西村左兵次	168
니시무라 하지메西村一	101
니시오 무네쓰구西尾宗次	252
니시자카 유타카西坂豊	207
니탕개尼蕩介	24
니토베 이나조	100
닛타 요시사다新田義貞	184, 189

다

다나카 미츠토시田中光敏	224
다누마 오키토모田沼意知	206
다몬인 에이슌多聞院英俊	233
『다문원일기多聞院日記』	233, 245
다성 천리휴茶聖 千利休	224
다이라노 기요모리平淸盛	186
다이라노 마레요平希世	240
다케나가 시게카도竹中重門	233
다케나가 시게하루竹中重治	233
다케다 하루노부武田晴信	193
다케우치 카쿠사이武內確齋	241
다키 젠사부로瀧善三郎	174, 203
『다탕비초茶湯秘抄』	237
다테 마사무네伊達政宗	247
대덕사大德寺	227
도가시 마사치카富堅政親	190
도명	112
도모가미 도시오田母神俊雄	218
도요토미 쓰루마쓰豊臣鶴松	243
도요토미 히데나가豊臣秀長	235
도요토미 히데쓰구豊臣秀次	164
도요토미 히데요리豊臣秀賴	243, 251
도요토미 히데요시豊臣秀吉	151, 190
도조 히데키東條英機	218
도쿠가와 이에미쓰德川家光	56, 156
도쿠가와 이에야스德川家康	146, 190, 228
도키요시신노齊世親王	239
도헌	112
『동계집桐谿集』	34
동광원東光院	204
『동국사략東國史略』	45
『동국신속삼강행실도東國新續三綱行實圖』	24
등지승藤智繩	149

라

리브라 스기야마Takie Sugiyama Lebra	178
『리큐백회기利休百會記』	225
『리휴거사전서利休居士傳書』	236
『리휴전利休傳』	232

마

마스다 나가모리增田長盛	148
마쓰도노 모토후사松殿基房	186
마쓰야 모토스케松屋元亮	237
마쓰야 히사시게松屋久重	236
마에다 겐이前田玄以	249
『매천야록梅泉野錄』	38, 42, 207
『명양홍범明良弘範』	198
『명장언행록名將言行錄』	242
모리 오가이森鷗外	167, 204
모리다 마사카쓰森田必勝	214
『몬타누스 일본지』	172-174
묘국사妙國寺	166
『무가의리물어武家義理物語』	196
무가제법도武家諸法度	198
『무변부문서武辺附聞書』	240
『문건별록聞見別錄』	142
문옥주	86
문일민文一民	70, 91
문정관	122, 123
문종금	18
미나모토 요리토모源賴朝	185, 186, 250
미나모토 요시쓰네源義經	185
미나모토 타메요시源爲義	182
미나모토 타메토모源爲朝	182
미노우라 이노요시箕浦猪之吉	167
미시마 유키오三島由紀夫	214, 220
미요시 사타지三善貞司	224
민겸호閔謙鎬	37
민영환閔泳煥	37, 66
민조현閔祚顯	31

바

박근혜	78
박기봉朴基奉	101, 102, 133, 134
박영수	57
박영출	127
박원범	82, 91
박은희	100
박전열	225
박정규朴廷珪	22
박정희	72, 74, 75
박주대朴周大	208
박주선	61, 128

박지원	78
박태규	105
반하경潘夏慶	47, 66
백용안	71
백화기白和基	80, 91
베르가스 듀부티 두아르Bergasse DuPetit-Thouars	168
별주부전鼈主簿傳	22
『부상일록扶桑日錄』	143
『북야사가일기北野社家日記』	232, 233, 244
불심암不審庵	232
불지화여관不知火旅館	209

사

『사기史記』	52
사나다 노부시게眞田信繁	252
사노 마사고토佐野政言	206
사이구사 모리시게三枝守惠	156
사이토 사도노가미齊藤佐渡守	195
『사카이 사건堺事件』	167
사토 타다노부佐藤忠信	185
삼별초군	19
삼보 스님	87
『삼재공전서三齋公傳書』	236
『상산기담常山紀談』	242

서상일徐相日	48, 66
서원사誓願寺	154
서은석	120
서청원	79
서해순	128
섭정聶政	52, 170
성각	112
성완종	129
성우	112
『세설신어世說新語』	59
세치카 노부요시末近信賀	152
센 도안千道安	250
센 소사千宗佐	231
센 소안千少庵	248
센 소탄千宗旦	231
센노리큐千利休	223
『속고사담續古事談』	181
손세일孫世一	123
송병순宋炳珣	72
송시열宋時烈	159
송우식宋祐植	71, 72
송우혜	16
송창주	47
스가하라 미치자네菅原道眞	239, 253
스기하라 이에쓰구杉原家次	154
스와 요리시게諏訪賴重	193

스와 지키乭諏訪直性	184
스즈키 신베이鈴木新兵衛	247
『시경기時慶記』	245
시라이 하루요시白井治嘉	152
시미즈 도오루淸水澄	218
시미즈 무네토모淸水宗知	152
시미즈 무네하루淸水宗治	152, 155, 191
시바 히데요시羽柴秀吉	151
시바다 가쓰이에柴田勝家	165
신광옥	60, 128
신구범	113, 133, 135
신립申砬	24
신상절申尙節	24
신용호愼鏞虎	91, 92
신운용	208
신유한申維翰	56, 144, 145, 174
『신찬성씨록新撰姓氏錄』	224
신채호申采浩	44
심광언沈光彦	21, 22
심유경沈惟敬	148
심재덕沈載德	78

아

아나미 고레치카阿南惟幾	211
아마코 가쓰히사尼子勝久	192
아메노모리 호슈雨森芳州	144, 170
아베 시게쓰구阿部重次	156
아베일족阿部一族	204
아사히 타이시旭岱子	232
아시카가 요시노리足利義敎	189
아시카가 우지미쓰足利氏滿	187
아카마쓰 미쓰스케赤松滿祐	189
아케치 미쓰히데明智光秀	154, 251
안금장安金藏	52, 54, 170
안두희安斗熙	71
안병범安秉範	65, 72, 75
안양사安養寺	204
안중근	86
안코쿠지 에케이安國寺惠瓊	152
안토쿠천황安德天皇	251
알제논 베트람 미드포드 Algernon Bertram Freeman-Mitford	200
야기리 토메오八切止夫	212
야마나카 로쿠스케山中鹿之助	192
야마모토 겐이치山本兼一	224
야마모토 히로부미山本博文	167
야마시나 토키쓰구山科言繼	245
야마자키 요시시게山崎美成	242
야마자토마루山里丸	251
야스아키라신노保明親王	239
양기탁梁起鐸	44

양동학	118, 133, 134
양방형楊邦亨	148
양봉호	86
양태용梁太容	48, 66
어네스트 사토Ernest Mason Satow	202
어니스트 베델Ernest Thomas Bethell	44
어담魚潭	37
어청수	87
엄중자嚴仲子	52
엄항섭嚴恒燮	73
에가와 하마기치江川濱吉	101
열부각烈婦閣	31
『옛날 일본 이야기Tales of Old Japan』	174
오가와라 겐킨大河原獻芹	242
오노 도시아키大野敏明	218
오다 노부나가織田信長	147, 154, 190, 251
오다 노부다카織田信孝	165
오다 노부히데織田信秀	187
오만도코로大政所	243
오병학	86, 91
『오수불망吾讐不忘』	208
오오에 도오나리大江遠成	186
오카노야 시게자네岡谷繁實	242
오토모 소린大友宗麟	236
『옹초翁草』	242
왕건王建	18
왕광거王匡擧	51
요도기미淀君	243
욕천浴川	58
용진가	45
우삼동雨森東	144
우에스기 노루하루上杉憲春	187
우치다 마사노부內田正信	156
월탄	112
유금필庾琴弼	19
유다아키라신노寬明親王	240
『유방집遺芳集』	44, 54
유성희	125
유아사 죠잔湯淺常山	242
유옥우劉沃祐	77, 91
유원식	120
유의경劉義慶	59
유종근	130
유치봉兪致鳳	81, 91
윤중환	118
『의경기義經記』	185
『의용장렬체림義勇壯烈諦林』	242
이경직李景稷	56, 162, 174
이경해	112, 135
이광정李光庭	34
이기손李起巽	68, 91
이난향李蘭香	25

이덕무李德懋	29, 34, 146
이두열李斗列	82
이명박	87
이상설	46
이선준	45
이세직李世直	159
이수미	88
이수영李壽榮	103, 133, 134
이수일	107
이승만李承晩	71
이시모다 가게요리石母田景賴	247
이시영李始榮	71
이식	63
이양호	130
이완구	129
이용수	86
이원홍	224
이위종李瑋鍾	42
이재간李在簡	160
이재문	107, 108
이종주李鍾柱	81, 91
이준李儁	41, 66
이철우	129
이케다 나가오키池田長發	171
이토 히로부미伊藤博文	203
이하라 사이카쿠井原西鶴	196

이혁수	122
인명진	79
『일본왕환일기日本往還日記』	148, 158, 173
임경업	27, 29
임기수林基秀	70, 91

자

장맹환	85
장세동	130
장유	63
장지연	36
장홍長弘	52, 53, 170
전만규	108
정명조	117
정몽주鄭夢周	39, 55
정승화	130
정영희	225
정온鄭蘊	33, 66
정종택	127
정진용鄭鎭龍	76
『제성기담提醒紀談』	242
조경남趙慶男	150, 151
조성만	83, 84, 96
조소앙趙素昂	44, 54
조식曺植	58

조용란	225
좌훈정	113
『중아함경中阿含經』	15, 16
중한의용군中韓義勇軍	69
쥬로 가네후사十郞兼房	185
증전 우문승增田右門丞	146
지규식池圭植	44
『진전삼대기眞田三代記』	252
진정	112

차

천리휴유서서千利休由緖書	230, 231, 238
청암사靑巖寺	164
『청장관전서靑莊館全書』	29, 34, 146
『청풍기晴豊記』	246
『초등대한역사初等大韓歷史』	45
최경환	78
최광술	106, 134
최길성	17, 178
최문정	100
최병조崔秉調	68, 91
최성훈崔成勳	69
최순실	78
최치원崔致遠	54
추심치복推心置腹	58

춘월자경春月自到	24
충복각忠僕閣	31
충신장忠臣藏	205
측천무후則天武后	54
치바 토쿠지千葉德爾	17, 205
치요 마쓰마루千代松丸	190
『치요관견治要管見』	144

타

『태평기太平記』	100, 184

파

편영표片永標	33, 66
『평가물어平家物語』	100, 186, 187
평성부平成扶	142, 143
『풍감豊鑑』	233, 244

하

『하가쿠레葉隱』	179
하경대	72, 75, 91
하라사키腹䄃	180
『하리마풍토기播磨風土記』	179
하시즈메 아이헤이橘詰愛平	168

하치스가 마사카쓰蜂須賀正勝	152	홍정식	86, 91
『학강사무소기록鶴岡社務所記錄』	189	홍치중洪致中	144
할두·견장割肚牽腸	58	홍희남洪喜男	149
핫토리 킷치베이服部吉兵衛	193	황명수	60, 127
『해사록海槎錄』	147, 148	황백현	124
『해유록海遊錄』	144	황신黃愼	55, 148, 158, 173, 174
허경영	126	황연수	83
허준영	128	황적준黃迪駿	75
『헌교유전憲敎類典』	205	황현黃玹	38, 42, 207
협루俠累	53	『회본태합기繪本太閤記』	232, 241
호소가와 산사이細川三齋	250	후지와라 기요쓰라藤原淸貫	240
호소가와 타다토시細川忠利	204	후지와라 도키히라藤原時平	239
호소다 우메마루細田梅丸	196	후지와라 스가네藤原菅根	239
호암현융虎岩玄隆	193	후지와라 야스노리藤原保輔	181
호죠 다카토키北條高時	184	후쿠이 유키오福井幸男	226
홋타 마사모리堀田正盛	156, 157	『흑해산필墨海山筆』	232
홍연弘演	52, 170	히라데 마사히데平手政秀	187
홍윤기	224		

문화와
역사를
담 다
046

할복 거짓을 가르고 진심을 드러내다

초판1쇄 발행 2022년 11월 30일

지은이 노성환
펴낸이 홍종화

편집·디자인 오경희·조정화·오성현·신나래
　　　　　　박선주·이효진·정성희
관리 박정대·임재필

펴낸곳 민속원
창업 홍기원
출판등록 제1990-000045호
주소 서울 마포구 토정로25길 41(대흥동 337-25)
전화 02) 804-3320, 805-3320, 806-3320(代)
팩스 02) 802-3346
이메일 minsok1@chollian.net, minsokwon@naver.com
홈페이지 www.minsokwon.com

ISBN 978-89-285-1770-1
SET 978-89-285-1272-0 94380

ⓒ 노성환, 2022
ⓒ 민속원, 2022, Printed in Seoul, Korea

이 책은 저작권법에 따라 보호를 받는 저작물이므로 무단전재와 복제를 금지하며,
이 책의 전부 또는 일부를 이용하려면 반드시 저작권자와 출판사의 서면동의를 받아야 합니다.